Konfuzius
Gespräche in der Morgenstille

KONFUZIUS

Gespräche in der Morgenstille

LEHREN DES MEISTERS

Ausgewählt und übertragen
von Victoria Contag

Albatros

© 1964, ²1986 Artemis & Winkler Verlag
© 1995 Patmos Verlag GmbH & Co. KG
Artemis & Winkler Verlag, Düsseldorf

Bibliographische Information der Deutschen Nationalbibliothek
Die Deutsche Nationalbibliothek verzeichnet diese Publikation
in der Deutschen Nationalbibliographie;
detaillierte bibliographische Daten sind im Internet
über http://dnb.d-nb.de abrufbar.

© 2008 Patmos Verlag GmbH & Co. KG
Albatros Verlag, Düsseldorf
Alle Rechte vorbehalten.
Umschlaggestaltung: butenschoendesign.de
Umschlagmotiv: Konfuzius mit Landschaft- bzw.
Bambus-Tuschezeichnung im Hintergrund
Printed in Germany
ISBN 978-3-491-96234-7
www.patmos.de

KONFUZIANISCHE BILDUNG

AUS LUN YÜ, DEN GESPRÄCHEN DES KONFUZIUS

[551–479 v.Chr.]

STELLUNG ZUM HIMMEL

Ich grolle nicht dem Himmel und nehme den Menschen nichts übel. Hier unten auf der Erde lerne ich in nachahmendem Üben, aber ich dringe zu Höherem durch – und wer mich kennt, ist das nicht der Himmel? [XIV, 35]

Wozu braucht der Himmel noch Worte – die vier Jahreszeiten folgen aufeinander und alle Wesen erhalten ihr Leben. Wozu braucht der Himmel noch Worte? [XVII, 17]

In K'uang war der Meister in Gefahr. Er sagte: «Obwohl der König Wên nicht mehr am Leben ist, lebt nicht seine Bildung unter uns fort! Wenn der Himmel diese Bildung zerstören wollte, so könnte ein späterer Sterblicher wie ich nicht diese Bildung übergeben. Wenn also der Himmel diese Bildung nicht zerstört hat, was kann ein Mensch aus K'uang mir anhaben?» [IX, 5]

Der Himmel hat kraftvolles Wirken im Guten in mir veranlagt. [VII, 23]

Wang-sun Chia fragte: «Was bedeutet es: es ist besser, dem Gott des Herdes als dem Gott der Halle aufzuwarten?» Der Meister sprach: «So ist es nicht; sondern wer gegen den Himmel sündigt, hat niemand, zu dem er beten kann.» [III, 13]

Chi-lu fragte über den Dienst an den Geistern. Der Meister sprach: «Wenn wir noch nicht den Menschen dienen können, wie könnten wir den Geistern dienen!» Und als er über den Tod befragt wird, antwortet er: «Wenn wir noch nichts über das Leben wissen, wie könnten wir etwas über den Tod wissen!» [XI, 12]

Der Edle hat vor dreierlei Scheu: vor dem Willen des Himmels, vor erhabenen Menschen, vor den Worten der heiligen Menschen. [XVI, 8]

Der Meister war schwer krank. Sein Schüler Tzŭ-lu bat darum, für ihn beten lassen zu dürfen. Der Meister sprach: «Gibt es das?» «Ja, in den Lobgesängen über Verstorbene heißt es: ‹Wir bitten Euch, Ihr Geister, dort oben und auf Erden.›» Der Meister sprach: «Mein ganzes Leben war schon mein Gebet.» [VII, 35]

Chu Hsi [1130–1200]:

Wenn die Menschen von heutzutage an einen für das Beten bestimmten Ort gelangen, trennen sie sich dort von ihrem sonstigen Verhalten – aber so leben die heiligen Menschen nicht! Es gilt im täglichen Leben, immer wieder von neuem Denken und Handeln zu überprüfen, um dadurch zu innerem Frieden zu kommen. [XV, Kommentar zu Lun Yü VI, 37a]

Chu Hsi:

In den Gesprächen (Lun Yü) wird nicht über das Herz gesprochen, sondern nur über wirkliche Angelegenheiten. Erst Mêng Tzŭ tut das, und erst nach ihm gibt es dieses krankhafte Suchen nach dem ‹Herzen›.
Konfuzius sagt hauptsächlich Allgemeines über die einzelnen Arten des Verhaltens, wie zum Beispiel das ehrerbietige Verhalten gegen diejenigen, mit denen man zusammen wohnt, das achtsame beim Erledigen von Angelegenheiten, das aufrichtige und aus innerstem Herzen kommende beim Reden,

das ernste und achtsame Verhalten beim Handeln im allgemeinen. Er sagt noch nicht, diese oder jene Sache muß man so und so verstehen, sondern er wartet, bis der Lernende sie im Üben selbst durchdringt. [Allgemeiner Kommentar zu Lun Yü x; I, 1a]

DER EDLE UND DER KLEINE MANN

Im Nachahmen etwas erlernen und es beständig üben, ist das nicht auch befriedigend? Wenn Freunde von weither kommen, ist das nicht auch Freude? Wenn die Menschen einen nicht als das erkennen (was man ist), und man sich darüber nicht ärgert, gehört das nicht auch zum Wesen des Edlen? [I, 1]

Chu Hsi:

Das Zeichen «Hsüeh = Lernen» heißt: etwas, das man selbst noch nicht erkannt hat oder noch nicht kann, nachahmen, um es zu erkennen, um es zu können. Auch beim Ordnen von Angelegenheiten ist das, was man noch nicht erreicht hat, aber zu erreichen erstrebt, mit «Lernen» zu bezeichnen.

Von diesem «Lernen» kann man nur als von einem gemeinsamen «Ankommen des Erkennens» und «kraftvollem Handeln» sprechen. Nur eine dieser Seiten dabei herauszuheben, ist falsch.

So zum Beispiel beim Schriftzeichen-Lernen schreiben wir alle die erste Zeit nicht gut; wenn es dann aber eines Morgens gut geht, was ist das für eine Freude! Erst von dieser Zeit an dringen wir ein. Ohne solches inneres Heitersein, wie sollten wir als Edle handeln? [Kommentar zu Lun Yü x; I, 6a–b, 8b]

Der Edle ißt sich nicht ganz satt, und beim Wohnen erstrebt er nicht nur Bequemlichkeit. Er ist eifrig im Tun, aber vorsichtig beim Reden. Er folgt denen, die auf dem rechten

Weg sind, und richtet sich darnach aus. Kann man ihn nicht einen das nachahmende Üben Liebenden nennen? [I, 14]

Der Edle macht sich niemals zum Gerät. [II, 12]

Tzǔ-kung fragte nach dem Wesen des Edlen. Der Meister antwortete: «Erst das Gesagte im Handeln wirklich machen und dann diesem Inhalt (auch weiterhin) folgen.» [II, 13]

Der Edle umfaßt und vergleicht nicht, der Kleine Mann vergleicht und umfaßt die Dinge nicht. [II, 14]

Chu Hsi:

Der Edle tritt an den Menschen so heran: er verabscheut menschliche Schwächen nicht schlechthin; wenn er aber das Zutreffende liebt oder das Schlechte verabscheut, so kommt das bei ihm aus einer Beziehung zu dem Allgemeinen. Er verwendet also einen trefflichen Menschen im Reich, und dann blüht ein Staat auf unter seiner Regierung. In einer Stadt verbannt er einen schlechten Menschen, und dann kehrt in dieser einen Stadt der Friede wieder ein: das ist das Ganze umfassen! Der Kleine Mann verhält sich gerade umgekehrt. Es heißt zum Beispiel in der Erörterung über Parteien von Ou-yang Hsiu: «König Wu von Chou hatte dreitausend gute Freunde, und Chou der Shang-Dynastie hatte Hunderte von Millionen Menschen, aber sie trennten sich von ihrem Herzen.» Das Herz des Edlen steht fest, das ist sein Umfassendes, mit dem er überall hinkommt; mit dem jeweiligen Gegenstand seiner Zuneigung, seines Abscheus, seiner Liebe, seines Hasses wurzelt er in dem Allgemeinen.

Der Kleine Mann ist voreingenommen: er vergleicht nach Gattungen und Parteien.

Das Hervorragende verehren im Hinblick auf die Masse, das Zutreffende loben und die eigene Unfähigkeit bedauern,

das nenne ich allumfassend. Blind seiner Ichbezogenheit ergeben sein, eins sein mit einer Partei und das Besondere unter-
jochen, das nenne ich voreingenommenes Vergleichen. [Kom-
mentar zu Lun Yü XI; II, 26b, 27b]

Edle streiten nicht. Oder etwa beim Bogenschießen? Sie
begrüßen sich dabei, machen einander Platz und steigen hinauf zum Schießen, und so verhalten sie sich beim Hinabstei-
gen und beim Trinken. Auch im Wettstreit bleibt der Edle
ein Edler. [III, 7]

Der Edle versteht sich aufs Rechttun, der Kleine Mann versteht sich darauf, seinen Vorteil wahrzunehmen. [IV, 16]

Der Edle ist bestrebt, langsam in der Rede und dafür rührig
im Handeln zu sein. [IV, 24]

Der Meister sagte von Tzŭ-ch'an: «Er hatte vier Eigenschaften eines Edlen. Im Handeln war er demütig, in Amts-
obliegenheiten achtsam, in der Sorge für die Nahrung des
Volkes zeigte er Gnade, und er veranlaßte das Volk zum rechten Tun, wie auch er das Rechte tat.» [V, 16]

Bei wem der Gehalt dem Stil gegenüber überwiegt, der
drückt sich ungeschlacht aus – wer stilistisch gebildet ist,
ohne etwas zu sagen zu haben, der ist bloß ein Schreiber. Bei
wem Stil und Gehalt im Gleichgewicht sind, der erst ist ein
Edler. [VI, 18]

Ein Edler, der bei seinen umfassenden Studien Stilgefühl
hat und sein Handeln durch die Sitten regelt, wird dadurch
Fehltritte vermeiden. [VI, 27]

Der Edle ist aus seiner inneren Ruhe heraus großzügig
gelassen, der Kleine Mann ist andauernd wegen irgend etwas
in Aufregung. [VII, 37]

Ssŭ-ma Niu fragte nach dem Wesen des Edlen. Der Meister antwortete: «Der Edle kennt weder Kummer noch Furcht.» Ssŭ-ma Niu sagte: «Ohne Kummer und ohne Furcht, das soll ein Edler sein?» Der Meister sprach: «Wer sein Innerstes überprüft und keine unverbesserlichen Fehler findet, worüber soll er bekümmert sein, was soll er fürchten?» [XII, 4]

Der Edle vollendet das Schöne im Menschen und nicht etwa das Unschöne – der Kleine Mann macht es gerade umgekehrt. [XII, 16]

Der Edle ist friedfertig, aber er stimmt nicht zu (wenn er nicht derselben Ansicht ist). Der Kleine Mann stimmt leicht zu, aber nicht, weil er friedfertig ist, (sondern wenn er darin einen Nutzen sieht). [XIII, 23]

Der Edle ist leicht zu bedienen und schwer zu erfreuen. (Sucht man) ihn zu erfreuen, aber nicht auf dem rechten Wege, so freut er sich nicht; aber in der Art, wie er die Menschen einsetzt, beachtet er ihre besonderen Fähigkeiten. Einem Kleinen Mann ist schwer zu dienen, aber er ist leicht zu erfreuen: erfreut man ihn auch auf nicht-rechten Wegen, er freut sich; wenn er sich eines Menschen bedient, so meint er, er müsse in allem bewandert sein. [XIII, 25]

Der Edle ist erhaben, aber dabei ist er nicht hochmütig, der Kleine Mann ist zuweilen hochmütig, aber er kennt Erhabenheit nicht. [XIII, 26]

Der Edle empfände Scham, wenn etwa seine Worte seine Taten überträfen. [XIV, 27]

Der Edle nimmt Rechttun als Grundlage, Sitten, um es als Handeln (sichtbar zu machen); dabei ist er bescheiden in seinen Äußerungen, und in (gegenseitigem) Vertrauen vollendet er, was er tut – wahrlich, so ist ein Edler. [XV, 18]

Der Edle stellt hohe Anforderungen an sich, der Kleine Mann stellt solche an die anderen Menschen. [XV, 21]

Der Edle schätzt sich hoch ein, aber er ist nicht streitsüchtig; er ist umgänglich mit einzelnen, aber er hält es nicht mit einer Partei. [XV, 22]

Den Edlen kann man nicht an Kleinigkeiten erkennen, aber er kann Großes empfangen; der Kleine Mann kann nicht Großes empfangen, dafür weiß er über Kleinigkeiten Bescheid. [XV, 34]

Tzŭ-lu sprach: «Der Edle schätzt doch wohl den Mut am höchsten!» Der Meister sprach: «Dem Edlen gilt das Rechttun als das Höchste. Ein Edler, der mutig ist, aber vom Rechttun nichts weiß, wird zum Rebell; wenn ein Kleiner Mann mutig ist und nichts vom Rechttun versteht, wird er zum Räuber.» [XVII, 21]

So wie die Handwerker in ihrer Werkstatt bleiben, um ihre Arbeit zu vollenden, so müht sich der Edle, um das zu erreichen, was von ihm als der rechte Weg erkannt wurde. [XIX, 7]

Wenn der Edle nicht selbst Gewicht auf seine Haltung legt, wirkt er auch nicht achtunggebietend. Im nachahmenden Üben ist er nicht eigenwillig, sondern er legt Wert darauf, es aus innerstem Herzen zu tun und vertrauensvoll zu sein. Er wählt nur Freunde, die ihm gleichen, und wenn er dadurch Fehler bei sich bemerkt, scheut er sich nicht, sie zu verbessern. [I, 8]

Tzŭ-lu fragte (nach dem Wesen) des Edlen. Der Meister sprach: «Er verbessert seine Fehler durch Achtsamkeit.» Tzŭ-lu sprach: «Und das soll alles sein?» (Der Meister) sprach: «Er verbessert sich, um anderen Frieden zu geben.» [XIV, 42]

Mit fünfzehn Jahren richtete sich mein Wille auf nachahmendes Üben, mit dreißig hatte ich feste Ansichten, mit vierzig zweifelte ich nicht mehr, mit fünfzig verstand ich das vom Himmel Bestimmte, mit sechzig konnte ich zuhören und mit siebzig konnte ich dem folgen, was mein Herz erstrebte – ich überschritt damit nicht mehr das rechte Maß. [II, 4]

Chu Hsi:

Wenn das Herz einen Ort hat, wo es hingeht, so heißt das Willen. Ist der Wille auf das nachahmende Üben gerichtet, dann geht das Herz auch dieser Wegordnung nach. – Von den Menschen, die ihren Willen nicht auf das nachahmende Üben richten, gibt es zwei Arten: die einen haben diesen Weg noch nicht erreicht und sind überhaupt nicht willens zu lernen, die anderen aber haben ihn erkannt, und obwohl sie besonders gern über den Rechten Weg sprechen, so haben sie doch nur diese Wurzel und kümmern sich nicht um die Verzweigungen: sie sind nicht willens zu üben. [Kommentar zu Lun Yü XI; II, 8 a–9 b]

Hohe Posten besetzt von Personen, die nicht großzügig sind, Sitten ausüben ohne Achtsamkeit, Beerdigungsriten vollziehen ohne Herzenstrauer – wie sollte ich solches mitansehen können! [III, 26]

Ich habe schweigend zugehört, um zu erkennen. Ich wurde des nachahmenden Lernens nicht überdrüssig und nicht müde, andere zu belehren. Was gäbe es sonst, das man mir zuschreiben könnte! [VII, 2]

Es bedrückt mich, daß ich mein kraftvolles Wirken im Guten nicht noch mehr gepflegt habe, daß ich Erlerntes nicht erklärt habe, daß ich von Rechttun hörte, ohne den Betreffenden folgen zu können, daß ich Unzutreffendes nicht verbessern konnte. [VII, 3]

Derjenige, der einfach ißt, Wasser trinkt und seinen Ellbogen als Kopfkissen nimmt, kann auch auf diese Weise freudevoll leben. Reichtum und hohen Rang erwerben ohne Ausrichten nach dem rechten Tun: so etwas ist für mich wie vorbeiziehende Wolken! [VII, 16]

Gebt mir einige Jahre mehr, so daß ich fünfzig Jahre für das Studium des Buches der Wandlungen hätte, so könnte ich wohl große Fehler vermeiden. [VII, 17]

Ich bin nicht geboren mit dem Wissen, das ich habe, ich liebe Altertümliches und bin eifrig, (nach seinen Spuren) zu suchen. [VII, 20]

Selbst wenn ich nur zu dritt wandere, werde ich unbedingt etwas lernen. Ich wähle der anderen Zutreffendes und folge ihm nach, und ihr Nichtzutreffendes versuche ich auch bei mir zu verbessern. [VII, 22]

Chu Hsi:

Wer sein Herz darauf gerichtet hat, sein Selbst zu bessern, der wird von all den unzähligen Dingen, die unter dem Himmel vor ihm liegen, angerührt. Alle sind sie hinreichend, das Ausrichten unseres Rechttuns nach den gegebenen Ordnungen zu entwickeln. [Kommentar zu Lun Yü XV; VI, 28 b]

Es gibt solche, die über nichts Bescheid wissen und sich ganz wohl dabei befinden. Ich bin nicht von dieser Art. Ich höre viel herum, und das Zutreffende erwähle ich, um ihm zu folgen. Ich nehme viel wahr, um zu erkennen – das schon Gewußte ist mir minder wert. [VII, 28]

Wenn ich für meinen Umgang niemand finde, der im Handeln das rechte Maß trifft, dann müssen es Stürmische oder

Vorsichtige sein. Die Stürmischen gehen wenigstens auf die Sache zu und packen an, und die Vorsichtigen haben Bestimmtes, das sie nicht tun. [XIII, 21]

Der Meister war in seinem Wesen mild und doch antreibend, würdevoll und dabei nicht gewalttätig, ehrerbietig aber dabei gelassen. [VII, 38]

Der Meister war frei von vier Dingen: von vorfassenden Absichten, von Vorurteilen, von Starrheit, von Ichbezogenheit. [IX, 4]

Chu Hsi:

Vorfassende Absicht ist: von etwas wollen, daß es so und so ist. Konfuzius hingegen sah auf die gegebene Ordnung. Was nach ihr geschehen mußte, das tat er, was nach ihr nicht geschehen mußte, tat er nicht. Er sagte nicht im voraus: dieses will ich tun und dieses nicht, denn das schon enthält Ichbezogenheit und ist daher vorfassende Absicht.

Vorfassende Absicht, Vorurteil, Starrheit, Ichbezogenheit gehen ineinander über: zuerst erfindet die vorfassende Absicht, wie es sei – sie enthält Ichbezogenheit. Von einer vorfassenden Absicht kommen wir an einen Ort des Unbedingt-So-Sein-Müssens: dem Vorurteil; von ihm aus zu einem undurchdringlichen starren Stocken, und damit sind wir wieder bei der Ichbezogenheit. [Kommentar zu Lun Yü XVI; VII, 3 b]

Der Meister sprach: «Zum Weg des Edlen gehört dreierlei, was ich nicht vermag: als jemand, der liebevolle Beziehung zu dem anderen (als Wesensart hat), macht er sich nicht (unnötige) Sorgen, als Weiser ist er ohne Zweifel, als Mutiger lebt er ohne Angst.» Tzû-kung sprach: «Das aber ist ja gerade die Art, wie der Meister lebt.» [XIV, 28]

Und ich soll besonderes Wissen haben?! – Ich weiß nichts im voraus. Aber wenn ein ganz gewöhnlicher Mensch mich etwas fragt, so bin ich wie leer: ich frage beide Seiten, und so erschöpfe ich die Sache. [IX, 8]

Nehmt zum Beispiel das Errichten eines Hügels, der fertig ist bis auf einen Korb Erde. Bleiben die Leute dabei stehen, so tue ich auch nichts. Nehmt zum Beispiel eine ebene Fläche – es mag erst ein Korb Erde aufgeworfen sein, aber wenn die Leute damit fortfahren, so helfe ich. [IX, 19]

Worten aus Gesprächen über die Richtform – wer möchte ihnen nicht folgen? Aber sich nach ihnen zu verbessern: das erst ist schätzenswert. – Worte zarter Andeutung: wer möchte sich nicht darüber freuen? Aber daraus etwas entwickeln: das erst ist schätzenswert. Sich über etwas freuen und nichts daraus entwickeln, etwas folgen, aber sich dennoch nicht verbessern – mit solchen Menschen habe ich noch nie etwas anfangen können. [IX, 24]

Diejenigen, die zuerst Sitten und Musik erschlossen: es waren die Wilden, und dann erst folgten die Edlen. Im Ernst der Ausübung halte ich es mit denen, die sie zuerst erschlossen. [XI, 1]

«Ssŭ, du hältst mich sicher für einen, der vieles im nachahmenden Üben erlernt hat und daher Kenntnisse hat?» Er erwiderte: «Ja, das dachte ich, ist es nicht so?» Der Meister sprach: «Nein, es ist nicht so: ich habe eines, um anderes daran aufzureihen.» [XV, 3, vgl. IV, 15]

Der Meister sprach zu seinem Sohn: «Hast du schon die Lieder gelernt?» Dieser erwiderte und sprach: «Noch nicht.» «Wer die Lieder noch nicht gelernt hat, kann auch noch nicht mitreden.» [XVI, 13]

Als der Meister sich in Ch'i mit der Shao-Musik beschäftigte, wollte er drei Monate nichts vom Geschmack des Fleisches wissen. Er sprach: «Ich hätte niemals gedacht, daß die Musik eine solche Höhe erreichen könne.» [VII, 14]

Wenn der Meister mit einem Menschen zusammen war, der gut sang, so ließ er es sich unbedingt wiederholen, und dann sang er das zweite Mal mit. [VII, 32]

Der Meister sprach: «Nachdem ich von Wei nach Lu zurückgekehrt war, wurde die Musik in Ordnung gebracht. Die Festlieder, die Opfergesänge kamen alle an ihren rechten Platz.» [IX, 15]

LIEBEVOLLE BEZIEHUNG ZU DEM ANDEREN

Wer als Mensch Kindesehrfurcht und brüderliche Liebe ausübt und es lieben würde, sich gegen Vorgesetzte aufzulehnen, ist selten. Daß jemand es nicht liebt, sich gegen Vorgesetzte aufzulehnen und es dennoch liebt, Empörungen anzuzetteln, ist noch nicht dagewesen. Der Edle macht sich die Pflege der Wurzel der Dinge zur Aufgabe. Stehen die Wurzeln fest, so entwickelt sich daraus der rechte Weg. Kindesehrfurcht und brüderliche Liebe, das sind die Wurzeln zu liebevoller Beziehung zu dem anderen. [I, 2]

Chu Hsi:

Ch'êng Tzŭ sagt: «Liebevolle Beziehung zu dem anderen ist Naturanlage; Kindesehrfurcht und brüderlicher Gehorsam sind Anwendungen. Als Naturanlagen gibt es nur diese liebevolle Beziehung.»

Die Naturanlagen wurzeln im Herzen – als etwas Wirkliches. Nicht nur sind Kindesehrfurcht, brüderlicher Gehorsam kein kunstvolles Handeln [vgl. Hsün Tzŭ, S. 62, 79], sondern ohne sie ist das menschliche Herz noch nicht gewesen. Was sich daraus entwickelt, steht in engem Verband zu der liebevollen Beziehung zu dem anderen, und daher muß der Weg zu einer solchen Beziehung hier anfangen. [Kommentar zu Lun Yü X; I, 14 b]

Geschickte Reden, gesucht freundliche Mienen sind selten vereint mit liebevoller Beziehung zu dem anderen. [I, 3]

Wenn ein Jüngling im Hause kindesehrfürchtig ist und draußen seinem Bruder folgt, vorsichtig ist und zu seinem Worte steht, freundliche Gefühle gegen jedermann hegt und anhänglich in seiner liebevollen Beziehung zu dem anderen ist und außer solchem Handeln noch überschüssige Kraft hat, so mag er sie für seine weitere Ausbildung in den Künsten aus- werten. [I, 6]

Chu Hsi:

Anhängliche Liebe, liebevolle Beziehung befähigen erst zur Bildung; denn wem soll man sonst ohne sie im Urteil über Wurzel und Verzweigungen folgen, um zu erkennen! Wenn wir zusammen wohnen und gerade nichts zu tun ist; das ist doch die Zeit, um über den Sinn des zu Erlernenden zu sprechen. Erst wenn wir so zu den Dingen kommen, haben sie zu uns Beziehung. [Kommentar zu Lun Yü X; I, 23 b; 24 a]

Ein Mensch ohne liebevolle Beziehung zu dem anderen, was soll der mit den Sitten anfangen, was soll der mit der Musik anfangen? [III, 3]

Chu Hsi:

Sitten sind Angelegenheiten, geboren aus Ehrerbietung und Achtsamkeit. Wenn du in deinem Herzen nicht ehrerbietig, nicht achtsam bist, und nur äußerlich allerlei nach Vorlagen daher machst, so ist damit nichts erreicht. Musik enthält zum Beispiel innere Ausgeglichenheit, inneres Heitersein: wenn du sie im Herzen nicht hast und nach außen gezwungen so etwas daher machst, so ist nichts damit erreicht.

Falls wir das ursprünglich gegebene Bessere Herz mit seinen naturgegebenen Ordnungen bewahren und nicht verlieren, so hat das, was wir tun, von selbst die rechte Folge und Ausgeglichenheit. [Kommentar zu Lun Yü XIII; III, 2 b–3 a]

In seiner Umgebung liebevolle Beziehung spüren: das ist schön. Wer die Wahl hat und seine Wohnung nicht hiernach auswählt, ist der zur Erkenntnis gekommen? [IV, 1]

Wer liebevolle Beziehung zu anderen nicht hat, kann bedrängende Not nicht lange aushalten, kann sich nicht lange an einer Sache freuen. Wer sie hat, ruht in ihr: der Weise achtet die liebevolle Beziehung zu dem anderen als Gewinn (im Leben). [IV, 2]

Nur wer liebevolle Beziehung zu anderen (in sich zur Wirklichkeit gebracht) hat, kann sich anderen in Liebe zuneigen, nur der kann sich aus Abscheu von anderen abwenden. [IV, 3]

Chu Hsi:

Zutreffendes lieben und das Schlechte verabscheuen ist ein gemeinsames Gefühl aller unter dem Himmel. Wenn hierbei auch nur ein bißchen Ichbezogenheit vorhanden ist, verlieren diese Gefühle im Entfachtwerden ihr Ausgerichtetsein nach dem Rechten. Nur der, der in seinem Herzen liebevolle Beziehung zu anderen vollkommen hat – als die rechte, naturgegebene Ordnung –, nur der wird, wenn er Zutreffendes bei Menschen sieht, es lieben, und wenn er Nichtzutreffendes sieht, es verabscheuen. [Kommentar zu Lun Yü XII; III, 25 a]

Wer wirklich seinen Willen auf liebevolle Beziehung zu dem anderen richtet: für den gibt es Hassen nicht. [IV, 4]

Ein Edler, der von der liebevollen Beziehung zu dem anderen ließe, verdient diesen Namen nicht mehr. Ein Edler entfernt sich (im Denken und Handeln) nicht einmal für die Dauer einer Mahlzeit von der liebevollen Beziehung zu dem anderen. Im größten Gehetze verhält er sich so, und auch in Zeiten der Gefahr. [IV, 5]

Einen ganzen Tag lang seine Kraft auf die liebevolle Beziehung zu dem anderen richten: mir ist noch niemand begegnet, bei dem die Kraft nicht ausreichen würde. Vielleicht gibt es auch solche, nur ich bin ihnen noch nicht begegnet. [IV, 6]

Die Überschreitungen der einzelnen entsprechen jeweils ihrer Wesensart. Beobachtet man die Eigenart der Fehler, erkennt man, wie es mit der liebevollen Beziehung zu dem anderen steht. [IV, 7]

Chu Hsi:

Ich sehe bei den Fehlern zum Beispiel darauf, ob es Fehler im Überschreiten des rechten Maßes sind, oder ob einer einfach etwas falsch gemacht hat; und ferner, ob die Überschreitungen in das Großzügige oder in das Knappe gemacht wurden. Ein wenig zu großzügig sein als Fehler: dazu habe ich noch eine Beziehung, obgleich es so nicht recht war; solche Fehler gehören aber zu einer liebevollen Beziehung auch dazu. Etwas zu knapp sein als Fehler: das sollte nicht vorkommen, solche Fehler entstehen nicht aus liebevoller Beziehung. [Kommentar zu Lun Yü XII; III, 31 b]

Der, der liebevolle Beziehung zu dem anderen wirklich hat, überwindet erst (eventuelle) Schwierigkeiten und denkt dann an den Lohn – dann wird er zu Recht bezeichnet als einer, der liebevolle Beziehung zu dem anderen hat. [VI, 22]

Seht her, wer liebevolle Beziehung zu dem anderen hat, möchte selbst gefestigt sein und gibt dabei anderen Halt, er möchte selbst zur Wahrheit durchdringen und klärt dabei andere auf. Vom Nahen ausgehend, es als Beispiel nehmen, das kann als Mittel zur liebevollen Beziehung zu dem anderen bezeichnet werden. [VI, 30]

Der Meister sprach von dem Richten des Willens auf den rechten Weg, wie man sich daran hält durch kraftvolles Wirken im Guten, von dem Vertrauen auf liebevolle Beziehung zu dem anderen, von dem Sicherfreuen durch die Kunst. [VII, 6]

Chu Hsi:

Über etwas nachdenken, sich gegenseitig etwas erklären und weiterforschen, an dem Erkannten festhalten und schrittweise vorangehen, das gehört alles zu diesem Willen. Um es kurz zu sagen: Immer sich daran erinnern, ohne davon zu lassen – aber dazu müssen wir außerdem noch vielen, vielen wirklichen Angelegenheiten begegnen.

Tao, der Weg, ist eine naturgegebene Ordnung, etwas, das aufeinander folgt; nicht ein Ganzes, nicht etwas visionär Gesehenes. Den Willen auf den Weg richten, das ist nur, sein Herz bewahren für die naturgegebenen Ordnungen, in denen wir handeln müssen. Das höchste Streben ist an die Orte gebunden, zu denen wir jeweils im Handeln hingehen müssen, und es handelt sich nicht darum, dieses Herz an ein Ding festzubinden.

Tê, Kraftvolles Wirken im Guten, ist nur: die eben vorliegende Sache auch wirklich machen, sie in die Hand nehmen und nicht wieder loslassen. Nur wenn wir einzelne Angelegenheiten weiter verfolgen, können wir sie verstehen. Wenn wir unser Handeln nicht von unserer liebevollen Beziehung tragen lassen, kommen wir nicht hin zu einem Den-Eltern-und Den-Älteren-Dienen. Selbst in der Kunst ist es nicht anders:

wir können ohne eine solche Beziehung nichts verstehen. Seien es Sitten, Musik, Bogenschießen, Wagenlenken, Schreiben oder Mathematik. Ohne Schrittfolge, ohne liebevolle Beziehung können wir nichts verstehen – unser Herz ist sonst wie versperrt. Wir können nur eins nach dem anderen begreifen, dann fangen wir erst an, in die Adern dieser Wegordnung einzudringen. Nichts ist mehr versperrt, und weil wir diese Ordnung in uns großziehen, wird mit diesem Erkennen dieser Weg das Große umfassen und in das Kleine eindringen: das ist dann arbeiten.

Kraftvolles Wirken im Guten ist Handeln und immer wieder Handeln. Im Handeln reifen wir, und was wir da fertiggebracht haben, das haben wir als unsere Sache. Wenn wir heute etwas aus innerstem Herzen tun und nachher wieder nicht, so haben wir es noch nicht als unsere Sache. Das ist noch nicht Kraftvolles Wirken im Guten. Wenn wir es als unsere Sache haben, können wir es festhalten. [Kommentar zu Lun Yü xv; vi, 8 b, 9 a–b, 10 a–b]

Liebevolle Beziehung zu dem anderen soll etwas von uns Entferntes sein? Nein, wenn ich sie erstrebe, dann erreiche ich sie. [vii, 30]

Chu Hsi:

Wenn unser Herz an Großes gebunden ist, so kann es nicht anders als darnach streben; im Streben erlangt es dieses leicht und muß es auch erreichen; denn unser Herz hat diesbezüglich nur Ausgehen und Hineingehen. Wenn es nicht ausgegangen ist, ist es seinem Streben verwachsen; ist es aber einmal draußen, dann geht es von einem zum anderen und gerade von dieser Zeit des Draußen-Herumgehens: von der merken wir nichts. In dem Augenblick, in dem wir uns dessen bewußt werden, da kehrt es nämlich zu uns zurück. [Kommentar zu Lun Yü xv; vi, 35 a]

Der Weise zweifelt nicht, wer liebevolle Beziehung zu dem anderen hat, lebt ohne Besorgnis, der Mutige lebt ohne Angst. [IX, 29]

Das Ichbezogene besiegen und sich an die Sitten binden, daraus wird: liebevolle Beziehung zu dem anderen. Wenn dieses (allgemein) nur einen Tag geschieht, kehrt liebevolle Beziehung zu dem anderen unter diesem Himmel wieder. Hängt das nun von uns ab oder von den anderen? [XII, 1]

Chu Hsi:

Wenn wir uns besiegt haben, kehren wir von selbst zu den Sitten zurück; wenn wir an den Eingängen zu Abwegen eine Schranke aufstellen, bewahren wir von selbst das Wahre in uns. Es gibt neben diesem Sich-selbst-Besiegen nicht außer uns noch ein anderes, wie etwa: das Zurückkehren zu den Sitten; neben diesem Aufstellen von Schranken noch ein anderes, wie etwa: das Bewahren unseres Wahrhaftigseins. Hier in diesem Zusammenhang von den Sitten als von bestimmten Regeln des Verhaltens zu sprechen, ist eine Schutzmaßregel dagegen, unser Selbst nicht ernst zu nehmen.

Wenn hier von der liebevollen Beziehung gesprochen wird, so nur von ihrem Ansatz in uns, der von dem menschlichen Begehren überdeckt wird – so als ob sie von einer Hautschicht überzogen wäre. Wenn wir die Ichbezogenheit mit diesem Sieg beseitigen, wird mit dem Zurückkehren zu den Sitten die liebevolle Beziehung wieder sichtbar: sie und die Sitten sind hier nicht zwei Dinge.

Wenn wir warten, bis selbstsüchtiges Begehren entstanden ist, um dann es zu besiegen, ist das nicht schon zu spät? Entstanden, müssen wir es besiegen – aber erreicht haben wir erst dann etwas, wenn die Helligkeit dieses leuchtenden Feuers liebevoller Beziehung uns das Fehlgehen unmöglich macht. [Kommentar zu Lun Yü XVII; VII, 22 a–b, 23 a]

Der Meister sagte über die liebevolle Beziehung zu dem anderen: «Es geht darum, aus der Tür herauszutreten, (so achtsam,) als ob wir einen hohen Gast begrüßen wollten – das, was wir nicht gern hätten, auch nicht anderen anzutun –, in demselben Hause einander nichts übelzunehmen.» [XII, 2]

Chu Hsi:

Die Scheidung von Außen- und Innenwelt zu vollziehen, das liegt bei dem einzelnen Menschen: wer dem anderen etwas übelnimmt, der hat das Wesen dieser Scheidung noch nicht von Grund auf verstanden. Unter diesem Himmel kehrt liebevolle Beziehung zueinander nicht zurück, solange das auch nur einer nicht verstanden hat.

Die Arbeit muß bei diesem achtsamen Entgegenkommen ansetzen; erst müssen wir achtsam sein, dann erst können wir im Handeln den anderen Betreffendes zu uns in Beziehung setzen. [Kommentar zu Lun Yü XVII; VIII, 31 b–32 a]

Wer liebevolle Beziehung zu dem anderen pflegt, ist vorsichtig mit seinen Worten. [XII, 3]

Fan-ch'ih fragte nach (dem Wesen) der liebevollen Beziehung zu dem anderen. Der Meister sprach: «Die Menschen lieben.» Er fragte nach (dem Wesen) der Weisheit. Der Meister sprach: «Menschen erkennen.» [XII, 22]

Der Edle kommt durch seine Bildung zu seinen Freunden, durch Freundschaft stärkt er seine liebevolle Beziehung zu dem anderen. [XII, 24]

Fan-ch'ih fragte nach (dem Wesen) der liebevollen Beziehung zu dem anderen. Der Meister sprach: «Im privaten Leben sei ehrerbietig, wenn du Geschäfte besorgst sei achtsam, im Verkehr mit anderen handle aus innerstem Herzen. Selbst wenn du zu den Barbaren des Ostens und Nordens kommst, darfst du von dieser Haltung nicht lassen.» [XIII, 19]

Standhaft, entschlossen, einfach und vorsichtig mit den Worten sein – damit ist man der liebevollen Beziehung zu dem anderen nahe. [XIII, 27]

Wer liebevolle Beziehung zu dem anderen hat, muß auch den Mut (zur Tat) haben, während der Mutige nicht unbedingt liebevolle Beziehung zu dem anderen haben muß. [XIV, 4]

Ein willensstarker Mensch, der liebevolle Beziehung zu dem anderen hat, strebt nicht nach dem Leben auf Kosten dieser Beziehung; vielmehr gibt er eher unter Umständen sein Leben dran, um diese Beziehung zur Vollkommenheit zu bringen. [XV, 9]

Tzǔ-kung fragte, was er zu tun habe, um liebevolle Beziehung zu dem anderen auszuüben. Der Meister sprach: «Ein Arbeiter, der seine Sache gut machen will, muß erst seine Geräte schleifen. Wenn du in einem anderen Lande wohnst, so diene den Würdigsten unter seinen Großen, und mache die Besten seiner Gelehrten zu deinen Freunden, die liebevolle Beziehung zu dem anderen ausüben. [XV, 10]

Tzǔ-chang fragte Konfuzius nach (dem Wesen) der liebevollen Beziehung zu dem anderen. Konfuzius sprach: «Wenn man auf dieser Welt fünf Dinge verrichten kann, übt man liebevolle Beziehung zu dem anderen aus.» «Darf ich darnach fragen?» Der Meister sprach: «Es handelt sich dabei um Ehrerbietung, Weitherzigkeit, Vertrauen, Rührigkeit und Güte. Ist man ehrerbietig, wird man nicht verspottet; ist man weitherzig, gewinnt man die Menge; ist man vertrauensvoll, so vertrauen einem die Menschen ihre Dinge an; ist man rührig, so hat man Erfolg, und erst wenn man gütig ist, ist man fähig,

die Menschen (ihren Fähigkeiten nach) richtig einzusetzen.»
[XVII, 5]

Umfassend lernen und Ernst machen mit dem Gewollten,
im einzelnen fragen und vom Nahen aus denken, darin äußert
sich die liebevolle Beziehung zu dem anderen. [XIX, 6]

GEGENSEITIGKEIT AUS INNERSTEM HERZEN

Der Meister sprach: «Nicht wahr, Shên, mein Weg ist das
eine nehmen, um anderes zu durchdringen.» Tsêng Tzǔ
sprach: «Ja.» Nachdem der Meister hinausgegangen war,
fragten die Schüler: «Was soll das heißen?» Tsêng Tzǔ
sprach: «Bei der Lehre des Meisters handelt es sich darum,
alles aus innerstem Herzen zu tun und das Gefühl für Gegenseitigkeit wachzuhalten.» [IV, 15]

Chu Hsi:

Zu der umfassenden Bedeutung von 1 Kuan [1 = eine;
Kuan = durchbohrte Geldmünzen, die an einer Schnur aufgereiht und zusammengebunden werden] sage ich: «Wenn
früher in den Städten zehn mal zehn Geldstücke an je einer
Schnur als hundert galten, sie aber noch nicht zusammengebunden waren, oder andererseits ein ungeordneter Haufen
ganz verschiedenartiger Münzen mit einer Schnur zusammengebunden wurde, so war damit ursächliches Zusammenfassen
nicht erreicht. Mit diesem einen Herzen begegnen wir allen
Dingen: aus innerstem Herzen uns zu den Dingen in Beziehung zu setzen, das ist der Hauptansatz für den Weg, Dinge
an Einem aufzureihen. Das erste dabei ist, aus innerstem Herzen
den Dingen entgegenzukommen; wie wir sie durchdringen und
aufreihen, hängt davon ab, wie wir uns zu den Dingen in Beziehung setzen. Es hängt alles ab von dieser ersten Bewegung,

die sich auf so vieles verteilend entfaltet und doch immer wieder dasselbe ist. Ob wir es den Alten angenehm machen, oder die Kleinen ans Herz drücken, oder zu unseren Worten stehen im Umgang mit Freunden: es gibt nichts, das nicht von diesem Aus-innerstem-Herzen-sich-in-Beziehung-Setzen abhinge. Nur so läßt sich etwas durchdringen und aufreihen.»

Das innerste Gefühl, das ist eine Wirklichkeit. Nur die aus eigenem Herzen abgeleitete Wegordnung ist Wirklichkeit. Alle menschlichen Angelegenheiten und Dinge liegen in Verbindung vor uns, so daß wir nur ihr Wirkliches in Beziehung zu setzen brauchen. Falls wir aber in dieser Beziehung nur ein bißchen leer sind und dadurch Fehler machen, so werden die Angelegenheiten und Dinge, die an uns herankommen, wenn wir sie beiseite legen, alle nicht wirklich sein und folglich alle nicht mit der allgemeinen Wegordnung übereinstimmen. Falls wir die wirklichen Angelegenheiten und die Dinge, die auf uns zukommen, im einzelnen zu uns in Beziehung setzen, dann deckt sich das Kleine mit dem Kleinen, das Große mit dem Großen, das Dicke mit dem Dicken, das Dünne mit dem Dünnen, das Leichte mit dem Leichten, das Schwere mit dem Schweren; denn es gibt nichts, was nicht einer solchen Wegordnung entspräche.

Die Heiligen Menschen setzten sich auch nur aus innerstem Herzen zu den Dingen in Beziehung, aber es ist ihnen vertraut und den Lernenden noch nicht. Den Heiligen Menschen strömt es aus dem Herzen, die Lernenden müssen sich noch zwingen, es zu entfalten – in jedem Menschen gibt es aber das Herz der Heiligen Menschen. [Kommentar zu Lun Yü XII; III, 39 b–40 a, 40 a–b, 42 b–43 b]

Wenn man jemand liebt, macht man nicht gerade da Beanstandungen, erst wenn (das Verhältnis so) aus innerstem Herzen (erwächst), kann man nicht dann erst belehren? [XIV, 7]

Tzŭ-kung fragte und sprach: «Gibt es ein Wort, nach dem man sein ganzes Leben handeln kann?» Der Meister sprach: «Ist es nicht die Gegenseitigkeit? Was du nicht wünschst, das man dir tue, das füge auch keinem anderen zu.» [XV, 24]

Tzŭ-kung sprach: «Was ich nicht möchte, daß mir die Leute zufügen, das mag ich ihnen auch nicht antun.» Der Meister sprach: «Ssŭ, diese Stufe hast du noch nicht erreicht.» [V, 12]

Tsêng Tzŭ sprach: «Ich überprüfe mein Selbst täglich dreifach, ob ich für andere planend etwa etwas nicht aus innerstem Herzen getan habe, ob ich mit Freunden verkehrend etwa meinen Worten nicht treu war, ob ich das Überlieferte etwa nicht geübt habe.» [I, 4]

Der Meister sprach: «Ein Mensch, der nicht vertrauenswürdig ist, ich weiß nicht, was ich mit dem anfangen könnte! Das ist so wie bei einem großen Wagen ohne Querstange an der Wagendeichsel, einem kleinen Wagen ohne Querstange über der Wagendeichsel, wie könnte ich die in Bewegung setzen?» [II, 22]

Wenn die Worte aus innerstem Herzen kommen und man vertrauenswürdig ist, im Handeln ernst und achtsam ist, wenn man auch in einem Barbarenstaat wohnt, man wird damit vorwärtskommen. Wenn die Worte nicht aus innerstem Herzen kommen und man nicht vertrauenswürdig ist, wenn man auch nur in der Nachbarstadt verkehrt, wie sollte man vorwärtskommen? [XV, 6]

SITTEN UND RECHTTUN

Der Meister sprach: «Führt man durch Gesetze und ordnet durch Strafen, so wird das Volk ohne Scham nach Ausflüchten

suchen. Führt man durch kraftvolles Wirken im Guten, ordnet man durch die Sitten, so wird (das Volk) Scham bewahren
und sich überdies (nach dem Rechten) ausrichten.» [II, 3]

Der Edle kennt auf dieser Welt nichts, dem er unbedingt
zustimmt, nichts, das er unbedingt ablehnt. Was (seine innere Stimme) für das Rechttun (ihm andeutet), das nimmt er
zum Vergleich. [IV, 10]

Wenn wir uns nicht an die Sitten halten, wird Ehrerbietung
zur Plage, Vorsicht zur Furchtsamkeit, Mut zur Verwegen-
heit, Geradheit zur Grobheit. Wenn die Edlen es wirklich
ernst nehmen mit ihrer anhänglichen Liebe, dann blüht auch
im Volk die liebevolle Beziehung zu dem anderen, wenn sie
ihre alten Freunde nicht verlassen, dann kargt auch das Volk
nicht mit dieser Gesinnung. [VIII, 2]

Wer selbst recht ist, braucht nicht zu befehlen, und die anderen gehorchen – wer selbst nicht nach dem Rechten ausgerichtet ist, dessen Befehle werden auch nicht befolgt. [XIII, 6]

Bei der Ausübung der Sitten ist die (innere) Harmonie die
Hauptsache – von Harmonie wissen und sich ausgeglichen
fühlen, ohne durch Sitten in den einzelnen Abschnitten sich
führen zu lassen, das geht auch nicht. [I, 12]

Chu Hsi:

Sinn der Sitten ist, Ausdruck von Ernst und Achtsamkeit zu
sein, aber nicht ein äußerliches Getue: wenn im Befolgen die
Beziehung zu unserem natürlichen Wesen da ist, dann sind
wir auch eins mit dem Ausgeglichensein der Sitten und rufen
es so nicht als etwas außer uns Liegendes herbei.
   Zu der Frage: «Ist Achtsamkeit gesammeltes Ausgeglichensein und Ausgeglichensein in Teile zerlegte Achtsamkeit,
kann man sie so gegenüberstellen?» sage ich: Es gibt nur

eine Achtsamkeit und nicht zwei. Auf zweierlei gerichtete Achtsamkeit gibt es nicht. Ausgeglichensein heißt, es in allen Angelegenheiten zu sein: hier gerade das Richtige tun, dort das Richtige tun, hier das rechte Maß treffen, dort das rechte Maß treffen, und wenn wir es nicht an bestimmtem Ort sind, so sind wir es eben überhaupt nicht.

Wir sind achtsam, bevor die Gefühle entfacht werden; wir sind ausgeglichen, wenn wir in allem das rechte Maß treffen. Wenn wir erkannt haben, wie wir handeln müßten, und dann zufrieden bei diesem Handeln sind, dann erst haben wir das Ungezwungene, was das Ausgeglichensein ausmacht – es läßt sich nicht von außen anfügen. Wer ausgeglichen ist, hat heitere Gedanken: Ausgeglichensein ist die Wurzel inneren Heiterseins. [Kommentar zu Lun Yü X; I, 37 b, 38 a–b, 39 b]

Wenn man einander vertraut, muß es dem Rechttun nahe sein, dann kann man auch zu seinen Worten stehen. Wenn man bei Ehrerbietungen sich an die Sitten hält, dann bleiben Schande und Beschämung fern. [I, 13]

Chu Hsi:

Wo es passend wäre, sich zu begrüßen, dafür eine längere Verbeugung machen, das entspricht nicht der Sitte. Das vorgeschriebene Maß der Sitte wurde hier nicht erreicht. Der andere wird sich unbedingt darüber ärgern. Wie wäre das nicht eine Schande? Wenn wir da, wo eine Verbeugung passend gewesen wäre, hingehen, um jemand zu begrüßen, so war das – am Maß der Sitte gemessen – zuviel und wird von jenem nicht erwidert werden. Wie wäre das nicht zum Schämen? [Kommentar zu Lun Yü X; I, 42 a]

Tzŭ-kung sprach: «Arm sein und dennoch nicht schmeicheln; reich sein, ohne hochmütig zu werden, was halten Sie davon?» Der Meister sprach: «Ganz gut, aber so jemand kommt nicht dem gleich, der arm und doch fröhlich ist, oder reich ist und sich doch an die Sitten hält.» [I, 15]

Erkennen, was man von Rechts wegen tun müßte, und nicht nach dieser Erkenntnis handeln, ist Mangel an Mut. [II, 24]

ERKENNTNIS

Wissen ist: das, was wir wirklich erkannt haben, für Wissen und das, was wir nicht erkannt haben, für Nichtwissen halten. [II, 17]

Wer über Erlerntes nicht nachdenkt, befindet sich in Netzen – wer nur sinnt, anstatt etwas zu üben, bleibt in gefährlichem Vermuten stecken. [II, 15]

Chu Hsi:

Untersuchen wir, was das Zeichen Hsüeh im Lun Yü [Gespräche des Konfuzius] besagt, so ist das von Fall zu Fall verschieden. In dem Satz: «Lernen, das heißt nachahmend üben und nicht darüber nachdenken», scheint mit diesem Hsüeh das Gewicht auf dem Handeln zu liegen. Ich sage aber: in diesem Satz ist mit diesem Hsüeh nicht nur das Handeln gemeint. Fragen wir, was die Bedeutung ist, so sage ich: Hsüeh ist nichts weiter als das Nachahmen von etwas, was ich noch nicht kann: also gehe ich hin und ahme es nach. Fragt nun jemand, ob es hier nicht vielleicht – verglichen mit anderen Fällen – gerade handeln bedeutet, so sage ich nochmals: es ist nur das: falls ich etwas noch nicht kann, dann gehe ich hin, um es zu lernen. So zum Beispiel, falls ich die Grundzüge von etwas noch nicht erkannt habe, gehe ich hin und befasse mich genau damit, um sie zu erkennen, das ist auch Hsüeh. Falls ich dieses Buch noch nicht kenne, gehe ich hin und lese es, das ist auch Hsüeh. Falls ich von diesen Sachen noch nichts weiß, dann gehe ich hin und frage die Leute, wie sie es machen, das ist auch Hsüeh. Hsüeh ist persönlich hingehen, um etwas zu tun. Ssü ist nur schweigend dasitzen und nachdenken. Auf die Frage: ist Hsüeh die Sache erlernen und Ssü über Grundsätzliches nachdenken, so sage ich: Ssü ist das Nachdenken über das, was man nachahmend übend erlernt. Etwas erlernen und nicht darüber nachdenken, ist folglich auch vollkommen vergebens. – Fragen wir, warum nachdenken und nicht üben gefährliches Vermuten ist? Es ist es darum, weil es etwas Erzwungenes ist: daraus entstehende Wortverdrehungen lassen sich geradezu mit der Hand greifen, deshalb ist vermuten gefährlich. Es ist willkürlich und unnatürlich – und auf dieses Willkürliche folgt weder Beruhigung noch das Gefühl der Sicherheit. [Kommentar zu Lun Yü XI; II, 28a]

Der Meister sprach: «Yu, hast du von den sechs Worten über die sechs Überschattungen [vgl. Hsün Tzü, S. 60] gehört?» Er antwortete: «Noch nicht.» «Setze dich her, ich werde mit dir darüber reden. Liebevolle Beziehung zu dem anderen ausüben, ohne zu lieben, in nachahmendem Üben etwas zu erlernen: dieses führt als Überschattung zur Torheit. Weisheit lieben, ohne zu lieben, in nachahmendem Üben etwas zu erlernen: dieses führt als Überschattung zur Ziellosigkeit. Vertrauenswürdigkeit lieben, ohne zu lieben, in nachahmendem Üben etwas zu erlernen, dieses führt als Überschattung zu Beschädigung, Geradheit lieben, ohne zu lieben, in nachahmendem Üben etwas zu erlernen: dieses führt als Überschattung zu Grobheit. Mut lieben, ohne zu lieben, in nachahmendem Üben etwas zu erlernen, dieses führt als Überschattung zur Empörung; die Strenge zu lieben, ohne zu lieben, in nachahmendem Üben etwas zu erlernen, dieses führt als Überschattung zur Grausamkeit.» [XVII, 7]

Sieh, was einer für Ziele hat, betrachte die Mittel, die er anwendet, um sie zu erreichen, untersuche, unter welchen

Umständen er sich wohlfühlt – wie könnte ein Mensch seinen Charakter dann verbergen, wie könnte er ihn verbergen? [II, 10]

Chu Hsi:

Also, wenn jemand zum Beispiel die klassischen Schriften studiert, so ist das doch eine gute Sache! Aber wieso er dazu kommt, dies zu tun, da gibt es verschiedene Beweggründe: um sich zu bilden, um sich einen Namen zu machen oder um wirtschaftliche Vorteile davon zu haben! [Kommentar zu Lun Yü XI; II, 19 a]

Einer, der etwas liebt, hat mehr davon als einer, der nur davon weiß; wer etwas liebt, kommt dem nicht gleich, der darüber innerlich heiter ist. [VI, 20]

Der Wissende zweifelt nicht, wer liebevolle Beziehung zu dem anderen hat, ist nicht voll Kummer, und der Tapfere ist nicht voller Angst. [IX, 29]

Ich habe den ganzen Tag nichts gegessen, Nächte nicht geschlafen, um nachzudenken: das ist sinnlos; besser ist es, im nachahmenden Üben etwas zu erlernen. [XV, 31]

Chu Hsi:

Unser Herz abzumühen, um unbedingt etwas zu erlangen, ist nicht zu vergleichen mit den Erkenntnissen, zu denen wir von selbst kommen, gerade, wenn wir es aufgeben, sie zu erlangen.

Das hier gemeinte Nachdenken ist das harte, das aus sich etwas schaffen will. Das Erlernen hält sich an ursprünglich Vorhandenes, es entfaltet das Herz am einzelnen und folgt den Dingen und Angelegenheiten, sich ihrer gegebenen Ordnung anpassend. Heutzutage verfahren die Menschen überhaupt hart: sie wollen unbedingt etwas erlangen, und deshalb wird es dann auch nichts. Wir sollten unser Herz zart entfalten und an das heften, mit dem es sich gerade befaßt. [Kommentar zu Lun Yü XVII; IX, 40 b]

Angeborenes Erkenntnisvermögen wirken lassen ist die höchste Stufe; im nachahmenden Üben dazukommen die nächste; Schwierigkeiten haben (im Verlauf der Erkenntnis) und nachahmend üben – wieder die nächste; Schwierigkeiten haben und nicht üben, das ist die unterste Stufe des gemeinen Volkes. [XVI, 9]

Fan-chih fragte den Meister über die Erkenntnis. Der Meister sprach: «Menschen erkennen (ist das Wichtige).» [XII, 22]

RICHTIGSTELLEN DER BEZEICHNUNGEN

In alten Zeiten machten die Menschen nicht viele Worte, und zwar aus Scheu, sie würden ihren Inhalt mit ihren Taten nicht erreichen. [IV, 22]

Ein Eckenkelch ohne Ecken, ist das noch ein Eckenkelch, ist das noch ein Eckenkelch? [VI, 25]

Der Fürst Ching von Ch'i fragte den Meister Kung über die Regierung. Der Meister Kung antwortete: «Der Fürst sei Fürst, der Untertan sei Untertan, der Vater sei Vater, der Sohn sei Sohn.» Der Fürst sprach: «Trefflich fürwahr, denn in der Tat, wenn der Fürst nicht Fürst ist, der Untertan nicht Untertan, der Vater nicht Vater, der Sohn nicht Sohn – selbst wenn ich dann genug Hirse habe, bin ich dann sicher, daß ich sie auch in Ruhe essen kann!» [XII, 11]

Tzŭ-lu sprach: «Der Fürst von Wei wartet auf den Meister, um die Regierungsgeschäfte zu erledigen. Was würde der

Meister zuerst machen?» Der Meister sprach: «Unbedingt das Richtigstellen der Bezeichnungen.» [XIII, 3]

DAS BESTÄNDIG ANWENDBARE TREFFEN

Das beständig Anwendbare treffen als Kraftvolles Wirken im Guten zu nehmen, ist das Höchste, was man erlangen kann – aber im Volk findet man diese Haltung seit jeher selten. [VI, 29]

Durch Kraftvolles Wirken im Guten bleibt man nicht einsam – es wird sich sicher in der Nachbarschaft auswirken. [IV, 25]

Tzŭ-yu fragte nach (dem Wesen) der Kindesehrfurcht. Der Meister sprach: «Heutzutage versteht man unter Kindesehrfurcht (seine Eltern) ernähren können – aber ernähren kann man auch Hunde und Pferde. Wenn man nicht (außerdem) achtsam ist, was läßt sich da noch als Unterschied (anführen)!» [II, 7]

Dient man seinen Eltern, so darf man sie schon zuweilen ermahnen; wenn man aber sieht, daß sie nicht gewillt sind zu folgen, so sollte man seine Achtsamkeit nicht aufgeben und auch schwere Arbeit ohne Murren ertragen. [IV, 18]

Chu Hsi:

Um uns nicht zu entfremden, müssen wir darnach streben, die Eltern uns so vorzustellen, als ob sie ohne Fehler wären, und uns im Herzen daran erinnern. Es wäre falsch, wenn wir sehen, daß die Eltern hier wohl nicht folgen, oder daß jenes vielleicht ihren Zorn entfacht, daraufhin aufzuhören zu ermahnen – unbedingt so ermahnen, daß sie zornig werden, das ist aber auch falsch. [Kommentar zu Lun Yü XII, III, 52 b]

Das Alter der Eltern muß man sich beständig vergegenwärtigen: einerseits, um sich zu freuen, andererseits, um besorgt zu sein. [IV, 2 1]

Anspornen durch Lieder, festigen durch die Sitten und vollenden durch die Musik. [VIII, 8]

SELBSTERZIEHUNG UND BILDUNG

Von Natur stehen (die Menschen) einander nahe, durch
(bestimmte) Übungen entfernen sie sich voneinander – nur
die das Höchste Erkennenden und die Tölpel ändern sich dadurch nicht. [XVII, 2]

Übt euch nicht im Begehen von Abwegen, das ist nur
schädlich. [II, 16]

Chu Hsi:

Das Kung heißt: sich gegenseitig erklären und dann üben:
es ist nicht das Kung von angreifen. Hierzu müssen wir nur
hinsehen, wie es sich mit den Abwegen verhält und was mit
dem rechten Weg gemeint ist. Abwege sind die nicht vom
Himmel hervorgebrachten, denn unter dem Himmel gibt es
nur eine Wegordnung. Wer also nicht an ein nach dem Rechten ausgerichtetes Herz gebunden ist, strömt den Irrlehren
zu, und wenn er sich darin übt, muß er Schaden durch sie lei-
den. Abwege sind nicht beschränkt auf die Lehren von Yang
Chu, Mo Ti, Buddha und Lao Tzŭ, sondern das sind nur die
größeren.
Nicht nur, daß wir uns solchen abwegigen Lehren nicht
eigens widmen sollten, auch bei ungefährem Verstehen erlangen wir für uns nichts. Falls wir aber im Üben der eigenen
Lehren zur Bestimmtheit gekommen sind, nur um dann wieder auf Fehler von anderen hinzusehen, so haben wir nur er-

reicht, alles von oben herab anzusehen. Wenn es dazu gekommen ist, ist alles andere nichts mehr wert. Wenn die Gelehrten im Alter zu den Buddhisten strömen, so deshalb, weil sie das Eigene nur als etwas Seichtes gesehen haben und es so für sie keine Bedeutung hat: deshalb strömen sie diesen hohlen, untätigen, dunklen und geheimnisvollen Lehren zu. Die Worte Buddhas sind den naturgegebenen Ordnungen sehr nahe, deshalb eben richten sie viel mehr Schaden an als die von Yang Chu oder Mo Ti. – Wieviel ausgezeichnete Menschen unserer Dynastie sind ihnen nicht schon verfallen! [Kommentar zu Lun Yü XI; II, 29 b–30 b]

Wer es versteht, das Alte lebendig zu machen, um neue Erkenntnisse daraus zu gewinnen, den kann man als Lehrer gelten lassen. [II, 11]

Chu Hsi:

Wenn wir nicht in der Überlieferung nach den Zusammenhängen forschen, entsteht ein Bruch, und falls wir im Forschen nichts für uns erlangen, so ist diese Vorbereitung auch nicht genug, um Lehrer eines anderen Menschen zu sein: Die Bedeutung dieses Ausspruches liegt in dem Erkennen des Neuen. [Kommentar zu Lun Yü XI; II, 13 a]

Wer eifrig ist und nachahmendes Üben liebt, ohne Scham auch einen Untergebenen befragt, den kann man als Gebildeten bezeichnen. [V, 15]

Man soll sich nicht bekümmern, wenn einen die Menschen nicht kennen, lieber, wenn man die Menschen nicht kennt. [I, 16]

Ein Gebildeter, der nur gern zu Hause bleibt, bei dem reicht die Erfahrung nicht aus, als Gebildeter zu gelten. [XIV, 2]

Wer mit seinem Herzen zu einer Sache noch nichts gesammelt hat, dem erkläre ich nichts; wenn ihm die Worte nicht auf der Zunge liegen, dann sage ich den Ausdruck nicht. Eine Ecke mache ich sichtbar; wenn er sich den anderen dreien nicht zuwendet, so erkläre ich ihm nicht noch einmal etwas. [VII, 8]

Fehler kann man erst dann als Fehler betrachten, wenn man nicht darnach trachtet, sie zu verbessern. [XV, 30]

Der Meister führt die Menschen lockend schrittweise vorwärts, er erweitert (ihr Wissen) durch Literatur und beschränkt sie (im Handeln) durch die Sitten. [IX, 11]

Wer die Würdigen würdigt und dadurch sein Betragen ändert, wer Vater und Mutter so versorgen kann, daß er dabei seine ganze Kraft aufbietet, wer seinem Fürsten (oder Vorgesetzten) so dient, daß er seine Person dafür einsetzt, wer im Verkehr mit Freunden so vertrauenswürdig ist, daß er zu seinen Worten steht, wenn von einem solchen gesagt wird, er sei noch ohne Bildung, so sage ich da unbedingt: er hat Bildung. [I, 7]

Wer in seinem persönlichen Leben Scham bewahrt und, in ferne Länder gesandt, dem Auftrag seines Fürsten nicht Schande bringt, den mag man wohl einen Gebildeten nennen. [XIII, 20]

ALLGEMEINE LEBENSWEISHEITEN

Viel hören, Anzweifelbares beiseite lassen, vorsichtig über das Übrige sprechen: so wird man wenig Fehler machen. Viel wahrnehmen, Gefährliches beiseite lassen, vorsichtig im Handeln bei allem Übrigen sein, so wird man wenig zu bereuen haben. Wer beim Reden wenig Fehler macht, beim Handeln wenig zu bereuen hat, dem ist sein Lohn sicher. [II, 18]

Wer bei seinem Handeln hauptsächlich auf seinen Vorteil bedacht ist, wird überall auf Abneigung stoßen. [IV, 12]

Erst in der kalten Jahreszeit erkennt man (den Wert) der immergrünen Kiefern und Zypressen. [IX, 28]

Menschen, die ohne Weitsicht sind, sind bestimmt über Naheliegendes (leicht) bekümmert. [XV, 12]

Wer sich selbst viel aufbürdet und wenig Verantwortung den anderen überläßt, dem bleibt Ärgerliches erspart. [XV, 15]

AUS CHIA YÜ, DEN SCHULGESPRÄCHEN DES KONFUZIUS

[in der Übertragung von Richard Wilhelm]

DER WERT DER BILDUNG

Meister Kung sagte zu seinem Sohne Po Yü: «Li, es heißt: mit einem den ganzen Tag zusammensein, ohne dessen Überdruß zu erregen, das kann nur der Gebildete.» [S. 40]

TAKT IM VERKEHR

Tsêng Tzŭ sprach: «Ist man zu intim, so läßt man sich im Verkehr bald allzusehr gehen. Ist man zu formell, so kommt man einander nicht näher. Darum geht ein Edler nur so weit in der Intimität, daß eine angenehme Vertraulichkeit im Verkehr entsteht, und nur so weit in der Zurückhaltung, daß die Formen der Sitte gewahrt bleiben.»

Meister Kung hörte dieses Wort und sprach: «Merkt euch das, meine Kinder! Der Shên versteht sich wirklich auf die Sitte.» [S. 50]

GEGEN BLINDEN GEHORSAM

Ein Vater, der einen Sohn hat, der ihm zu widersprechen wagt, gerät nicht in die Gefahr, sittenlos zu handeln. Ein Gebildeter, der einen Freund hat, der ihm zu widersprechen wagt, tut nichts Unrechtes. Wie sollte es darum ein Zeichen der Ehrfurcht sein, wenn der Sohn unter allen Umständen dem Willen seiner Eltern folgt; wie sollte es ein Zeichen von Treue sein, wenn der Beamte unter allen Umständen dem Willen seines Herrn folgt. Nur wer zu beurteilen vermag, wo er zu folgen hat, der kann ehrfurchtsvoll, der kann treu genannt werden. [S. 50]

SELBSTBEHERRSCHUNG ALS GRUNDLAGE DER STAATSBEHERRSCHUNG

Herzog Ling von Wei befragte den Meister Kung und sprach: «Man hat mir gesagt, ein Fürst brauche nur bei Hofe und im Ahnentempel seine Pläne zu fassen, und die Regierung komme dadurch allein schon in Ordnung. Wie steht es damit?»

Meister Kung sprach: «Es stimmt. Wer die Menschen liebt, den lieben die Menschen wieder. Wer etwas bei sich selbst durchzusetzen versteht, der versteht auch, es bei andern durchzusetzen. Der Ausspruch, daß man nicht aus seinen vier Wänden herauszukommen brauche, um die Welt zu kennen, bezieht sich eben darauf, daß man alles auf sich selbst zurückführen muß.» [S. 73]

DIE GRUNDLAGEN DES LEBENS

Meister Kung sprach: «Bei der Führung unseres Lebens kommt es auf sechs Grundlagen an. Erst wenn diese Grundlagen feststehen, dann ist man ein Edler. Im persönlichen Auftreten kommt es auf die Pflicht an, und die Grundlage ist die kindliche Ehrfurcht. Bei Trauerfällen kommt es auf die Sitte an, und die Grundlage ist das Gefühl der Trauer. Im Kriege kommt es auf die Zucht an, und die Grundlage ist der Mut. Bei der Regierung kommt es auf die Ordnung an, und die Grundlage ist der Ackerbau. Bei der Thronfolge kommt es auf feste Traditionen an, und die Grundlage ist die Erbfolge. Bei der Erzeugung von Gütern kommt es auf die richtige Zeit an, und die Grundlage ist der Fleiß.» [S. 82]

ÜBER FREUNDSCHAFT

Yên Hui fragte: «Wie steht es mit dem Verkehr von Freunden?»

Meister Kung sprach: «Ein Edler findet sicher gewisse Dinge, die er bei seinem Freund mißbilligt, aber er wird darum nie dazu fortschreiten, die gute Gesinnung des Freundes anzuzweifeln. Ein guter Mensch vergißt nicht alte Vorzüge und gedenkt nicht alter Zwiste.» [S. 98]

STRAFEN UND REGIEREN

Meister Kung sprach: «Die Ordnung, die der berufene Heilige schafft, beruht auf Beeinflussung. Dabei ergänzen sich Regierungsmaßregeln und Strafen gegenseitig. Die Weisen höchster Art belehren die Leute durch die Macht ihres Geistes und gleichen die Unterschiede zwischen ihnen aus durch die Sitte. Die nächste Stufe ist die, die Leute durch Regierungsmaßregeln zu leiten und durch Strafen in Schranken zu halten. Der Zweck der Strafen ist, die Anwendung der Strafen überflüssig zu machen. Wenn man die Leute beeinflußt und sie sich nicht bessern, wenn man sie zum Guten anleitet und sie nicht gehorchen, sondern die Pflicht verletzen und dadurch die Volkssitten verderben, dann erst greife man zur Strafe. Bei der Anwendung der fünf Strafen halte man sich an die natürlichen Beziehungen. Werden die Strafen angewandt, so soll man auch in leichten Fällen keine Milde walten lassen. Der Zweck der Strafe ist, zu gestalten; eine Gestalt aber beruht auf ihrer ab-

geschlossenen Form. Nachdem die Sache erst einmal abgeschlossen ist, läßt sie sich nicht mehr ändern. Darum gibt sich
der Edle in solchen Fällen die äußerste Mühe.» [S. 126–127]

STADTHAUPTMANN IN CHUNG TU

Meister Kung trat seine amtliche Laufbahn an als Stadthaupt-
mann von Chung Tu. Er schuf feste Ordnungen für die Er-
nährung der Lebenden und die Bestattung der Toten. Alte
und Junge hatten verschiedene Nahrung, Starke und Schwache
hatten verschiedene Berufe, Männer und Frauen gingen
getrennt auf den Wegen. Auf den Straßen kam Verlorenes
nicht weg. Geräte waren nicht mit täuschendem Zierat geschmückt. Die Innensärge waren vier Zoll dick, die Außen-
särge waren fünf Zoll dick. Natürliche Bodenerhebungen wurden als Gräber benutzt. [S. 16]

WERT DER GESINNUNG

Meister Kung sprach: «Es gibt eine Höflichkeit ohne äußere
Form; das ist die Achtung. Es gibt eine Trauer ohne Trauer-
gewänder; das ist die Betrübnis. Es gibt eine Musik ohne
Töne; das ist die Freude. Es gibt eine Zuverlässigkeit, die
nicht erst Worte machen muß, es gibt einen Respekt, der
nicht erst durch Handlungen hervorgerufen wird, es gibt eine
Güte, die nicht erst wohlzutun braucht; das ist die Gesinnung. Der Ton der Glocke, die im Zorn geschlagen wird, ist
kriegerisch; wird sie in der Trauer angeschlagen, so klingt sie
melancholisch. Wechselt die Gesinnung, so ändert sich der
Ton entsprechend. Wenn nun so eine wahrhaftige Gesinnung
selbst Metall und Stein beeinflußt, wieviel mehr erst die Menschen.» [S. 85]

DER GEMEINE

Yên Hui fragte nach der Art eines gemeinen Menschen. Meister Kung erwiderte: «Er hält es für Scharfsinn, wenn er das

Gute andrer in den Staub ziehen kann; er hält es für Weisheit,
wenn er alle möglichen Listen und Tücken ersinnt; er freut
sich über die Fehltritte anderer. Er scheut sich, etwas zu lernen, und schämt sich nachher, es nicht zu können: So ist der
gemeine Mann.» [S. 97]

DAS STANDBILD MIT DEM VERSCHLOSSENEN MUNDE

Als Meister Kung die Hauptstadt von Chou besah, da ging er
auch in den Tempel von Hou Chi. Vor den rechten Stufen der
Tempelhalle stand ein goldener Mann, der hatte mit drei Na-
deln den Mund verschlossen. Auf seiner Rückseite stand folgende Inschrift:

> «Die Alten hatten acht auf ihre Worte,
> Merkt's euch, ihr Menschen,
> Macht nicht viele Worte,
> Viele Worte bringen viel Leid.
> Im Glück und Frieden vergeßt der Vorsicht nicht.
> Tut nichts, das ihr bereuen müßt.
> Sagt nicht, was tut's?
> Langes Unglück folgt darauf.
> Sagt nicht, niemand hört es!
> Ein Gott hat acht auf die Menschen ...»

Als Meister Kung diese Inschrift gelesen hatte, da wandte er
sich an seine Schüler und sprach: «Kinder, merkt es euch,
diese Worte sind wahr und treffend, sie sind wirklich und
verläßlich. Im Buch der Lieder heißt es:

> ‹Wandle mit Furcht und Zittern,
> Als ständest du am Rand des Abgrunds
> Als gingst du über dünnes Eis.›

Wer darnach seinen Wandel richtet, der zieht sich nicht durch
seinen Mund Leid zu.» [S. 63]

AUS DEN GESPRÄCHEN DES MÊNG TZǓ
[372–289 v. Chr.]

EINWIRKUNG AUF DAS ERKENNTNISVERMÖGEN

Kung-sun Ch'ou (Schüler von Mêng Tzǔ): «Darf ich nach der Ansicht des Meisters über das Nichtschwanken des Herzens fragen – im Unterschied zu der von Kao Tzǔ –?» [Gelehrter zur Zeit von Mêng Tzǔ; es ist nichts Schriftliches über ihn überliefert.]

Mêng Tzǔ: «Kao Tzǔ sagt: ‹Was man nicht mit Worten fassen kann, darnach strebe man auch nicht im Herzen; was im Herzen nicht als Bestimmtheit erlangt wird, das erstrebe man auch nicht mit ganzem Atem.› Diesen letzten Satz kann ich gelten lassen, den ersten Satz aber nicht. Seht her, der Wille ist Führer unserer Atemkraft. Mit solcher Kraft des Atmens ist unser ganzer Organismus erfüllt. Wenn unser Wille sich auf etwas richtet, folgt der Atem; daher sage ich: wer an den Zielen seines Willens festhält, vergewaltigt auch nicht die Kraft seines Atems.»

Kung-sun Ch'ou: «Wie sind diese beiden Sätze zu verstehen?»

Mêng Tzǔ: «Ist der Wille auf ein Ganzes gerichtet, bewegt er den Atem. Sind wir aber ganz von dem Animalischen unserer Atemkraft erfüllt, so bewegt dieses seinerseits den Willen. So zum Beispiel wenn jemand stolpernd stürzt, dadurch, daß er zu schnell geht, so gehört diese zu schnelle Bewegung in das Bereich der animalischen Atemkraft: sie hat aber ihre Rückwirkung auf die Bewegungen des Herzens.»

Kung-sun Ch'ou: «Darf ich fragen, was nun in diesem Zusammenhang gerade des Meisters Überlegenheit ist?»

Mêng Tzǔ: «Ich erkenne das, was die Worte meinen, und ich verstehe mich darauf, den mich zu Großem beschwingenden Lebensodem am Zutreffenden zu pflegen.»

Kung-sun Ch'ou: «Darf ich wohl noch fragen, was das heißen soll, den mich zu Großem beschwingenden Lebensodem?»

Mêng Tzŭ: «Darüber zu sprechen fällt mir schwer. Was
das Wirken unseres Lebensodems ausmacht, so zielt es hin zu
dem Großen und Starken. Wenn wir wirkend uns am Geraden
ausbilden, ohne (das uns von Natur Gegebene) zu beschädi-
gen, dann schließen wir den Bruch zwischen dem Himmel, der
Erde und uns. Mit solchem Wirken unseres Odems schließen
wir unser rechtes Tun an den rechten Weg an, und da, wo wir
nicht das Rechte tun, verkümmert der uns zu Großem beschwingende Lebensodem. Er bleibt in uns nur als etwas Le-
bendiges durch Anhäufen von rechtem Tun. Dazu, daß wir
das Rechte tun, kommen wir nicht in der Weise, wie wir etwa
ein Kleiderfutter mit dem Kleid anziehen. Der uns zu Großem
beschwingende Odem verkümmert auch, wenn das Wirken
im Guten unser Herz nicht erfreut. Deshalb nur sage ich, Kao
Tzŭ hat noch gar nicht erkannt, was rechtes Tun ist, nur deshalb verlegt er es nach außen. Um das Rechte zu tun, müssen
wir aber die Angelegenheiten haben, ohne sie sollte man nicht
vorbereitend festsetzen, was recht wäre. Wenn aber etwas
vorliegt, dann darf das Herz nicht nachlässig sein und nicht
versuchen, der Entwicklung beim Wachsen zu helfen, sonst
geht es so wie bei dem Mann aus Sung. Dieser Mann war voll
Kummer, daß sein Korn nicht wuchs, und daher zog er an den
jungen Halmen. Ahnungslos von der Wirkung fuhr er nach
Hause zurück und sagte zu den Seinen: ‹Heute bin ich ganz
krank vor Müdigkeit, ich habe nämlich dem Korn beim Wachsen geholfen.› Sein Sohn lief eilends hinaus, um zu sehen, was
daraus entstanden war: die Halme waren vertrocknet. – Selten findet man Menschen, die, was sie auch immer tun, nicht
auch den jungen Halmen beim Wachsen helfen wollen. Und
andere wieder, die ihr Tun für nutzlos halten und daher alles
auf sich beruhen lassen, reißen das Unkraut nicht heraus. Bei-

des ist nicht nur nutzlos, sondern beides schadet. Und daher sage ich auf die Frage, was es heißt, erkennen, was die Worte meinen: es geht darum, bei parteiischen Reden zu erkennen, zu was überschattetes Urteilen führt, bei ausschweifenden Reden zu erkennen, in was sie verwickeln, bei abwegigen Reden zu erkennen, wo sie den rechten Weg verlassen, bei ausweichenden Reden zu erkennen, welche Notlage dahinter steht.» [II A 2]

Chu Hsi:

Kao Tzŭ fragte nicht nach dem Übereinstimmen oder Nichtübereinstimmen mit dem Wirklichen, er vertraute nur auf das, was an Gesagtem aus dem Munde kommt. Er will unbedingt – wie hart er auch dabei verfahre – Bestimmtes in seinem Herzen setzen.

Erkennen, was mit den Worten gemeint ist, heißt vor allem, die durch die Dinge gegebene Ordnung erkennen. Sie zu erkennen, das macht sich Kao Tzŭ nicht zur Aufgabe, auch nicht seinen Lebensodem zu pflegen; er setzt nur ganz hart Bestimmtes im Herzen, damit es sich eben nicht mehr bewege. Mêng Tzŭ konnte, um zu erkennen, was mit den Worten gemeint ist, außerdem seinen Atem pflegen, so daß auf natürliche Weise sein Herz nicht schwankte. Erkennen, was mit den Worten gemeint ist, ist das Grundlegende; seinen Atem pflegen eine Hilfe. [Kommentar zu Mêng Tzŭ XX; 1, Kungsun Ch'ou, Shang 20 b–21 a]

Zu der Frage, ob unser animalischer Atem und der uns zu Großem beschwingende derselbe ist oder nicht, sage ich: wir haben nur diesen einen Lebensodem, der unseren Körper erfüllt ... wenn unser Wille äußerst angespannt ist, so ist auch der Atem nicht entspannt. Auf was wir auch den Willen richten: der Atem ist eingeschlossen in dieser Bewegung – er geht auch dahin.

Lebensodem und das rechte Tun sind an sich zwei Dinge. Häuft sich aber das recht Getane derart, daß es uns ganz ausfüllt, so wird dadurch auch das Vermögen dazu gestärkt – diese erworbene Kraft beschwingt uns, und dieses Beschwingtsein hilft uns wieder auf dem Wege des rechten Tuns.

Dieser zu Großem beschwingende Lebensodem! Es ist der jetzt unseren Körper erfüllende Atem – ursprünglich stand er mit den Strömen des Himmels und der Erde in Verbindung. Daher geht es immer nur darum: wer zum Himmel blickend sich nicht zu schämen braucht und niedersehend nicht errötet, der fürchtet sich nicht und ängstigt sich nicht – damit schließt sich der Bruch zwischen dem Himmel und ihm, zwischen der Erde und ihm. Die meisten Menschen haben aber heute ein allgemeines Unbehagen im Herzen und dazu einzelne Dinge, deren sie sich schämen. Daher schwindet ihre Lebenskraft dahin: sie lassen sie verhungern. [Kommentar zu Mêng Tzŭ XX; I, Kung-sun Ch'ou 23b, 30a, 34b]

IMPULS DURCH DAS WAHRHAFTIGE

Das Wahrhaftige haben ist der Weg des Himmels, bedenken, was das Wahrhaftige ist, ist der Weg des Menschen. Wahrhaftiges erreicht haben und nicht dadurch bewegt werden, das hat es noch nicht gegeben. [IV A 13]

Chu Hsi:

Wenn unser Herz ein Ziel hat, auf das es sich richtet: das ist Wille. An dieser gerichteten Willensbewegung festhalten: das ist die wirkliche und einzige Pflege unseres Herzens, und es gibt nicht außer diesem Festhalten des Willens noch eine Pflege des Herzens. Was aber dieses Festhalten angeht, so ist gemeint: Bestimmtes, das man erfaßt hat, auch im Handeln wirklich werden zu lassen, so daß man dann fähig ist, sich zum Beispiel über etwas zu freuen, zu einer Zeit, in der dies angemessen ist ... ebenso sollte es sein, wenn wir uns über etwas zu ärgern haben, traurig oder heiter sind.

Wer derartige Bestimmtheit im Herzen veranlaßt und im Verlauf des Handelns mit Sicherheit das rechte Maß trifft, der erhält seinen Willen ... wallen aber die unrechten Gefühle zu unrechter Zeit auf oder überschreiten sie das rechte Maß, so vergewaltigt das den Lebensodem – das ist eben einfach ungebildet.

Alles Tun, das die gegebenen Ordnungen für das rechte Tun in sich schließt, wirkt in uns zu Großem beschwingend. Das Tun, das sich unabhängig von einem bewußten rechten Tun vollzieht, gehört in das Bereich des animalischen Atems. Wieviel beschwingende Atemkraft die einzelnen speichern, das ist sehr unterschiedlich: die, die davon reichlich in sich speichern, das sind die Gesunden, Starken – im einzelnen machen sie etwas, das steht, und das, zu dem sie veranlaßt werden, erledigen sie zuverlässig bis in jedes Teil. Diejenigen, die davon nur wenig speichern können, das sind die Niedergeschlagenen, die furchtsam Verzichtenden – sie kommen nicht dazu, etwas zu tun, was Bestand hat. Nur eine vervollkommnende Pflege des uns zu Großem beschwingenden Lebensodems läßt uns eins werden mit dem Himmel, so daß diese Grenze nicht mehr abzuschätzen ist. [Kommentar zu Mêng Tzû xx; 1, Kung-sun Ch'ou, Shang 24a, 27b]

ÜBER DIE PFLEGE DES GEWISSENS

So schön war einst der Ochsenberg mit seinen Bäumen – doch er grenzte an Felder einer großen Stadt, und sie kamen mit Äxten und Beilen, um Bäume zu hacken: vermochte er da schön zu bleiben? Nach ein paar Tagen und Nächten ruhigen Atmens, feuchtendem Regen und Tau, da sah man neues Leben selbst aus den alten Stumpen sprossen. – Doch es kamen wiederum Kühe und Schafe und weideten dort. Nun steht er da in seiner kahlen Größe. Wer ihn so sieht, der hält ihn nicht für einen Berg, der jemals auch nur Brennholz lieferte! Und das soll die Natur des Berges sein? Aber mir geht es mehr um das, was die Menschen bewahren: sollten sie kein Herz für den anderen, kein Herz für ihr Rechttun haben? Was das betrifft, daß die Menschen ihr Gewissen losließen, so ging es dabei so zu wie bei den Bäumen, zu denen Äxte und Beile kamen. Auch sie haben Morgen für Morgen eingehackt auf ihr Herz, konnte es da Zutreffendes leisten? Doch nach Tagen und Nächten ruhigen Atmens in dem reinen, friedlichen Hauch der Morgenstunden kamen die Menschen mit ihrem Lieben, mit ihrem Hassen doch wieder einander nahe. Nicht lange doch – dann fesselt sie, was sie am Tage tun, und so erstirbt ihr Gewissen. So binden sie es mit den eignen Fesseln immer wieder: der ordnend stille Hauch der Nacht reicht nicht mehr aus, es zu bewahren. Wenn der Nächte stiller Hauch nicht hinreicht mehr, es zu bewahren, so kehren wir dem Menschen in uns nun den Rücken und sind den Tieren nicht mehr fern.

Wer selbst die Bestie in sich sichtbar macht, wer hielte den des Guten für begabt! Und das soll unser aller Fühlen sein?

Es gibt kein Ding, das nicht bei rechter Pflege wächst; es gibt kein Ding, das ohne Pflege nicht verkümmert. Wenn Konfuzius sagt: «Ergreife es, um so es zu bewahren, legst du es hin, verlierst du es. Es kommt und geht zu unbestimmter Zeit; wir kennen seine Heimat nicht», so sagte er das vom Gewissen. [VI A 8]

ÜBER DAS BESSERE WISSEN

Das, worüber die Menschen nicht planend nachdenken und es doch erkennen, das ist ihr «Besseres Wissen»: so weiß ein

Kind, das noch auf den Armen getragen wird, nichts Besseres als seine Eltern zu lieben. [VII A 15]

DIE ANSÄTZE ZU SITTLICHEM HANDELN

Leid, das andere Menschen betrifft, nicht tatenlos ertragen zu können, diese Anlage haben alle Menschen im Herzen: auch wenn heutzutage jemand plötzlich sieht, wie ein Kind beinahe in den Brunnen läuft, wird er Schrecken und Schmerz im Herzen haben. Diese Gefühle hat er nicht etwa, weil er mit den Eltern des Kindes in Beziehung kommen will, nicht weil er von seinen Dorfgenossen und Freunden gelobt werden will, nicht weil er seinen Ruf nicht verderben will, sondern sie hängen von dem Gegebenen ab, das er sieht. Alle, die aber diesen Schmerz im Herzen nicht kennen, die Scham über Fehler, Abscheu bei Schlechtem nicht haben, die von sich aus nicht nachgeben, die das Rechte und Unrechte nicht unterscheiden, sind nicht mehr als Menschen anzusehen.

Dieser Schmerz im Herzen ist Ansatz für liebevolle Beziehung zu dem andern. Scham über Fehler und Abscheu bei Schlechtem ist Ansatz für rechtes Tun. Verzichten und Nachgeben ist Ansatz für Sitten, Unterscheiden des Rechten und Unrechten ist Ansatz für Erkenntnisse. Jedem Menschen sind die Ansätze für liebevolle Beziehung zu dem anderen, für rechtes Tun, für Sitten, für Erkenntnisse gegeben, so wie ihm seine vier Gliedmaßen gegeben sind. Wir haben nur diese vier Ansätze – wenn aber einer zu sich sagt, er habe nicht das Vermögen, sie zu vervollkommnen, der bestiehlt sich ... alle haben wir nur diese Ansätze in uns: wer das erkannt hat und es vermag, sie alle zu entfalten und ihnen Form zu geben – in dem wirken sie wie Feuer, das begonnen hat zu brennen, wie ein Quell, der gerade durchbricht. Wenn die Menschen es vermögen, diese Ansätze in sich Wirklichkeit werden zu lassen, so ist das hinreichend für Schutz innerhalb aller Meere; und wem sie nicht zur Wirklichkeit werden, der vermag auch nicht einmal seinen Eltern zu dienen. [II A 6]

... Wenn wir einem entsprechenden Gefühl folgen und zutreffend handeln, so bezeichne ich das als zutreffend; falls wir nicht so handeln, so ist das nicht der Fehler unseres Vermögens. Alle Menschen haben mitfühlenden Schmerz, Scham und Abneigung, ehrerbietige Achtsamkeit und das Gefühl für das Rechte und das Unrechte. Der mitfühlende Schmerz ist (Ansatz) zu liebevoller Beziehung zu dem anderen, Scham und Abneigung (Ansatz) zum Rechttun, ehrerbietige Achtsamkeit (Ansatz) zu den Sitten, das Gefühl für das Rechte und das Unrechte (Ansatz) zur Erkenntnis. Liebevolle Beziehung zu dem anderen, Rechttun, Sitten, Erkenntnis sind uns nicht von außen aufgeschmolzen – so wie man einen Metallguß macht –, sondern wir haben sie in uns als etwas ganz Bestimmtes. Wir richten nur unsere Gedanken nicht beständig darauf. Deshalb sage ich hier: «Im Darnachstreben erlangen wir, was in uns ist; im Beiseitelegen verlieren wir es.» [VI A 6]

Chu Hsi:

Wenn heutzutage jemand etwas Unrechtes wahrnimmt, kümmert er sich gar nicht darum. Es ist schon eine Neigung für das Erfassen der natürlichen Ordnungen im Volk vorhanden: nur wissen sie nichts von dem Gewissen (Liang Hsin), das zum Erfassen der natürlichen Ordnungen führt. [Li Hsin Ch'u Shih IV, 4, 13 b]

Chu Hsi:

Obwohl das Gefühl für das Rechte und das Unrechte, für Nachgeben und Willfährigsein, für Scham und Abscheu mit dem tiefen Schmerz von Mêng Tzŭ an dieser Stelle zusammen genannt werden, so entstehen doch die drei Erstgenannten aus dem Schmerz (dem Ansatz für liebevolle Beziehung zu dem anderen).

Erst durch Dinge wird das Herz angerührt – wie sollten wir ohne sie gewaltsam etwas von uns fordern! Auch wer sein achtsames Herz ständig im Innern bewahrt, kann nur, wenn er von den Dingen angerührt wird, den Organismus seines Herzens erkennen; wer außerdem in den Zeiten der Ruhe darauf achtet, sein Herz (durch Selbstüberprüfung des Vergangenen) zu erhalten, dessen Urteil wird auf die Dauer immer reifer. Je besser diese vier Ansätze sich entwickeln können, desto schärfer nimmt jeder im einzelnen wahr, und dadurch hat die Arbeit, das Herz zu erhalten und zu pflegen, wieder Ausgangspunkte, um diese Ansätze zu entfalten.

Eben weil sie noch nicht das Ganze sind, wurden diese Ansätze mit «Ansatz» bezeichnet, und ihre Doppelzeichen haben jedes einzeln ihre Bedeutung. Mit dem «Verwundetwerden» (Ts'ê) kommt der Gedanke an den Schmerz auf; erst später kommt es zu dem Schmerz in der Tiefe. Scham ist die Scham über eigene Fehler, Abscheu betrifft Verabscheuenswertes in anderem. Verzichten betrifft eigene Dinge, Nachgeben etwas mit anderem. Bei rechtem Urteil werden die Dinge von beiden Seiten in ihren Teilen klar, aber die liebevolle Beziehung faßt alles zusammen.

Liebevolle Beziehung ohne die Schmerzen der Verwundung in der Tiefe des Herzens wäre nur ein allgemeines Lieben. Rechtliches Denken ohne das Schamgefühl, das bei Bösem aufkommt, wäre nur ein Beurteilen. Erst wenn wir ein Ding oder eine Angelegenheit in uns haben, folgen wir diesem Bestimmten, das uns anrührte – erst dann entwickelt sich das Entsprechende in uns. Sehen wir daher ein kleines Kind, wie es beinahe in den Brunnen läuft, haben wir erst damit den bestimmten Schmerz.

Erst durch eine schmerzende Verwundung verstehen wir uns zu bewegen – sonst durchaus nicht. Auch nur, wenn zuerst eine derartige Bewegung hervorgerufen wurde, gibt es einen Anfang für Scham und Abneigung, für Ehrfurcht und Achtsamkeit, dann erst gibt es einen Anfang für das Urteil. Der Ort, an dem die Bewegung ansetzt, ist die Verwundung, und falls jemand in einem solchen Fall nicht in Bewegung kommt, ist er eben nicht als Mensch anzusehen. Wenn jemand von diesen Bewegungsansätzen aus die Bewegung nicht weiter entwickelt, so ist das jemand, der sich nicht mehr schämt, wo er sich schämen müßte, Abscheu nicht hat, wo er ihn haben müßte und so fort ... Die gegebene Ordnung für alles Lebendige, das unter diesem Himmel und auf Erden entsteht und lebt, ist an diese Bewegungen gebunden.

Mêng Tzǔ hat diese vier Ansätze entdeckt – Konfuzius hatte dies noch nicht. Diese vier Ansätze entdeckt zu haben, bedeutet: die menschliche Gesellschaft befrieden und nichts Geringeres.

Und von jedem, der sie durch beständiges Gestalten anerkennt, von dem kann man sagen: er lebt! Ja, das wäre wirklich einmal einer, der lebt – der lebendig lebte. [Kommentar zu Mêng Tzû XX; I, Kung-sun Ch'ou 49a, 50a, 50b, 51b, 57a, 52b, 53a]

DER WEG ZUR BILDUNG

LIEBEVOLLE BEZIEHUNG UND RECHTTUN

Liebevolle Beziehung zu dem anderen, das ist Wirken des Herzens, Rechttun ist der Weg dafür. Diesen Weg beiseite lassen und nicht von ihm ausgehen, wie traurig ist das! Sein Gewissen loslassen und nicht erkennen, wie es aufzusuchen ist, wie traurig ist das! Wem aber sein Huhn oder sein Hund davonläuft, der weiß gleich, wie er sie zu suchen hat. – Der Weg zur

Bildung ist kein anderer, als das Gewissen wieder aufzusuchen, das wir verbannten. [VI A 11]

ALLE MENSCHEN HABEN EIN HERZ FÜR DAS RECHTE

Zu leben, darnach strebe ich: Recht zu tun, darnach strebe ich. Wenn ich beides nicht vereinen kann, lasse ich das Leben und tue das Rechte. Ich strebe auch nach dem Leben, aber das Rechte zu tun, bedeutet mir mehr als das Leben, deshalb tue ich nichts Unerlaubtes, um das Leben zu erhalten ... Nicht nur die Hervorragenden haben ein Herz für das Rechte, nein, alle Menschen haben es: hervorragend ist, wer es vermag, sein Herz für das Rechte offenzuhalten. [VI A 10]

AUSRICHTUNG DER SELBSTERZIEHUNG

Liebevolle Beziehung zu dem anderen: das ist ein Adel, der uns Menschen vom Himmel verliehen wurde. Wenn Menschen in ihrem eigenen Hause, wo sie doch ungehindert sind, diese Beziehung untereinander nicht pflegen, so ist das Mangel an Erkenntnis. Der ist wirklich ein Diener, der ohne diese Beziehung, ohne dieses Erkennen dahinlebt, der den Sitten nicht entspricht, der das Rechte nicht tut. Wenn aber jemand von Beruf Diener ist und dies als Scham empfindet, so wäre das dasselbe, wenn ein Bogenmacher das Bogenmachen, ein Pfeilmacher das Pfeilmachen als Schande empfände. Wer solche falsche Scham empfindet, für den gibt es nichts Besseres, als liebevolle Beziehung im einzelnen auszuüben, und hierbei sollte er sich so verhalten wie beim Bogenschiessen: ein Schütze ordnet bei sich alles, was er ordnen und ausrichten kann, dann erst zielt er. Trifft er daraufhin nicht, so grollt er nicht dem Sieger, der das Ziel getroffen hat, sondern er wendet sich seiner Person zu und sucht bei sich nach begangenen Fehlern, und damit ist er beim Wesentlichen. [II A 7]

Wenn der Fürst liebevolle Beziehung zu dem anderen zeigt, so wird sich jeder so verhalten – wenn der Fürst das Rechte tut, werden alle das Rechte tun. [IV B 5]

So schickte einst ein Fürst Pi Chan jemand mit dem Auftrag zu Mêng Tzŭ, um ihn über die Einteilung der Felder nach dem Brunnensystem zu befragen. Mêng Tzŭ sprach: «Ihr Fürst möchte eine Regierung begründen, durch welche die liebevolle Beziehung zu dem anderen in die Tat umgesetzt wird: er hat Sie erwählt und hergesandt, da müssen Sie sich unbedingt anstrengen. Seht her, eine Regierung der liebevollen Beziehung zu dem anderen muß zuerst die Grenzen festsetzen. Sind die Grenzen nicht recht festgesetzt, so ist das mittlere gemeinsam zu bebauende Land nicht gleich verteilt und damit der Ertrag des Getreides für die Löhne nicht einheitlich. [III A 3]

ES IST MÖGLICH, ALS GROSSER MENSCH ZU HANDELN

Kung-tu Tzŭ fragte: «Alle sind wir die gleichen Menschen, und doch handeln manche als große, manche als kleine, wie ist das zu verstehen?»

Mêng Tzŭ: «Wer dem Großen in sich folgt, handelt auch als großer Mensch, und wer dem Kleinen folgt, als kleiner.»

Kung-tu Tzû: «Und doch bleibt bestehen, wir alle sind die gleichen Menschen, wie geht es also zu, daß manche ihrem Großen, manche ihrem Kleinen folgen?»

Mêng Tzŭ: «Gesichts- und Gehörsinn wägen das Wahrgenommene nicht, und daher werden wir von einzelnen Dingen überschattet. Es steht dann nur das Ding in uns mit dem Augending in Wechselbeziehung – sie ziehen sich gegenseitig an, und damit ist es dann zu Ende. Das Herz aber wägt (ab durch die Stimme des Gewissens). Wägt es ab, erlangen wir das Wichtige, wägt es nicht ab, erlangen wir es nicht. Dieses Vermögen ist vom Himmel in uns gelegt. Wer zuerst in sich das Wichtige klarstellt, dessen kleiner Geist kann es ihm nicht mehr umwerfen: er wird als großer Mensch handeln und nur als solcher.» [VI A 15]

ÜBER DEN NUTZEN BESCHWERLICHER AUFGABEN

Wenn der Himmel dem Menschen eine große Aufgabe übergeben will, so wird er zunächst unbedingt seinem Herzen und Willen Beschwerendes auferlegen ... um sein Herz zu bewegen und seine Naturanlagen geduldig zu machen, und dadurch wird das Vermögen vermehrt, Dinge zu vollbringen, die er zuvor nicht konnte. Die Menschen müssen zunächst Fehler begehen, dann können sie sie verbessern. Wenn ihr Herz in Not war und ihrem planenden Überlegen alles versperrt war, daraufhin erst vermögen sie zu schaffen. [VI B 13]

DIE MENSCHLICHEN BEZIEHUNGEN

Im Verlauf des menschlichen Lebens geht es so zu: wenn die Menschen satt zu essen und warme Kleidung haben und bequem wohnen, aber nicht belehrt werden, dann nähern sie sich in ihrem Wesen dem Getier. Die heiligen Menschen waren betrübt darüber, und (Shun) beauftragte den Minister Hsieh, sie bezüglich der menschlichen Beziehungen zu belehren: zwischen Vater und Sohn sollte anhängliche Liebe bestehen, zwischen Fürst und Untertan das Rechttun ausschlaggebend sein, zwischen Ehegatten die Trennung der Wirkungssphären eingehalten werden, zwischen alt und jung der Abstand gewahrt bleiben und zwischen Freunden gegenseitiges Vertrauen bestimmend sein. [III A 4]

BEZIEHUNG ZU DEN ELTERN

Der Rechte Weg liegt im Naheliegenden und alle suchen ihn in der Ferne – auch einander dienen liegt im Leichten, und so viele erstreben es im Schwierigen: wenn alle Menschen ihre

Eltern anhänglich lieben und den Älteren mit Respekt begegnen, dann wird Friede unter dem Himmel sein. [IV A 12]

WARUM UNTERRICHTET DER EDLE SEINEN SOHN NICHT SELBST?

Die Umstände lassen es nicht zu; der Belehrende muß nach
dem Rechten ausgerichtet sein. Sieht er, daß das Rechte nicht
befolgt wird, wird er zornig werden. Dieser als Folge entstehende Zorn wird den Schüler entfremden und verwunden.
(Er wird sich sagen:) «Der Vater lehrt, stets nach dem Geraden ausgerichtet zu sein, und hat selbst noch nicht damit begonnen» – so werden sich Vater und Sohn voneinander wenden. Wenn Vater und Sohn sich voneinander wenden, so ist
das ein Unglück. Im Altertum haben daher die Väter die Söhne
ausgetauscht, um sie zu unterrichten. Zwischen Vater und Sohn
darf es nicht zum Tadel bezüglich des Zutreffenden kommen,
denn dadurch geht jeder seinen Weg – wenn eine solche Trennung entstanden ist, so ist das das größte Unglück! [IV A 19]

DER EDLE

Was den Menschen von den Tieren scheidet, ist nur wenig –
die Mehrzahl des Volkes wirft es fort, der Edle bewahrt es.
Shun war sich im klaren über die Vielzahl an besonderen Dingen, er untersuchte, was es mit den menschlichen Beziehungen auf sich hatte, er verwurzelte seinen Wandel in der liebevollen Beziehung zu dem anderen und im rechten Tun, und er
verhielt sich so ganz unbewußt. [IV B 19]

Seinen Naturanlagen nach wurzeln liebevolle Beziehung zu
dem anderen, Rechttun, Sitte und Weisheit im Herzen des
Edlen: sie äußern sich als inneres Heitersein, das man ihm am
Gesicht ansieht, das sogar auf die Rückansicht wirkt und sich
in seinen Bewegungen äußert – seine Glieder bewegen sich
auch ohne Worte beispielhaft. [VII A 21]

Was man einen Großen Mann nennt, so ist ihm die Weite
unter dem Himmel Wohnung, wo etwas unter dem Himmel
nach dem Rechten ausgerichtet ist, da findet er seine Stellung
– er geht unter dem Himmel den Großen Weg. Wenn er seinen Willen (auf eines) ausrichtet, so zum Nutzen des Volkes;
gelingt ihm das nicht, so geht er allein seiner Wege. Reichtum
und Ehren können ihn nicht verführen, Armut und kleine
Stellung ändern nichts an seinem Wesen, und Würdenträger
und Krieger vermögen ihn nicht zu beugen. [III B 2]

AUS DEN SCHRIFTEN DES HSÜN TZŬ

[ca. 305–235 v. Chr.]

STELLUNG ZUM HIMMEL

Das einzige Gedicht, das von Hsün Tzŭ erhalten ist, lautet:

«Den Himmel weiten, nur im Sinnen über ihn –
wie wäre es, zunächst
noch Dinge sammeln und sie ordnend – anzuhalten?
Im Einklang mit dem Himmel sein, nur im Besingen seiner
                                        Allmacht –
wie wäre es, zunächst
uns zu beherrschen, um das vom Himmel uns Bestimmte recht
                                        zu brauchen?
Nur sehnlichst auf die Zukunft hoffen, sie erwartend –
wie wäre es, zunächst
der Zeit entsprechend etwas zu bewirken?
Abhängen von den Dingen, um sie noch und noch zu mehren –
wie wäre es, zunächst
uns anzustellen, um die vorhandenen erst zu entwickeln?
An Dinge denken nur, und so zum Ding gar werden –
wie wäre es, zunächst

sie so zu ordnen, daß wir nicht alle gar verlieren?
Nur leben, um uns Fernes herzuwünschen –
wie wäre es, zunächst
das nus Gegebene selbst zu vollenden?
Denn es verliert das Fühlen für die Vielfalt des Geschaffenen,
wer Menschliches beiseite stellt, um nur zum Himmel hin zu
sinnen!
[XVII, S. 233–234]

Wer den Unterschied spürt, was vom Himmel gegeben
wird und was bei den Menschen liegt, der ist angekommen
mit seinem Erkennen. [XIX, S. 270]

Der Himmel läßt es nicht kalt werden, weil die Menschen
schlecht sind: die Winterszeit ist die Ursache. [XVII, S. 230]

Frage: Wenn die Menschen um Regen bitten und es regnet dann, wie verhält sich das?
Antwort: Ursächlicher Zusammenhang besteht nicht –
wenn Regenopfer nicht stattfinden, regnet es auch. [XVII, S. 232]

Der Himmel spricht nicht, aber die Menschen erschließen
seine Höhe; die Erde spricht nicht, aber die Menschen erschließen ihre Ausdehnung; die vier Jahreszeiten sprechen
nicht, aber dem Volk geben sie seine Zeitrechnung. Seht her,
daß sie solche Beständigkeit haben, damit haben sie ihre
Wahrhaftigkeit erreicht. [III, S. 27]

DAS HERZ ALS ERKENNTNISORGAN

QUALITÄTEN DES HERZENS

Das Herz hat ein (einforderndes und) überwachendes Erkenntnisvermögen – mittels dieses Vermögens erkennt es auf
Grund der Wahrnehmungen des Auges die Formen; aber das
überwachende Vermögen muß abwarten, bis die Wahrneh-

mungsorgane von dem Entsprechenden in ihrer Art angerührt wurden, bis sie es registriert haben, und dann vermag
es erst etwas. [XXII, S. 315]

Das Herz ist Gebieter des Formenden in uns: es bewahrt
allein die göttliche Erleuchtung. Es sendet Befehle aus, aber
es empfängt solche nicht. Es verbietet, es beauftragt, es verliert, es nimmt anderes auf, es setzt in Bewegung und hält an.
Daher kann der Mund von außen gezwungen werden und
veranlaßt werden, zu schweigen oder zu sprechen, das Geformte kann veranlaßt werden, sich zu krümmen oder sich zu
strecken; das Gewissen (als Stimme des Herzens) kann nicht
gezwungen werden und nicht veranlaßt werden, seine Absichten zu ändern. Was es als recht erkennt, dem stimmt es
zu – das Nichtrechte lehnt es ab. [XXI, S. 299]

MANGELNDE FEINSINNIGKEIT

Wenn das Herz sich verzweigt, erkennt es nicht, wenn es
sich nur einer Seite zuneigt, nimmt es nicht mehr feinfühlig
wahr, und wenn es seine Feinsinnigkeit verteilt, beginnen
wir zu vermuten und zu zweifeln. [XXI, S. 300]

DAS HERZ ALS WAHRNEHMUNGSSPIEGEL

Ich möchte daher das menschliche Herz mit einer Schale voll
Wasser vergleichen, die man gerade hingestellt hat und die
nicht mehr bewegt wird. In ihr wird jetzt das Trübende nach
unten sinken, und oben wird das Wasser rein und klar sein.
Dies wird ausreichen, Bart und Augenbrauen zu erkennen,
um so ihre naturgegebene Ordnung zu erforschen. Denn wenn
auch nur ein leichter Wind darüber weht, wird sich der ge-
sunkene Satz unten bewegen und das Reine und Klare oben verwirren, und dann können wir selbst große Formen nicht mehr
richtig erlangen. So ist es auch mit dem Herzen. [XXI, S. 301]

UNZUREICHENDES BETRACHTEN

Betrachten wir die Dinge und haben noch Zweifel, trifft unser
Urteil nicht etwas Bestimmtes, so nahmen wir hier äußere
Dinge noch nicht klar wahr – auch wenn wir nicht klar planend überlegen, können wir ja nichts bestimmen. Ist das nicht
so? [XXI, S. 304]

Wenn jemand im Dunkeln gehend in einem ruhenden
Stein einen kauernden Tiger sieht oder auch eine Baumgruppe
im Dunkeln für stehende Männer hält, so tut er dies, weil die
dunkle Nacht ihm das Augenlicht überschattet ... Die Menschen, die in dieser Art Bestimmtheit setzen: das sind die Toren dieser Welt! [XXI, S. 305]

WILLE UND ERKENNTNISVERMÖGEN

Der Mensch hat von Natur Erkenntnisvermögen, und dieses
hat Willen. Da dieser Wille Aufträge speichert, gibt es das,
was ich mit Leermachen bezeichne; damit eben nicht das,
mit dem er schon angereichert ist, dem schadet, was erst
empfangen werden soll. Mit dem angeborenen Erkenntnisvermögen haben wir das Vermögen, das Besondere zu unterscheiden. [XXI, S. 198]

SICH LEERMACHEN FÜR OBJEKTIVES WAHRNEHMEN

Sich leermachen für Eines und ruhig werden: das nenne ich
großes, reines Klarwerden. – Wer so erkennt, dem werden die
Dinge, die Form haben, wahrnehmbar, und diese wahrgenommenen Dinge lassen sich an ihrem rechten Platz einordnen. [XXI, S. 298]

DIE GEFAHR TRAUMARTIGEN DENKENS

Wenn unser Herz (als das einzelne überprüfende Gewissen)
aber schläft, erkennen wir wie im Traum; stehlend wandern

dann unsere Gedanken selbsttätig. Veranlassen wir es aber, so erwägt das Herz wieder. Das Herz ist eigentlich immer in Bewegung, daher kann man von Ruhigwerden sprechen; wenn es aber nicht durch belästigendes träumerisches Denken verwirrt erkennt, dann sage ich: es ist ruhig. [XXI, S. 297–298]

MÖGLICHKEIT EINDEUTIGER ERKENNTNIS

Des Herzens Wirken ist umfassend – es wählt selbst und läßt sich nichts verbieten; wenn wir selbst wahrnehmen: dann erfaßt es die Dinge auch in ihrer Vielgestaltigkeit, und zwar auch tiefgründig. Sein Empfinden erreicht sein Ziel, und es hat nicht zwei Stimmen. [XXI, S. 299]

WIRKUNG DES SCHIEFEN URTEILENS

Wird das Herz von einem Ding, auch wenn es nur ein kleines ist, entführt, so wird seine Ausrichtung nach dem Geraden dadurch von außen abgewandelt: dadurch urteilt es auch im Innern schief, und sein Vermögen ist nicht mehr ausreichend, auch nur über die einfachsten, gröbsten Ordnungen zu entscheiden. [XXI, S. 302]

ERKENNEN DER EIGENEN ANLAGEN

Erkenntnisvermögen insgesamt ist eine Anlage des Menschen. Durch es erkennen wir gegebene Ordnungen von Dingen – aber mit diesem selben Vermögen erkennen wir auch unsere eigenen Anlagen. Jedoch, auch wenn dieses Streben, die Ordnung von Dingen zu erkennen, nicht einen Ort fände, an dem es durch Zweifel angehalten würde, so könnte es doch in unendlichen Jahren nicht überall hinkommen. Wenn wir die schon verbundenen Ordnungen auch nach Billionen zählen, so reicht das doch nicht aus, mit ihnen die Veränderungen aller Dinge zu umfassen: denn hierin unterscheiden wir uns von den Toren nicht. [XXI, S. 306–307]

ÜBERSCHATTUNGEN BEIM ERKENNEN

Ein verhängnisvolles Übel, durch das alle Menschen behindert werden, ist: befinden wir uns im Schatten einer Teil-
sicht, so tappen wir über die wesentlichen (alle Teilsichten
durchdringenden) Ordnungen im Dunkeln. Wer aber die
Überschattungen von den Dingen sondert, den führt das Ordnen zu dem Beständigen zurück. [XXI, S. 290]

Überschattend wirkt: ungezügeltes Begehren oder Abscheu, nur den Anfang oder nur das Ende beachten, etwas nur
von weitem oder nur von nahem betrachten, nur in den Tiefen forschen oder nur ganz oberflächlich, nur das Alte anerkennen oder nur das Neue. Das Besondere aller Dinge überschattet sich wechselseitig, und das ist ein allgemeines Verhäng-
nis für die kunstvollen Fähigkeiten des Herzens. [XXI, S. 290]

WOHLFÜHLEN BEIM ERKENNEN

Es ist ganz unvermeidlich, daß der Wille zu dem Einzelnen
und Ichbezogenen Beziehung hat ... wer aber das Allgemeine
anstrebend sich wohlfühlt, wer beim Ausbessern seines Handelns sich wohlfühlt, wer im Erkennen zusammenfassend die
Besonderheiten durchdringt, den kann man einen großen
Konfuzianer nennen. [VIII, S. 94]

UMFASSENDES KLARWERDEN

Den Weg erkennen! Forschend den Weg erkennen, handelnd
ihm Gestalt geben: das ist es.

Das Herz leer machen für Eines und ruhig werden: das
nenne ich umfassendes, feinsinniges Klarwerden. Wer so ver-
fährt, für den werden alle Dinge, die Form haben, wahrnehmbar und die sichtbar gewordenen lassen sich in die gegebenen
Ordnungen einordnen: so eingeordnet, verlieren sie nicht im
Erörtern ihren rechten Platz. Im Zimmer sitzend, wird ein

solcher weit bis zu den Meeren schauen, im Heute lebend auch das Ferne und Vergangene erörtern. Er wird im Einzelnen auf die Geschöpfe achten und so ihr Fühlen auch erkennen; er wird Geordnetes und Wirres untersuchen, anhalten bei dem Gegebenen und sein Gesetz durchdringen. Das von Himmel und Erde Verwobene, zu Sinnen und Fähigkeiten geworden in den Geschöpfen, ordnet er scheidend umfassenden Ordnungen zu: der alles umhüllende Weltraum bleibt ihm dabei bewußt – allumfassend in seiner Weite, wer wüßte um seine Grenzen! Sich selbst genug in seiner Weite, wer wüßte um sein Wirken! Übersprudelnd in seiner Vielfältigkeit, wer wüßte um sein Formen! [XXI, S. 298]

VERHÄNGNISVOLLES DER PHANTASTEREIEN BEIM URTEILEN

Aber seht doch, der Weg ist nur als Weg beständig, aber unerschöpflich in den Veränderungen (wie man ihn begeht). Eine Ecke ist nicht genug, um ihn zu fassen.

Nur einen Winkel erkennende Menschen betrachten wohl eine Ecke des Ganzen, können aber diese noch nicht einmal erkennen. Deshalb vermeinen sie, nur diese Betrachtungsweise sei ausreichend, und entfalten alles von ihr aus. In ihrem Inneren sind sie selbst wirr, und nach außen führen sie die Menschen irre. Und so überschatten Vorgesetzte Dinge, die ihre Untergebenen betreffen, und Untergebene Dinge, die ihre Vorgesetzten betreffen. Das ist das Unheilvolle bei Überschattungen.

Die Heiligen Menschen erkannten das Verhängnisvolle der kunstvollen Fähigkeiten des Herzens, weil sie das aus den Überschattungen entstehende Unglück wahrgenommen hatten. Daher gab es für sie nicht Begehren oder Abscheu, Anfang oder Ende, Nahes oder Fernes, Tiefgründiges oder Oberflächliches, Altes oder Neues: sie stellten die Dinge nebeneinander und wogen sie mit derselben Waage. – Aus diesem Grunde überschattete die Vielzahl einzelner Besonderheiten sich nicht gegenseitig, und ihre menschlichen Beziehungen gerieten nicht in Verwirrung. [XXI, S. 295–296]

NATURANLAGEN UND KUNSTVOLLES HANDELN

Die Naturanlage des Menschen ist schlecht, das Zutreffende entspringt aus kunstvollem Handeln. Der Naturanlage des heutigen Menschen entspricht es, den Nutzen zu lieben – als Folge davon entsteht Streit und das Wegraffen von Dingen: das Verzichten und Nachgeben erstirbt ... Der Mensch von heutzutage bedarf der Lehrer und Richtformen, dann gelingt es ihm, nach dem Geraden ausgerichtet zu sein, so erlangt er die Sitten und das Gefühl für das rechte Tun und läßt sich regieren.

Frage: «Wenn die Naturanlage des Menschen schlecht ist, entstehen dann Sitten und Rechttun aus dem Schlechten?»

Antwort: «Sitten und Rechttun entstehen aus dem kunstvollen Handeln der Heiligen Menschen und nicht aus der Naturanlage des Menschen schlechthin.» [XXIII, S. 229–332]

Naturanlagen sind das von Anfang an Gegebene – kunstvolles Handeln ist die schönste Blüte des Sichtbarmachens der naturgegebenen Ordnungen. Ohne die Naturanlagen hätten wir nichts, an das wir unser kunstvolles Handeln anfügen könnten – ohne dieses könnten sich die Naturanlagen nicht von selbst verschönen. [XIX, S. 270]

AUFGABEN VOM HIMMEL

Wer den Unterschied spürt, was vom Himmel gegeben wird und was bei den Menschen liegt, der ist angekommen mit seinem Erkennen. Das, was wir vollenden ohne absichtsvolles Handeln, das, was wir erlangen, ohne darnach zu streben – seht, hier liegen Aufgaben, die wir vom Himmel haben. Wenn es sich um solche Aufgaben handelt, so wird der damit beauf-

tragte Mensch – auch wenn sie ihn in die Tiefe führen – nichts
durch sein planendes Überlegen, auch wenn es sich um Wesentliches handelt – nichts durch seine Vermögen und – wenn
er in das Feinste dringt – nichts durch sein Forschen hinzuzufügen haben. Seht, das nenne ich: nicht mit dem Himmel um
die Aufgaben im Leben in Wettstreit treten. – Alle Dinge erlangen ihre Ausgeglichenheit mit der Geburt und haben ihre
besondere Pflege, um vollkommen zu werden. Alles, bei dem
wir nicht die Arbeit, sondern nur das Geleistete sehen – seht,
das nenne ich daher: das Göttliche. Alle erkennen wir, was
vollendet ist – nicht aber das Ungeformte; seht, dieses nenne
ich den Himmel. Nur die Heiligen Menschen streben nicht
darnach, den Himmel zu erkennen. Sobald die Aufgabe des
Himmels steht, sobald also das vom Himmel zu Leistende
vollendet und unsere Form vollständig geworden ist, lebt das
Göttliche in uns. Zuneigung, Abscheu, Freude und Ärger
über Dinge, Trauer und inneres Heitersein bewahren wir in
uns – seht, ich nenne sie daher: die vom Himmel gegebenen
Gemütsbewegungen. [XVII, S. 227, 228]

PFLEGE
DER VOM HIMMEL GEGEBENEN VERMÖGEN

DAS HERZ UND DIE FÜNF VERMÖGEN

Die Organe der Augen, Ohren, der Nase und des Mundes und
das Körpergefühl stehen als Vermögen in Verbindung, aber
sie können sich nicht gegenseitig in ihren Leistungen vertre-
ten. Seht, ich nenne sie daher: die vom Himmel eingesetzten
Beamten. Das Herz wohnt leer in ihrer Mitte, um diese fünf
Beamten in Ordnung zu halten. – Seht, ich nenne es daher:
den vom Himmel eingesetzten Herrn. Daher hielten die Heiligen Menschen ihr Herz – diesen vom Himmel eingesetzten
Herrn (das Gewissen) – rein von Überschattungen, sie rich-

teten das von den Beamten des Himmels (den Wahrneh-
mungsorganen) Eingebrachte gerade, sie pflegten und erzogen
die ihnen vom Himmel gegebenen Gemütsbewegungen, um
so die Arbeit des Himmels zu vollenden. [XVII, S. 228]

ABSICHTLICHES UND UNABSICHTLICHES HANDELN

Auf diese Weise erkannten die Heiligen Menschen auch, wann
sie absichtlich handelten, und was ihr absichtsloses Handeln
war – so verwalteten sie das vom Himmel und das von der
Erde Gegebene, und die Dinge waren ihre Diener. Wer sein
Handeln von dem Einzelnen ausgehend ordnet, wer sein Großziehen dem einzelnen anpaßt und Angeborenes nicht verletzt,
seht, den nenne ich daher: einen, der das vom Himmel Gegebene
erkennt. Unter diesen Voraussetzungen entstehen große Werke
aus dem absichtslosen Handeln, und große Erkenntnisse über-
kommen uns da, wo wir nicht planend überlegen. [XVII, S. 229]

VERABSCHEUEN DES NICHTZUTREFFENDEN

Nehmen wir Zutreffendes wahr – es ist das vom Unreinen Be-
freite – müssen wir es für uns bewahren; und bezüglich des
Nichtzutreffenden – es ist das, worüber man errötet – müssen
wir uns im Innern prüfen. Haben wir Zutreffendes in uns gefunden: das hilft uns weiter – wir müssen unser Selbst darob
lieben. Finden wir Nichtzutreffendes: das ist wie ein unbebau-
tes Feld in uns – wir müssen seinetwegen unser Selbst verabscheuen. [II, S. 12]

ABSCHWÄCHEN DES ANIMALISCHEN

Die Kunst, den Lebensodem zu ordnen und die Vermögen des
Herzens zu pflegen, liegt darin: das Animalische, wenn es zu
gewaltsam und stark wird, abzuschwächen und auf das Ganze
hin abzustimmen – ebenso wie wir im Erkennen und planenden Überlegen, wenn es uns durch immer tieferes Eindringen

in das einzelne erdrückt, im Hinsehen auf ein Ganzes wieder
frei und vertrauensvoll werden. [II, S. 14]

VOM EINZELNEN AUSGEHEN

Wer sein Handeln von dem einzelnen ausgehend ordnet, wer
sein (durch Üben pflegendes) Großziehen dem einzelnen anpaßt und das ihm Angeborene nicht verletzt – seht, den nenne
ich einen, der das vom Himmel Gegebene erkennt. [XVII, S. 229]

VOM DURCHDRINGEN DES GANZEN

Von hundert Schüssen einen verfehlen, reicht nicht hin, als
treffsicherer Schütze zu gelten; von tausend Meilen den letzten halben Schritt nicht mehr schaffen, reicht nicht hin, als
einer zu gelten, der etwas vom Wagenlenken versteht, und so
reicht es auch nicht hin, jemanden als Gebildeten zu bezeichnen, der die menschlichen Beziehungen nicht durchdrungen
hat, für den die liebevolle Beziehung zu dem anderen und das
Rechte tun nicht ein Ganzes ist. [I, S. 10]

ERST HANDELN FÜHRT ZUR KLARHEIT

Gehörtes ist wertvoller als Nichtgehörtes, Gesehenes ist wertvoller als Gehörtes, Erkanntes ist wertvoller als Gesehenes,
im Handeln Verwirklichtes ist wertvoller als Erkanntes. Wenn
nachahmendes Üben zu solchem Handeln wird, hat es sein
Ziel erreicht: denn erst dieses Handeln führt zur Klarheit.

Diejenigen, die diese Erkenntnis in ihrem Wirken sichtbar
machen: das sind die Heiligen Menschen. [VIII, S. 92]

VON DEN GEWOHNHEITEN

GEWOHNHEITEN UND DER BRUCH ZWISCHEN HIMMEL, ERDE UND UNS

Wenn wir unser Augenmerk auf die Gewohnheiten richten,
haben wir etwas, um die Naturanlagen zu wandeln; wer an

dem Ganzen festhält und es nicht selbst spaltet, hat etwas, das
sich vervollkommnend ansammelt. Gewohnheiten ändern die
Ausrichtung des Willens und auf die Dauer auch die Substanz.
Wer an dem Ganzen festhält und es nicht selbst spaltet, der
dringt durch zu göttlicher Klarheit: es schließt sich der Bruch
zwischen dem Himmel, der Erde und ihm. [VIII, S.93]

ERST DIE ERWACHSENEN HABEN BESTIMMTE GEWOHNHEITEN

Kinder verschiedener Orte äußern die gleichen Laute bei der
Geburt – erst die Erwachsenen haben besondere Gewohnheiten, zu denen sie durch Unterweisung veranlaßt wurden ...
so ist auch der Edle nicht besonderer Art von Geburt an: das
Zutreffende entlehnt er von den Dingen. [I, S.2]

EINFLUSS DER GEPFLOGENHEITEN

Ein Mann aus der halbbarbarischen Provinz Yüeh ist zufrieden, wie es in seinem Yüeh, einer aus Ch'u, wie es in seinem
Ch'u zugeht, und ein Edelmann ist es mit den Gepflogenhei-
ten der Hauptstadt. Aber das rührt nicht von unterschied-
lichem Erkenntnisvermögen und unterschiedlichen Naturanlagen her, sondern sie beachten und vernachlässigen gewohn-
heitsmäßig nicht dieselben Teile der Dinge. [IV, S.38]

VOM BEGEHREN

VOM ORDNEN DES BEGEHRENS

Alle, die sagen, um zu ordnen, sei abzuwarten, bis das Begehren erstorben sei, die haben nichts, um ihr Begehren zu führen: sie fühlen sich vielmehr durch es bedrängt. Auch die, die
sagen, um zu ordnen, müsse man warten, bis der Begehren
wenige geworden seien, haben nichts, um sie in rechten Maßen zu halten: sie werden bedrängt durch ihr Zuviel an Begeh-

ren. Begehren zu haben oder ohne Begehren zu sein ist etwas Artverschiedenes: es heißt leben oder nicht mehr leben – es hat nichts mit unserer geordneten oder verwirrten Geistesverfassung zu tun. So ist auch vieles oder weniges Begehren haben Artverschiedenheit: es betrifft die Anzahl der Gefühle, sagt aber nichts aus über unsere geistige Ordnung oder Verwirrung. [XXII, S. 322]

DAS BEGEHREN IST UNS WILLFÄHRIG

Das Begehren ist nicht gebunden daran, auch seine Dinge zu erlangen – aber dem, der zu etwas hinstrebt, dem ist es so willfährig, als ob es sie erlangen könnte. Wir haben das Begehren vom Himmel empfangen ohne Gebundenheit an bestimmte Ziele – die Orte, von denen aus und auf die es sein Streben richtet, empfängt es vom Herzen. Vom Himmel haben wir also nur das Begehren als solches empfangen: von unserem Herzen wird es auf vielerlei gelenkt – so daß der vom Himmel empfangene Anteil seiner Art nach schwer auszusondern ist; zum Beispiel ist das, was der Mensch am meisten begehrt, doch wohl das Leben, und was er am meisten verabscheut, der Tod. Aber manchmal erleidet er gerade den Tod, wenn er dem folgt, was sein Leben ausmachte – nicht, weil er nicht mehr leben und lieber sterben will, sondern weil er (aus dem Gefühl für das rechte Tun unter diesen bestimmten Umständen) nicht weiterleben kann und ihm darum nur der Tod bleibt. Daher, wenn das Begehren ein vom Herzen zugelassenes Maß überschreitet und mit seiner Bewegung nichts Erstrebenswertes erreichen würde, dann hält das Herz diese an. Wenn das Herz auf diese Weise imstande ist, die gegebene Ordnung zu treffen, selbst wenn der Begehren viele wären, wie könnten sie beim Ordnen unserer Überlegungen schaden? Auch wenn das Begehren das rechte Maß nicht erreicht oder seine Bewegungen es überschreiten, wird es dazu vom Herzen

veranlaßt. Wenn also das Herz die natürliche Ordnung verfehlen kann, selbst wenn der Begehren nur wenige wären, wie
ließe sich eine Verwirrung aufhalten? Ob es daher zur Ordnung oder zur Verwirrung bei unseren Überlegungen kommt,
das liegt begründet in dem Fähigsein, zu dem wir unser Erkenntnisvermögen ausgebildet haben und nicht in dem, was
wir gefühlsmäßig begehren. Wer mit seinem Streben nicht da
ansetzt, wo dieses Vermögen verankert ist, sondern statt dessen darnach strebt, den Ansatz des Begehrens abzutöten, obwohl er sagen mag: «Ich habe es erreicht!», der hat gerade
das Wesentliche verfehlt! [XXII, S. 323]

DAS BEGEHREN IST DIE ANTWORT DES GEFÜHLS

Denn es ist doch so: alle Naturanlagen sind uns vom Himmel
gegeben, und die Gefühle sind Materialien dieser Naturanlagen. Das Begehren ist die Antwort des Gefühls auf das, wovon
es angerührt wurde. Nur durch Begehren kann etwas erlangt
werden – eben durch sein Streben; es ist etwas, ohne das die
Gefühle gar nicht auskommen können. Damit aber überhaupt
etwas möglich wird und das Begehren auf einem Weg fortschreiten kann, muß das Erkennen dazukommen. Wer auch
die Tore gut bewacht, darf das Begehren dennoch nicht tilgen:
es ist Gerät aller Naturanlagen ... obwohl er es nicht tilgen
darf, so kann er seinem Streben doch die Grenzen setzen.
[XXII, S. 324]

IM BEGEHREN BEFRIEDIGUNG SUCHEN MACHT FURCHTSAM

Im Buch der Urkunden heißt es [Shu King, Ta Yü Mou]:
«Das im menschlichen Begehren Befriedigung suchende Herz
ist furchtsam, das auf die Wegordnung gerichtete ist feinsinnig.» Die Keime solcher Furcht und solcher Feinsinnigkeit
kann aber der Edle erst dann erkennen, wenn er klar sieht.
[XXI, S. 301]

DURCH BEGEHREN ZUM DIENER DER DINGE WERDEN

Wem Sorgen oder Furcht im Herzen wohnen, der mag im Mund den besten Bissen Fleisches halten: es wird ihm nicht bewußt, was er da schmeckt; die Ohren werden Glocken, Trommeln hören, und doch wird er ihren Ton nicht vernehmen; die Augen werden auf das Bunte sehen, auf schönste Stickereien, und doch wird er die Muster nicht erkennen; er wird in leichten warmen Kleidern auf feinen Matten liegen – sein Körper wird doch nichts von all dem Angenehmen merken! Der Schönheit dieser Dinge zugewandt, kann er sich ihrer nicht erfreuen – selbst wenn er kurze Zeit zur Ruhe kommt: er kann sich von den Dingen, die ihn freudlos machen, nicht mehr trennen, und angesichts der Schönheit aller Dinge wächst nur sein Sorgen; sogar ihr Nutzen wird ihm noch zum Schaden! So lebt ein jeglicher, der mehr und mehr nur nach bestimmten Dingen strebt. Ist die Versorgung etwa unser Leben? Ja, macht denn wirklich uns der Reisschleim alt? Daher, wer stets nur sein Begehren nährt und seines Fühlens freien Lauf nicht hemmt, wer das in ihm nur Angelegte glaubt zu pflegen und doch mit seinem Formen es gefährdet, wer seine Freuden hegen möchte und dabei nur sein Herz zerstört, wer gerne seinen Namen füttert und dabei doch sein Handeln nur verwirrt, der mag als Herzog leben, auch ein Marquis sich nennen: er unterscheidet sich von einem Räuber, einem armen Manne nicht – ob er dazu in eine amtliche Karosse steigt, den Zeremonienhut auf seinem Kopfe –, er gleicht den beiden anderen in einem haargenau: sie alle wissen nichts von dem «Genug»! Seht her, das nenne ich: sein Selbst zum Diener bloßer Dinge machen. [XXII, S. 327]

DER EDLE UND DER KLEINE MANN

Der Kleine Mann vermag als Edler zu handeln, aber er ist
nicht willens dazu. Der Edle vermag als Kleiner Mann zu handeln: aber er ist nicht willens, als Kleiner Mann zu handeln ...
Das Vermögen zu haben bedingt nicht notwendig auch die
Fähigkeit – jedoch wenn die Fähigkeit auch noch nicht entwik-
kelt wurde: das Vermögen zu solchem Handeln ist damit nicht
beschädigt. [XXIII, S. 338]

DER EDLE RICHTET DEN SINN DAHIN,
WO DER IRRTUM WIEDER ZUM RECHTEN FÜHRT

In der Naturanlage aller Fähigkeiten und im Erkenntnisvermögen unterscheiden sich der Edle und der Kleine Mann
nicht. Auch in der Liebe zu Ehre und Nützlichem, in dem Abscheu vor Schande und Schädlichem stimmen der Edle und der
Kleine Mann überein. Aber der Weg, auf dem sie dies erstreben, ist verschieden.

Der Kleine Mann ist schnell dabei mit dem Aufschneiden
und wünscht auch noch, daß die Menschen ihm glauben; er
ist schnell dabei mit Betrügereien und wünscht auch noch,
daß die Menschen ihn anhänglich lieben!

Er handelt wie die Tiere und wünscht auch noch, daß die
anderen ihn für trefflich halten. Beim Überlegen kommt er
schwer zu Erkenntnissen, beim Handeln schwer zur Ruhe;
was er in die Hand nimmt, steht schwer. Schließlich erlangt
er nicht das, was er liebt, sondern begegnet unbedingt dem,
was er verabscheut.

Der Edle hingegen hat Vertrauen und wünscht, daß jeder
ihm vertraut. Er begegnet den Menschen aus innerstem Herzen und wünscht auch, daß die Menschen ihn anhänglich lieben. Er arbeitet bei sich am Geraderichten, ordnet Sophiste-

reien und wünscht auch, daß die Menschen ihn hierin zutreffend finden, aber: beim Überlegen erkennt er das Einfache,
beim Handeln findet er Ruhe im Einfachen, was er in die Hand
nimmt, steht auf dem Einfachen. So erlangt er schließlich das,
was er liebt, und begegnet nicht dem, was er verabscheut ...
[IV, S. 37–38]

Der Kleine Mann dagegen reckt nur den Hals und hebt die
Fersen; wünschend sagt er: Ja, Erkennen und Überlegen sind
angeborene Begabungen – nur die Überragenden haben sie.
Seht doch, er weiß einfach nicht, daß zwischen ihm und dem
(Edlen) nur dieser Unterschied ist: der Edle richtet seinen
Sinn dahin, wo der Irrtum wieder zum Rechten führt, und der
Kleine Mann dahin, wo das Irrtümliche weiterführt. Darum,
wer im einzelnen das Erkenntnisvermögen des Kleinen Mannes
untersucht, wird finden: es ist ausreichend, mehr zu erkennen,
es ist ausreichend, das zu tun, was der Edle tut. [IV, S. 38]

WAHRHAFTIG WERDEN

Für den Edlen gibt es nichts Zutreffenderes, um die Vermögen seines Herzens großzuziehen, als wahrhaftig zu sein. Wer
zu solcher Wahrhaftigkeit kommt – für den gibt es darüber
hinaus nichts mehr. Es gilt nur die liebevolle Beziehung zu
dem anderen zu bewahren, nur das rechte Tun zu seinem Tun
zu machen – so formt sich das Wahrhaftige des Herzens und
die liebevolle Beziehung zu dem anderen. In diesem Formen
ist Göttliches – und als solches erst läßt es sich abwandeln.
Das Wahrhaftigwerden des Herzens und das Rechte zu tun
entspricht naturgegebenen Ordnungen. [III, S. 27]

BEZIEHUNG DES EDLEN ZUM GANZEN

Dem Edlen gilt im Erkennen alles, was nicht das Ganze umfaßt, was nicht (von Überschattungen) bereinigt wurde, als
nicht hinreichend, um zutreffend zu sein. Daher erörtert er

das Einzelne, um es an etwas aufzureihen; forschend denkt er über das Ganze nach, um es zu durchdringen, und dann setzt er seine Person für das Erkannte ein. Er beseitigt das für ihn Schädliche, um an dem festzuhalten, was seine Naturanlagen pflegt: er läßt also seine Augen nichts anderes sehen als das Rechte, seine Ohren nichts anderes hören als das Rechte, seinen Mund nichts anderes sprechen als das Rechte, sein Herz nichts anderes planend überlegen als das Rechte – bis er bei dem angekommen ist, was seiner Liebe höchstes Ziel war ... in dieser Weise hält der Edle seine Vollkommenheit hoch. [I, S. 10–11]

DER EDLE ACHTET, WAS ER IN SICH TRÄGT

Der Edle achtet daher das, was er in sich trägt, und sehnt sich nicht nach dem, was unerreichbar fern im Himmel liegt: daher kommt er täglich voran. Der Kleine Mann versäumt, was in ihm angelegt ist, und sehnt sich nach dem, was noch im Himmel liegt, und daher läßt er täglich mehr und mehr nach. [XVII, S. 231]

DER EDLE IST EINFÄLTIG UND EHRFÜRCHTIG, DER KLEINE MANN GEWALTTÄTIG ODER VOLLER ANGST

Wenn des Edlen Herz sich weitet, dann achtet er auf das vom Himmel Gegebene und folgt seiner Bahn. Seine Vorsicht macht ihn besorgt ob seines rechten Tuns, und daher mäßigt er sich. Wenn er erkennt, durchdringt er das Gegebene klar, und daher hat er das Besondere und das Allgemeine der einzelnen Arten. Im Zustand der Einfalt ordnet er offenen Herzens, und dadurch findet er seine Richtform. Ursächliche Zusammenhänge lassen ihn in Ehrfurcht haltmachen; sieht er, daß nicht weiterzukommen ist, beachtet er dieses und enthält sich des weiteren. Auch seine Freude über etwas ist ausgeglichen und beherrscht, sein Kummer ist still und geordnet.

Im Durchdringen wird ihm der Rechte Weg sichtbar, es wird hell um ihn – erforschend beschränkt er sich und geht ins Einzelne. – Der Kleine Mann ist nicht so: wenn sein Herz sich weitet, wird er ausschweifend und gewalttätig – ist er vorsichtig, wird er dabei unanständig oder parteiisch. Im Erkennen reißt er die Dinge an sich, um zu betrügen – seine Einfalt wirkt vergiftend und schädlich: er bringt alles damit in Verwirrung. Sieht er ursächliche Zusammenhänge, wird er scharf und kühn – sieht er, daß nicht weiterzukommen ist, murrt er und begibt sich in Gefahr. Freut er sich über etwas, so doch nur leicht und oberflächlich – im Kummer aber ist er wie gebrochen und so voller Angst! Im Durchdringen wird er anmaßend und sieht nur noch eine Seite – erforschend verwirft er eigenmächtig und arbeitet auf Sumpfgrund. [III, S. 25–26]

UNTERSCHIEDE IM WESEN DES EDLEN UND DES KLEINEN MANNES

Der Edle erkennt leicht, aber er ist nicht leichtfertig; er ist leicht vorsichtig besorgt, aber nicht leicht bedrückt; er fürchtet Leid, aber er entzieht sich nicht dem Tod, wenn sein Sinn für das Rechttun ihn sterben heißt; er begehrt Nützliches, aber er tut darum nicht Unrechtes; er hat im Verkehr anhängliche Liebe, aber er wird dadurch nicht voreingenommen; er diskutiert, aber er geht dabei nicht von den Worten aus. – Wie groß ist er und wie verschieden von den übrigen!

Der Edle ist in seinem Können und seinem Nichtkönnen liebenswert, der Kleine Mann in beidem widerwärtig. Das, was der Edle kann, ist: großzügig sein. Leicht kommt er so zu dem Geraden und öffnet den Weg. Er führt die Menschen. Und was er nicht kann, ist: nur nach außen ehrerbietig sich beschränken und aus Furcht den Menschen dienen.

Das, was der Kleine Mann kann, ist: hochmütig sein. Auf Umwegen handelt er dem Rechten zuwider und macht die

Menschen fälschlich zufrieden. Und was er nicht kann, ist: verleumderisches Geklatsche so zu hassen, daß er die Menschen davon abbringt. Das ist der Unterschied zwischen einem Edlen und dem Kleinen Mann.

Großzügig ist der Edle, aber nicht zügellos; unbestechlich und nicht dem Nutzen erlegen. Er diskutiert, aber ohne zu streiten. Er untersucht, aber nicht durch andere angespornt. Er wurzelt im Gerechten, aber schlägt den anderen nicht zusammen; so ist er hart und stark, aber nicht gewalttätig; weich und folgsam, aber nicht unbeständig; im Innern voller Achtung, nach außen ehrerbietig; achtsam und vorsichtig, aber er wahrt sein Gesicht.

Seht doch, das nenne ich: er ist angekommen, wo der Weg sichtbar wird. Im Buch der Lieder heißt es: «Freundlich und warmherzig ehrt er die Menschen, nur das Kraftvolle Wirken im Guten ist seine Stütze.» Weil der Edle an ein kraftvolles Wirken der Menschen im Guten glaubt, verbreitet er, was Gutes über sie bekannt ist: es ist dies nicht schmeichlerisches Gerede. Wenn er durch Rechttun gerade richtet, auf Richtiges hinweist und die Fehler der Menschen heraushebt: es geschieht nicht, um über die Fehlstellen zu lästern ... Wenn er sich der Zeit entsprechend beugt oder streckt, ihr biegsam folgt wie das Schilf, so geschieht das nicht aus Angst; wenn er mit harter Kraft und kühner Entschlossenheit das vernichtet, was sich nicht zur rechten Zeit streckt, so ist das nicht Anmaßung, nicht Gewalt: es hat seinen Grund in einem Entsprechen der durch die Zeit bedingten Veränderungen mit rechtem Tun – erkennend, was gebogen und was gerade sein müßte. [II, S. 24]

DIE HILFE DES NACHAHMENDEN ÜBENS

Für das nachahmende Üben ist nichts erleichternder, als einem Menschen nahezukommen, in dem wir ein Vorbild sehen; für den Verlauf des nachahmenden Übens ist der schnellste Weg, diesen Menschen zu lieben. [I, S. 8]

Was das nachahmende Üben des Edlen betrifft, so nimmt er mit den Ohren auf und bewahrt das Gehörte im Herzen. [I, S. 7]

Das im Erüben bewußt Gewordene darf nicht als etwas Fertiges gelten ... wie Erz erst, wenn es zu Metall geschmolzen, uns zum Nutzen wird. So wird auch der Edle nur klar im Erkennen und ohne Fehler im Handeln sein, wenn er in diesem Sinn umfassend übt und sein Inneres täglich überprüft, dann wird sein Erkennen klarer und sein Handeln ohne Fehler sein. [I, S. 1]

Daher ist der, der uns da nicht zustimmt, wo er von Rechts wegen nicht zustimmen kann, unser Lehrer, und der, der uns da zustimmt, wo es paßt, unser Freund, und der, der uns schmeichelt, unser Feind.

Um dieses Verhaltens willen verehrt der Edle seinen Lehrer, liebt er seine Freunde anhänglich, haßt er seine Feinde äußerst. Wer das Zutreffende ohne zu ermüden liebt, Ermahnungen hinnimmt und sie sich zum Gebot macht, wird der nicht unbedingt Fortschritte machen?

Der Kleine Mann ist ganz anders: er bringt alles durcheinander, haßt es aber, wenn andere an ihm Fehler finden. Er ist allen Vollendeten denkbar unähnlich, begehrt aber, von anderen für vorbildlich gehalten zu werden. Er hat ein Herz wie ein Raubtier, handelt wie alles Getier, haßt es aber, von anderen als Schädling betrachtet zu werden.

Anhänglich liebt er die Schmeichler, hält sich fern von denen, die ihn ermahnen, findet das Ausbessern am Selbst zum Lachen und verachtet es, einem Menschen oder einer Sache aus innerstem Herzen ergeben zu sein. Selbst wenn er begehrte, nicht unterzugehen: muß er nicht untergehen? [II, S. 12]

GROSSE UND HEILIGE MENSCHEN

EIN GROSSER MENSCH

Wem in dieser Weise die Himmelskörper klar werden (als das, was sie von der Unermeßlichkeit des Weltraums vermitteln), und wer vollauf zufrieden ist inmitten des unermeßlichen, ihn umgebenden Weltraums, seht, den nenne ich einen Großen Menschen – wie sollte er das Überschattende nicht als solches erkennen! [XXI, S. 298–299]

BEZIEHUNG ZUR AUSSEN- UND INNENWELT
DER HÖCHSTEN MENSCHEN

Von einem namens Ch'i aus Kung-shih konnte man sagen: «Er verstand sich aufs Raten und liebte es, nachzudenken.» Aber das, mit dem seine Augen und seine Ohren sich in Beziehung zu setzen begehrten, das verdarb ihm dann sein Nachdenken, und das Gesumm der Schnaken und Brummer drängte seine Feinsinnigkeit zurück. Deshalb mied er, was seiner Augen und Ohren Begehren war, entfernte sich von dem Geräusch der summenden Insekten, lebte in Muße und dachte so in aller Ruhe nach, um etwas zu durchdringen. Wenn jemand aus liebevoller Beziehung zu dem einzelnen über etwas nachzudenken in dieser Weise auffaßt, kann man den feinsinnig nennen? ...

Wenn das Geräusch der Schnaken und Brummer seine Sinneswahrnehmungen zurückdrängt, so ist das Furchtsamkeit diesen Dingen gegenüber, es hat aber doch nichts mit Feinsinnigkeit zu tun. Seht doch, feinsinnig, das sind die das Höchste erkennenden Menschen. Diese höchsten Menschen, wie könnten sie sich durch etwas gezwungen und gedrängt fühlen oder gar furchtsam sein! Aus diesen Zusammenhängen erklärt es sich, daß es solche gibt, die durch äußere Einflüsse ihre ursprünglich mögliche Klarheit trüben, und solche, die durch pflegende Klärungsarbeit ihr Inneres feinsinnig erhalten. Die Heiligen Menschen folgen ihrem Begehren, stellen das von ihren Gefühlen Erlangte überschauend nebeneinander, und was sie auf diese Weise regeln, das entspricht den naturgegebenen Ordnungen. Seht, wie könnte es bei ihnen zum Zwingen, Zurückdrängen oder zur Furcht kommen! [XXI, S. 303–304]

WESEN DER HEILIGEN MENSCHEN

Sie wurzeln in ihrem rechten Tun, in der liebevollen Beziehung zu dem anderen – sie urteilen auch entsprechend. Wenn sie Worte und Handeln ordnen, lassen sie dabei auch nicht das Kleinste beiseite. Für sie gibt es nur einen Weg: Selbsterkanntes im Handeln wirklich zu machen. Daher gilt ihnen Gehörtes, das sie nicht selber wahrgenommen haben, als Irrtumsquelle – obwohl es tiefgründig sein mag; Gesehenes, das sie nicht erkannten, als verwegen – obwohl es aufgezeichnete Erkenntnisse sind, Erkanntes, das nicht im Handeln wirklich wurde, wie etwas Umzingelndes – obwohl es ehrlich gemeint sein mag. Nicht selbst Gehörtes, nicht selbst Gesehenes sind eben nicht aus liebevoller Beziehung zu einem anderen langsam erwachsen – obwohl Zutreffendes daran sein mag. [VIII, S. 92]

KLARHEIT DER HEILIGEN MENSCHEN

Erde sammelt sich zu Bergen, Wind und Regen lassen sie erblühen; wenn das Wasser sich sammelt, entstehen seine Tiefen, und darin können Drachen leben. Wenn Zutreffendes sich sammelt, wird unser kraftvolles Wirken dadurch vervollkommnet und auf diese Weise göttliche Klarheit von selbst erlangt – mit solcher Klarheit ist das Herz der Heiligen Menschen ausgerüstet. [I, S. 4]

FREUDE DER HEILIGEN MENSCHEN

Daher geht der, der liebevolle Beziehung zu dem anderen wirklich hat, seinen Weg ohne vorfassende Absicht: ganz unge-

zwungen gehen ihn die Heiligen Menschen. Ehrfurchtsvoll
sind sie in ihrem Denken, die, die liebevolle Beziehung zu dem
anderen wirklich haben. – Freude bereitet den Heiligen Menschen ihr Denken. Das ist der rechte Weg, das Herz zu ordnen. [XXI, S.304]

DIE ZÄNKISCHEN

Diskutieren, ohne dabei im einzelnen zu erklären, ist Gezänk.
So denken die Zänkischen: was sie für wahr halten, das halten sie ganz unbedingt für richtig und das der anderen einfach
für unrecht ... Wer wollte zu den Tollen, Betörten, Kranken
gehören! ... Wenn wir zu dem Getier gehören wollten, das
geht doch nicht. Wir haben alle menschliche Gestalt und dasselbe Lieben und Verabscheuen. Menschen, die sich zanken –
was soll das? Oh, wie ich sie verabscheue! [IV, S.33,34]

VOM ORDNEN DER BEZEICHNUNGEN

ANZAHL DER WIRKLICHKEITEN

Bei den Dingen selbst lassen sich solche, die gleiche Gestalt
haben, sich aber an verschiedenem Ort befinden, unterscheiden von solchen, die bei verschiedener Gestalt doch ihren
gleichen Ort behalten. Als zwei Wirklichkeiten (im Hinblick
auf das Erfülltsein ihrer Form) müssen wir daher die Dinge
bezeichnen, die bei gleichartiger Gestalt sich an verschiedenen Orten befinden – auch wenn sie wegen ihrer übereinstim-
menden Gestalt zusammengefaßt werden können. Wenn die
Gestalt sich nur verändert, sich aber nicht von ihrer Wirklichkeit trennt, sondern nur Andersartiges aufweist, bezeichne ich
das als Wandlung (wenn zum Beispiel etwas Junges alt wird
oder aus der Raupe der Falter aufsteigt). Derartige Wandlun-

gen, bei denen sich das Ding nicht von seinem Ort trennt, bezeichne ich als eine Wirklichkeit. In dieser Weise muß die Wirklichkeit bei allem untersucht und ihre Zahl festgestellt werden: das ist ein Kernpunkt bei dem Ordnen von Bezeichnungen. [XXII, S. 316]

WIE MAN BEZEICHNUNGEN ZUSAMMENFASST

Nun zu den verschiedenen Bezeichnungen im Bereich des Menschen: uns Angeborenes – so wie es ist – bezeichne ich als «Naturanlagen». Im Einklang mit den Naturanlagen Hervorgebrachtes oder an Dingen feinsinnig Wahrgenommenes, von dem wir angerührt wurden – wenn wir ihm so entsprechen (wie ein Echo) und nichts hinzutun (im Auftrag einer Gemütsbewegung oder einer vorfassenden Absicht) –, alles, was wir also wahrnehmen, wie es ist, das bezeichne ich als «Naturgegebenes». [Dieses «Naturgegebene» steht bei Hsün Tzǔ im Gegensatz zu Ming, der gesetzten Bestimmtheit, dem durch menschliches Tun Bestimmten, das in seiner Zufälligkeit, als nicht dem Ganzen Verwobenes, nur Teilausschnitte eines Ganzen erfaßt.] Naturanlagen wie: Liebe und Haß, Freude und Ärger über etwas, Trauer und stille innere Freude bezeichne ich als «Gemütsbewegungen». Wenn Gemütsbewegungen da sind und das Herz sie als solche sondert, das bezeichne ich als «Planendes Überlegen». Wenn das Herz planend überlegt und es auf diese Weise vermag, Handeln in Bewegung zu setzen, so bezeichne ich das als «Kunstvolles Handeln». Was aus gesammelten Überlegungen und erübter Fähigkeit entstanden ist, bezeichne ich auch als «kunstvoll». [XXII, S. 311]

Was im Hinblick auf einen Zweck ausgerichtet geschieht, bezeichne ich als «Erledigen einer Angelegenheit», was im Hinblick auf das rechte Tun ausgerichtet geschieht, als «(rechtes) Handeln». Was in uns erkennt, bezeichne ich als «Erkenntnis-

vermögen». Wenn das, was erkannt wurde, mit den Dingen
übereinstimmt, bezeichne ich es als «Erkenntnis». Im Menschen liegendes Können bezeichne ich als «Vermögen», ein
Vermögen, das schon mit seinem Ding vereinigt wurde, mit
«Fähigkeit». Wird im Erkennen Naturgegebenes verletzt, bezeichne ich diesen Vorgang als «Fehlerhaftes Erkennen». Begegnet jemand beim Erkennen nur einzelnen Teilausschnit-
ten, bezeichne ich das als «Gesetzte Bestimmtheit». [XXII,
S. 312]

ÜBER DIE SITTEN

Frage: «Wie verhält es sich mit dem Aufkommen der Sitten?»
    Antwort: «Von seiner Geburt an hat der Mensch Begehren.
Wenn dieses Begehren auch nichts erlangt, es kann nicht von
seinem Streben lassen. Wenn dieses Streben ohne Maß ist, um
es abzugrenzen, so muß es zum Streit mit anderen kommen.
    Wo Streit ist, ist Verwirrung, und wo Verwirrung ist, da ist
Elend. Die früheren Herrscher haßten diese Verwirrung; deshalb sammelten sie die Sitten und forderten Rechttun, um
abzugrenzen, um das Begehren der Menschen zu erziehen und
den Menschen ihr rechtes Streben zu geben. Sie veranlaßten
es, daß das Begehren sich nicht in den Dingen erschöpfte und
die Dinge nicht von dem Begehren verbogen wurden: beide
können sich so gegenseitig halten und steigern. Hier setzen
die Sitten ein.» [XIX, S. 257]

    Wer wüßte nicht, wie Achtsamsein und Nachgeben für den
Frieden sorgen? Wer wüßte nicht, wie das Sichtbarmachen
der naturgegebenen Ordnungen in den Sitten durch Rechttun
die Gefühle pflegt.
    Die Sitten haben drei Wurzeln: Himmel und Erde sind ihres
Lebens Wurzel, die Vorfahren sind ihrer Arten Wurzel, die
Edlen und Lehrer sind ihrer Ordnung Wurzel. [XIX, S. 259]

Alle Sitten haben ihren Anfang in Vereinzeltem und vervollkommnen sich durch allgemeine Bildung – sie werden vollendet durch Freude an solchem Tun. Deshalb sind bei höchster Vollständigkeit Gefühle und Bildung beide vollkommen, die nächste Stufe ist, wenn einmal die Gefühle, einmal das Sichtbarmachen des Rechten Weges siegen: die unterste, wenn die Gefühle wieder in ihren ursprünglichsten Zustand zurückkehren.

Ist die Sitte nicht die höchste aller Ordnungen? Himmel und Erde vereinigen sich, Sonne und Mond erstrahlen im Licht, die vier Jahreszeiten folgen aufeinander, die Sterne folgen ihrer Bahn, die Flüsse finden ihren Abfluß, alle Lebewesen gedeihen, Liebe und Abscheu finden ihr Maß, Freude und Zorn werden angemessen. [XIX, S. 263]

So wie das Richtmaß Ziel des Geradeseins ist, wie wir mit der Waage zur Gleichheit kommen und mit dem Winkelmaß zu den Winkeln, so ist der höchste Weg für die Menschen: die Sitten.

Wir können im Bereich der Sitten durch Denken nichts herauspressen; dies einsehen, das nenne ich: überlegen können. Wir müssen der Zeit entsprechend abwandeln; das nenne ich: an ihnen festhalten. Diejenigen, die so überlegen, die so an ihrem eigentlichen Wesen festhalten und ihre Liebe dazugeben: das sind die Heiligen Menschen ... und die, die nicht am Besonderen forschen, sind einfaches Volk, das eben ohne Verfahren dahinlebt. Ist die Bildung in den naturgegebenen Ordnungen mannigfaltig, werden die Gefühle nur sparsam entfaltet, so entsteht daraus ein Blühen der Sitten. Wird die Bildung in den naturgegebenen Ordnungen selten, die Gefühle aber immer zahlreicher, so ist das der Tod der Sitten. [XIX, S. 264]

REGIEREN UND
LIEBEVOLLE BEZIEHUNG ZU DEM ANDEREN

Es gibt nicht einen Staat, der nicht auch seine Regierungsfor-
men hätte, und nicht einen, in dem sie auch nicht einmal in
Verwirrung geraten wären. [XI, S. 152]

Falls ein Staat ohne Sittenregelungen ist, wird nichts nach
dem Geraden ausgerichtet sein – es ist die Sitte, die alles im
Staate regelt. [XI, S. 145]

Deshalb ist ein Gebiet von hundert Li ausreichend, um etwas darzustellen, wenn man darauf aus ist, alles aus innerstem
Herzen zu tun, wenn man Vertrauenswürdigkeit fördert,
wenn man liebevolle Beziehung zu dem anderen und Rechttun entfaltet, so ist das ausreichend, das äußerste aus den Menschen herauszuholen. [XI, S. 149]

FREUDE UND MUSIK

Seht her, Musik ist Ausdruck der Freude – sie ist unbedingt in
den menschlichen Gefühlen angelegt. Der Mensch kann nicht
ohne Freude leben, und diese wird sich unbedingt in Tönen
äußern und durch Bewegtheit und Ruhe Gestalt annehmen.
[XX, S. 291]

AUS DEM LI CHI, DEM BUCH DER SITTEN

KAPITEL XVII: ÜBER DIE MUSIK

Das Anheben der Töne hängt ab von dem Leben im Herzen
des Menschen. Die Bewegungen des Herzens werden durch
die Dinge veranlaßt: das Herz wird von den Dingen ange-

rührt und gerät in Bewegung, daraus folgend nimmt diese Bewegung Gestalt an im Laut. Treten die Laute miteinander in Beziehung, wandeln sie sich. Vollziehen sich diese Abwandlungen nach bestimmten Gesetzen, werden sie Töne genannt.

Musik entsteht abhängig von dem Ort der Töne. Ihre Wurzel – im Bereich des menschlichen Herzens – liegt in dem Angerührtwerden von den Dingen. Deshalb sind die Laute eines vom Jammer aufgerührten Herzens bedrückend und enden unvermittelt; eines von innerer Freude angerührten weitend und anhaltend; eines von Freude über einen Gegenstand angerührten sich stark äußernd und sich wieder zerstreuend; eines von Zorn angerührten grob und hart; eines von Achtung angerührten genau und mäßig; eines von Liebe angerührten Herzens friedlich und zart. Diese sechs Arten sind nicht etwas Naturgegebenes, sondern erst, wenn das Herz von den entsprechenden Dingen angerührt wird, kommt es zu einer entsprechenden Bewegung. Daher waren die früheren Könige vorsichtig, wie sie die Herzen des Volkes anrührten. Die Sitten nahmen sie, um sein Zielstreben zu führen, mit Musik glichen sie seine Äußerungen aus, die Regierungsmaßregeln nahmen sie, um sein Handeln zu einen, sie nahmen die Strafen, um seine Schurkereien zu verhüten. Sitten, Musik, Strafen, Regierungsmaßregeln sind eins in dem, auf das sie hinzielen. [§ 1–3]

Alle Töne entstehen im menschlichen Herzen. Die Musik ist eine Ordnung wie die der menschlichen Beziehungen. [§ 7]

Die, die etwas von den Lauten, nichts aber von den Tönen wissen, das sind die Tiere; die von den Tönen, nichts aber von der Musik wissen, das sind die Menschen der Menge. Nur der Edle vermag zu erkennen, was Musik ist. [§ 8]

Der Mensch ist bei seiner Geburt in Ruhe: sie wurde ihm vom Himmel gegeben. Wird er von den Dingen angerührt, so bewegt sich das ihm von Natur gegebene Begehren. Auf diese Weise erreichen die Dinge sein Erkenntnisvermögen. Hat er erkannt, formen sich Zu- und Abneigung. Hat er aber im Innern kein Maß für Zu- und Abneigung, wird sein Erkenntnisvermögen von den Außendingen verführt, und er kann sich nicht mehr seinem Ich zuwenden: dann erlischt in ihm die himmlische Ordnung. [§ 11]

Seht doch, die Dinge rühren den Menschen unaufhörlich an, hat nun der Mensch kein Maß für seine Zu- und Abneigung, dann kommen nur die Dinge an, und der Mensch wird auch in ein Ding verwandelt. Ist der Mensch so erst zum Ding geworden, erlischt in ihm die himmlische Ordnung, und er erschöpft sich in menschlichem Begehren. [§ 12]

Darum regelten die früheren Könige Sitten und Musik, um den Menschen für ihr Handeln ein Maß zu geben. [§ 13]

Musik eint, Sitten sondern. Im Einigen lieben die Menschen einander, im Sondern – achten sie einander. [§ 15]

Die Musik kommt aus unserem Inneren hervor und beruhigt daher. Sitten werden auf äußere Anlässe hin hervorgerufen und machen als Bewegung den rechten Weg der Bildung sichtbar. Große Musik ist notwendig einfach; große Sitten sind notwendig einfach. [§ 17]

Wen Musik im Innern erreicht, der läßt von seinem Groll – wo die Sitten hinreichen, da wird nicht gestritten. [§ 18]

Wer die Gemütsbewegungen erkennt, die den Sitten und der Musik zugrunde liegen, vermag schöpferisch zu sein. Wer ihre sich äußernden Wege erkennt, vermag sie zu überliefern. Die schöpferischen, das sind die Heiligen Menschen! Die überliefernden, das sind die klaren Menschen. [§ 22]

Musik ist Freude der Heiligen Menschen; mit ihr können sie die Herzen der Menschen bessern. Sie rühren damit die Menschen in ihren Tiefen an. Musik ändert Bräuche, wandelt Gewohnheiten, und daher machten die früheren Könige durch sie ihre Erziehung offenbar. [§ II, 7]

Seht doch, das Volk hat seine animalische Lebenskraft als etwas Naturgegebenes, und so hat es auch das Erkenntnisvermögen seines Herzens, aber es hat nicht: Trauer oder innere Freude, sich äußernde Freude oder Zorn als etwas Beständiges, vielmehr werden diese in ihm entfacht, wenn es von den entsprechenden Dingen angerührt wurde, und dann sind sie in Bewegung. Darauf erst gibt das Herz ihnen Form durch seine Kunstfertigkeit. Daher wirkt der Edle Gefühlsausbrüchen entgegen, um sie mit seiner Willensausrichtung in Übereinstimmung zu bringen – er vergleicht ihre Art, um sein Betragen zu vervollkommnen ... Er veranlaßt die Vermögen der Ohren, Augen, Nase, des Mundes und des Herzens, daß sie dem Rechten folgen: um sein Rechttun im Handeln (wirklich zu machen). [§ II, 15]

So steht das Vollenden Kraftvollen Wirkens im Guten über den Kunstfertigkeiten, so wie der Wandel auf dem Rechten Wege wichtiger ist als das Erledigen von Angelegenheiten. [§ III, 5]

KAPITEL XVI:
ÜBER DAS NACHAHMENDE ÜBEN

Ständig anschauen lassen und nichts dazu sagen, so wird das Herz der Schüler bewahrt.

Man läßt die Schüler immer wieder anschauen und schärft ihnen nichts wiederholt mit Worten ein. Das geschieht deshalb, weil man die Lernenden veranlassen will, ihr Herz (als das Organ des Erkenntnisvermögens) zu bewahren. Wenn

man nicht mit Worten belehrt, dann wird das Erkenntnisvermögen der Lernenden aufs höchste erregt werden. Die Worte
werden ihnen auf der Zunge liegen; eröffnet man dann etwas,
so werden sie doch ihr Herz bewahren.

Die Belehrung des Edlen ist ein Zur-Klarheit-Führen. Er
leitet, aber er zieht nicht an der Leine voran; er stärkt, aber er
verwirrt nicht; er öffnet, aber er teilt nicht mit. Durch Leiten,
ohne Zerren, kommt es zum Zusammenklang. Durch Stärken, ohne Verwirren, wird alles leicht. Das Öffnen – ohne Mit-
teilen – erzieht zum Nachdenken, und was man durch solches
Nachdenken erlangt, das ist tief verwurzelt. Nachdem der
Lehrer beim Belehren Gelingen und Mißlingen des Schülers
erkannt hat, belehrt er mit Maß, weist in der Unterhaltung
auf die Folge beim nachahmenden Üben hin und damit fertig.
Wenn jemand so nicht versteht, nötigt man ihn nicht, es eilends zu begreifen. Falls der Lehrer den Schüler überredet, so
veranlaßt er dessen Geist, hart und gezwungen zu erkennen;
falls er aber entsprechend der Begabung hilft, so wird der
Schüler nicht durch ein Muß bedrückt, und doch belehrt werden. Falls jemand, wenn er etwas nicht weiß, dazu gedrängt
wird, so wird er innerlich ärgerlich werden, und ein freund-
schaftliches Verhältnis zwischen Lehrer und Schüler wird
nicht wiederherzustellen sein. Unterweist der Lehrer aber
weich und großzügig, den Rechten Weg nur andeutend, dann
wird das Innere (des Schülers) ausgeglichen sein, und er wird
sich des Sinnes bewußt werden.

DAZU CHU HSI [1130–1200]:

In alter Zeit erfolgte in den Grundschulen die Belehrung am
Gegenstand ... So entwickelten die Schüler ihr Erkenntnisvermögen ganz natürlich, und ohne es zu wissen oder zu empfinden, machten sie alles unbewußt gut.

Während die Schüler langsam heranwuchsen, durchdrangen sie allmählich die Dinge mehr im Zusammenhang, und schließlich gab es nichts, was sie nicht konnten. Die Leute von heutzutage [etwa um 1180 n. Chr.] sind ohne jede Fähigkeit und verstehen nur etwas von vielem überflüssigen und hinderlichen Ermahnen. Indem man so nicht nur das Nachdenken völlig beiseite schiebt, schadet man vor allem (dem Organ des Erkenntnisvermögens,) dem Herzen. Auch das gründliche Studium zuverlässiger Quellen ist vergebens, wenn einer nicht weiß, was es heißt, sein Erkenntnisvermögen anzuwenden. [Hsiao Hsüeh I, 1]

DAZU WANG YANG-MING [1472-1528]:

Der Weg läßt sich nur in nachahmendem Üben erfassen, und dann wird er klar. Es ist nicht so, daß durch mündliche Belehrung von Außenstehenden etwas herauskommt, was man mit Klarwerden des Rechten Weges bezeichnen könnte! Es gibt auf der Welt zwei Arten des Forschens: mit dem eigenen Herzen, und mit dem Mund und den Ohren. Dies ist ein hoffnungsvolles Nur-Herumtasten, ein Abmessen im Streben nach dem Schatten einer Form, dem Echo eines Tones – jenes ist ein Sichentfalten im Handeln und ein Forschen im einzelnen beim Üben. Hierbei hat man dann die Wirklichkeit in sich. Wenn man das erkannt hat, dann weiß man, wie das konfuzianische nachahmend-übende Erforschen erfolgt. [Chung 53 a, b]

KAPITEL XXVIII: CHUNG YUNG
BESTÄNDIG ANWENDBARES TREFFEN

Was vom Himmel bestimmt ist, wird bezeichnet mit «Naturanlagen», die Führung dieser Naturanlagen mit «Weg», den Weg auszubessern mit «Erziehung». [I, 1]

Was uns als der Rechte Weg gilt, von diesem Weg dürfen wir uns auch nicht einen Augenblick trennen – ein Weg, von dem wir uns trennen könnten, das wäre eben nicht der Rechte. [I, 2]

Aus diesem Grunde ist der Edle zurückhaltend und vorsichtig in bezug auf das, was ihm nicht anschaubar ist, bedenklich und scheu in bezug auf das, was er nicht vernommen hat. [I, 3]

Wenn er allein ist, ist der Edle aufrichtig bedacht, daß ihm bei sich auch das Verborgenste wahrnehmbar und das Kleinste deutlich werde. [I, 4]

Anlagen wie Freude, Zorn, Trauer und Heitersein werden, wenn sie noch nicht entfacht sind, bezeichnet als «In der Mitte ruhend»; treffen wir im Entfachten in allem das rechte Maß, wird dieser Zustand bezeichnet als Ausgeglichene Gemütsverfassung. Die Anlagen, die in unserer Mitte ruhen, sind unter diesem Himmel die Hauptwurzeln des Erkennens. Durch Ausgeglichene Gemütsverfassung dringen wir unter diesem Himmel durch zu dem Rechten Weg. [I, 5]

Erreichen wir innere Ausgeglichenheit, haben Himmel und Erde für uns ihren festen Platz, und alle Dinge werden uns lebendig. [I, 6]

Konfuzius sagte: «Der Edle trifft das beständig Anwendbare» (gemeint ist, was in gleichartiger Situation als das einzig Richtige angesehen wird). Der Kleine Mann handelt entgegengesetzt. Wie trifft der Edle das beständig Anwendbare? Er trifft es entsprechend den Zeitumständen. Und wie steht es damit bei dem Kleinen Mann? Dieser kennt gar nicht das Zurückschrecken vor dem Äußersten. [I, 7]

– So essen und trinken auch alle Menschen, aber selten sind die, die wirklich etwas von dem Geschmack verstehen. [I, 9]

Wer aus innerstem Herzen etwas tut und sich dabei wirklich so in die Lage des anderen versetzt, wie es ihm die Stimme des Herzens andeutet, der wird sich von dem Rechten Weg nicht weit entfernen: er braucht nur alles, von dem er sich vorstellt, daß es ihm unter den betreffenden Verhältnissen nicht erwünscht wäre, auch nicht in bezug auf den anderen in Betracht ziehen. [I, 32]

Der Edle wurzelt in seiner Lage und handelt ihr entsprechend; auch mit seinem Wünschen entfernt er sich nicht von dem, was in ihr angelegt ist. [I, 36]

Daher lebt der Edle leichten Herzens und erwartet, was ihm vom Himmel bestimmt ist. Der Kleine Mann hingegen begibt sich in Gefahr auf der Suche nach Glück. [I, 39]

Ob einer von Geburt an Wissen um diese Dinge hat, durch nachahmendes Üben oder bittere Erfahrung dazu kommt, ist im weiteren Verlaufe der Erkenntnisse dasselbe. Ob einer dem als recht Erkannten im Handeln Gestalt gibt, weil er sich dabei wohlfühlt, weil er seinen Vorteil darin sieht oder weil er sich einfach dazu zwingt, das ist im Hinblick auf das Ergebnis (für die Allgemeinheit) einerlei. [II, 11]

Wer es liebt, sich im Üben bewußt zu werden, nähert sich der Erkenntnis; wer kraftvoll handelt, nähert sich liebevoller Beziehung; wer etwas vom Schämen weiß, nähert sich mutigem Handeln. [II, 12]

Das Wahre haben, ist der Weg des Himmels – zu diesem Wahren hingehen, ist der Weg des Menschen. Wer wahrhaftig ist, trifft das Rechte ohne Anstrengung: ohne hin und her zu sinnen, gelingt es ihm. Heilige Menschen sind die, die den rechten Weg mühelos treffen. Die zum Wahrhaftigen Hinstrebenden erwählen das Zutreffende, und sie halten an dem in sich Begründeten fest. [II, 19]

Nur wer es unter diesem Himmel erreicht, wahrhaftig zu sein, kann im Handeln seine Naturanlagen ausschöpfen – wer das mit seinen Naturanlagen vermag, der erst kann es mit denen der anderen. Wer die Naturanlagen der Menschen ausschöpfen kann, der erst kann es mit dem Naturgegebenen, und wer das kann, der vermag zu helfen beim Wandeln und Großziehen dessen, was des Himmels und der Erde ist. Wer das vermag, nimmt als Dritter damit teil an ihrem Wirken. [II, 22]

Das nächste ist, zu dem Einzelnen hinzugelangen, denn das Einzelne kann Wahrhaftigkeit haben. Als Wahrhaftiges hat es Form, als Geformtes kann es entfaltet werden, und im Entfalten wird es klar. [II, 23]

Wahrhaftigkeit ist der Dinge Anfang und Ende – ohne Wahrhaftigkeit gibt es diese nicht. [II, 26]

Daher ist das Hingelangen zur Wahrhaftigkeit ohne Ruhepause – in unermüdlichem Ringen um sie haben wir sie beständig. [II, 30]

– Wenn also der Edle sein Inneres überprüft und dabei alte Fehler nicht findet, vermag er sein Wollen nicht zu verabscheuen. [II, 60]

DAZU CHU HSI [1130–1200]:

« Chung » faßt [mit Bedeutungen wie « Mitte » und « Treffen » auch das « Sich-nicht-nach-der-Seite-Neigen », « Sich-nicht-Anlehnen »; es gibt dabei nicht ein « Überschreiten » und ein « Nichterreichen ». Erst im Vereinigen der beiden Bedeutungen erfaßt man den Sinn des Zeichens vollständig. Im Hinblick auf die gegebenen Ordnungen des Rechten Weges geht es um das Treffen des Zustandes « noch nicht entfachter » Ge

fühle, weshalb auch im Text zuerst davon gesprochen wird:
«Wenn Freude, Ärger, Trauer, Heiterkeit noch nicht entfacht wurden», und dann erst davon, daß «der Edle das beständig Anwendbare trifft», daß «er entsprechend den Zeitumständen trifft» ... Mein Lehrer sagte: «Derjenige, der dieser Schrift den Titel gab, verwurzelte sie in eben diesem Treffen des Rechten je nach den Zeitumständen.» Aber um fähig
zu sein, das Rechte zur rechten Zeit zu treffen, müssen wir uns
im Zustand nicht entfachter Gefühle befinden. Daher wird zuerst von dem Treffen dieses Zustandes gesprochen, und dann
erst davon, daß der Edle entsprechend den Zeitumständen trifft.

Die Bedeutung von «treffen» im Titel «Das beständig Anwendbare treffen» umfaßt auch das Treffen des rechten Maßes
der Gefühle, da wo sie zu Recht entfacht werden – damit sie
dieses Maß eben nicht überschreiten oder es womöglich nicht
erreichen. Daher sagt Chou Tzŭ: «Nur durch dieses Treffen
des rechten Maßes dringen wir unter diesem Himmel durch
zu dem Rechten Weg.» [XXIV, Chung Yung I, 1 a, b]

Für dieses Festhalten einer sogenannten Mitte müssen wir
die Zeitumstände dazu erkennen – falls wir sie vernachlässigen, verpassen wir, zu treffen ... Die Heiligen Menschen sind in
ihrem Rechttun feinsinnig; liebevolle Beziehung zu dem anderen ist ihnen etwas Vertrautes. Sie haben es nicht nötig,
ihre Absichten auf das Festhalten einer Mitte zu richten, weil
sie ganz natürlich das rechte Maß treffen und es nicht überschreiten. Bei der Bezeichnung «an der Mitte festhalten» ist
außerdem noch nie herausgewesen, was jene da wirklich festhalten! Ohne die bestimmten Zeitumstände zu kennen, kann
überhaupt nicht getroffen werden. Deshalb sage ich noch einmal und immer wieder: es handelt sich darum, den Zeitumständen zu entsprechen. Falls durch nachahmendes Üben bezüglich dieses Erkennens noch nichts erreicht wurde, falls die

gegebenen Ordnungen noch nicht klar erkannt wurden und
ein Schüler das, was er erstrebt, was er festhält, mit Mitte bezeichnet: was hat er denn da für eine Form, die er festhält?
Verpaßt er nicht immer mehr, je fester er hält? [XXIII, Mêng
Tzŭ IV, 16a, b]

Nur wenn etwas so einfach ist, daß es zu jeder Zeit wieder
paßt, wird es mit gutem Grund nicht verändert, wie zum Beispiel die Getreidearten als Nahrung, Baumwoll- und Seiden-
stoffe als Kleidung, während wir uns sonderbare Leckerbissen,
fremdartig Schmeckendes schon nach kurzer Zeit überessen,
ebenso wie uns Brokate, durchbrochene Seiden, Fransen und
Stickereien ständig getragen nicht mehr erfreuen. Darum ist
Yung jedwedes beständig Anwendbare, als bestimmte, in sich
begründete Ordnung gegeben. Falls jemand beständig Anwendbares durch und durch als immer wiederkehrende, bestimmt gegebene Ordnung verstanden hat, dann sieht er es
auch nicht mehr als etwas Gewöhnliches und Alltägliches an.
[XXIV, Chung Yung I, 1b–2a]

Zu der Frage einer Beziehung dieses Treffens und des «Wahrmachens der Absichten» sage ich: «Treffen» ist die Art und
Weise, wie auf dem Rechten Wege die gegebenen Ordnungen
getroffen werden. «Wahrmachen» betrifft die Verwirklichung
der gegebenen Ordnungen auf dem Rechten Wege, und daher
bezeichnen auch «Treffen» und das «Wahrmachen» dasselbe.
Und zu der Frage nach der Beziehung des «Wahrmachens»
mit der «Erkenntnis», «liebevollen Beziehung zu dem anderen» und dem «Mut» sage ich: die drei betreffen Qualitäten
einer Aktion, und das «Wahrmachen» betrifft ihre Verwirklichung im rechten Handeln, die sie benötigen, um vorhanden
zu sein. «Chung Yung» (beständig Anwendbares treffen) ist
auch nur eine Sache. Entweder man sieht darin das Treffen
oder das, was getroffen wurde: eben das beständig Anwendbare.

Wenn es ein außergewöhnlich heißer Sommertag notwendig macht, etwas Kaltes zu trinken und an einen kühlen Ort
zu gehen, kühlende Leinenkleider anzuziehen und sich zu fä-
cheln, und man handelt entsprechend, so ist das dieses «Treffen»: es ist einfach, es paßt unter gleichen Umständen immer
wieder. Oder, wenn es die kälteste Zeit im Winter notwendig
macht, heiße Suppen zu essen und da hinzugehen, wo wir in
gefütterten Pelzkleidern in einem kleinen Zimmer am Ofen
sitzen können, so ist das zu tun auch dieses «Treffen», es ist
einfach, es ist zu jeder Zeit wieder passend. Wer sich in größter Sommerhitze in gefütterten Pelzkleidern an den Ofen setzt
und sich in der kältesten Jahreszeit draußen fächelt, der verhält sich absonderlich – er trifft daneben.

Zu der Frage, wie man das ständige Sichverändern des
Rechten Weges in Zusammenhang bringen soll mit dem Treffen von beständig Anwendbarem, sage ich: das, was als beständig angesehen wird, wird als beständig angesehen, weil es
gerade so recht ist, wie es ist. Doch sobald sich Umstände ergeben, in denen es sich nicht mehr als das Rechte bewahren
läßt, dann bleibt nichts anderes übrig, als es zu verändern.
Wenn wir unter solchen Umständen an vormals Bestimmtem
festhalten, so erlangen wir damit gerade nichts Beständiges.
Erst wenn etwas in Übereinstimmung mit den gegebenen
Ordnungen umentwickelt und neu entschieden wird, daß
jetzt so und so zu verfahren ist, hat man wieder etwas so Beständiges, wie es zuvor das Alte war. [XXIV, Chung Yung I,
Tsung Lun 2a–3a]

DAZU WANG YANG-MING [1472–1528]:

Auf die Frage, ob «Festhalten des zu Recht Getroffenen»
(«Chung» = «Mitte» ist so gesehen dasselbe wie das
«Schwarze», wenn wir sagen: «Er hat ins Schwarze getrof-

fen») ohne passendes Abwägen das gleiche sei wie das Festhalten einseitiger Ansichten, sagte der Meister: «Das ‹zu
Recht Getroffene› ist eine vom Himmel gegebene Ordnung,
aber gerade dieses Rechte wandelt sich: mit den jeweils gegebenen Umständen verändert es sich – wie sollte es überhaupt
festgehalten werden können? Wir müssen doch mit der Zeit
gehend festsetzen, wie etwas jetzt sein sollte.» [Vgl. Chung
Yung 7: Das beständig Anwendbare des Edlen! Der Edle
trifft es entsprechend den Zeitumständen.]

Es wird sich schwerlich im voraus festsetzen lassen, wie das
rechte Verhalten sein soll. Wenn Konfuzianer ihre Wegordnungen ohne Riß und ohne Lücke im einzelnen erklären und
ein festes Muster des Verhaltens aufstellen, das ist: Festhalten
an einseitigen Ansichten. [Shang 28 b–29 a]

Wer das erkannt hat, der weiß, wie der Zustand noch nicht
entfachter Gemütsbewegungen zu treffen ist: diese ausgeglichene Gemütsverfassung wie in unbewegten Zeiten! Aber es
gibt außerdem noch Zustände, in denen sich Gemütsbewegungen zu Recht entwickeln, ihn denen Ausgeglichenheit eben
durch das Treffen ihres rechten Ausmaßes gefunden wird. Zustände, in denen man von etwas angerührt wird und diese
Sache bis in ihre Feinheiten verfolgt. Wenn aber jemand sagt,
das «Bessere Wissen» habe sich beständig eine Verfassung zu
bewahren, als ob durchaus nichts vorläge, so sage ich: gerade
das ist noch fehlerhaft. Denn obwohl das «Bessere Wissen»
durch Freude, Zorn, Kummer und Angst nicht in seinem Urteil gehindert wird, so sind diese Gemütsbewegungen doch
nicht außerhalb seines Wirkungsbereiches. Fähig zu sein, Zurückhaltung und Vorsicht zu bewahren in bezug auf das, was
nicht anschaubar ist, und Bedenken und Scheu zu haben in
bezug auf das, was nicht zu vernehmen ist, das gehört zu dem
Wirken des «Besseren Wissens». [Chung 38 a–b]

Der Rechte Weg des umfassenden Bewußtwerdens liegt im Sichtbarmachen des klargewordenen Wirkens im Guten – im Anhalten bei dem erreichten Zutreffenden. Wer erkennt, wo er anzuhalten hat, hat damit erst Bestimmtheit.

Erst mit der Bestimmtheit kann man ruhig werden; erst aus solcher Ruhe fühlt man sich wohl, und erst aus solchem Wohlfühlen kann planendes Überlegen entstehen, und erst, wenn man auf diese Weise planend überlegt, kann man etwas erreichen.

Die Dinge haben ihre Wurzel und ihre Verzweigungen, und die Angelegenheiten haben ihren Abschluß und ihren Beginn. Wer das Vorausgehende und das daraus Folgende erkennt, nähert sich damit dem Rechten Weg ... Wer seine Familienverhältnisse ordnen möchte, hat zuerst seine Person auszubessern. Wer seine Person ausbessern will, hat sich zuerst nach der im Herzen (vernehmbaren Stimme des Gewissens, als vom Himmel gegebener Richtschnur) auszurichten. Wer sich nach der Stimme seines Herzens ausrichten will, hat zuerst seine Absichten wahrzumachen. Wer seine Absichten wahrmachen will, hat zuerst sein Erkennen zum Ankommen zu bringen, und dieses Zum-Ankommen-Bringen liegt in der Art, wie man zu den Dingen gelangt.

Ist man zu den Dingen gelangt, ist damit dann das Erkennen angekommen. Ist das Erkennen angekommen, werden damit dann die Absichten wahrgemacht. Mit dem Wahrmachen der Absichten ist dann das Herz nach dem Geraden ausgerichtet. Und wenn das Herz so nach dem Geraden ausgerichtet ist, werden dadurch (die Naturanlagen der) Einzelperson ausgebessert, und dann läßt sich die Familie ordnen.

Vom Sohn des Himmels bis zu jedem einfachen Mann im Volke, für alle ist das so geartete Ausbessern der Person die

Wurzel (des rechten Erkennens und Handelns). Wenn etwas an den Wurzeln in Unordnung ist, daß dann die Verzweigungen bis in ihre Spitzen geordnet sind, so etwas gibt es nicht. [I, Ta Hsüeh]

Die Inschrift auf der Badewanne des Shang-Herrschers T'ang [1766–1760 v. Chr.] lautete: «Falls täglich neu, dann auch tagtäglich neu und immer wieder täglich von neuem.» – In der Belehnungsansprache des Prinzen von K'ang [Shu Ching IV, 97] heißt es: «Mache ein neues Volk aus ihnen.» – Im Buch der Lieder [III, 1, 1, 1] heißt es: «Obwohl Chou ein alter Staat ist, ist das Bestimmte immer wieder neu» – daher verwendet auch der Edle seine ganze Kraft darauf, sich täglich zu erneuern. [II, Ta Hsüeh]

Mit dem Wahrmachen der Absichten ist gemeint, sich nicht selbst zu betrügen – so wenig wie bei dem spontanen Verabscheuen schlechten Geruches oder wie bei der spontanen Liebe zu schönen Farben. Auf diese Weise werden wir durch uns selbst heiter: aus diesem Grunde achtet der Edle unbedingt auf sein Alleinsein. Der Kleine Mann tut das Nichtzutreffende, wenn er allein ist – und kennt keine Grenzen. Trifft er auf einen Edlen, so ekelt ihn sein eigenes Tun, er verdeckt das Nichtzutreffende und entfaltet sein Bestes. Der Mensch sollte sich aber so ansehen, als ob er sich in die Eingeweide sähe. Und was ist der Vorteil? Der heißt: wahrhaftig werden bis ins Innerste und ihm nach außen Form geben können – daher ist der Edle bedacht auf sein Alleinsein. [VI, Ta Hsüeh]

Das Ausbessern der Fehler an der eigenen Person im Geraderichten nach (der Stimme des) Herzens bezieht sich auf folgendes: wer über etwas zornig oder ärgerlich ist, kommt nicht zu einem geraden Urteil, wer vor etwas Angst oder Scheu hat, kommt nicht zu einem geraden Urteil, wer etwas liebt oder voller Freude ist, kommt nicht zu einem geraden Urteil. – Wer das Herz nicht (stets als klaren Spiegel) bewahrt, (dadurch, daß er auf die zu dem Gegebenen sprechende, das Wahrgenommene wie das Beabsichtigte überprüfende Stimme des Gewissens hört), der sieht zwar hin, aber er nimmt das zu Sehende nicht wahr, der hört zwar hin, aber vernimmt nicht den Ton, der ißt, aber erkennt dabei nicht den Geschmack. So liegt das sogenannte Ausbessern der Person im Ausrichten des Herzens nach dem Rechten. [VII, Ta Hsüeh]

Wenn es also heißt: das Ordnen der Familie beginnt mit dem Ausbessern der Fehler der eigenen Person, so deshalb, weil der Mensch leicht voreingenommen ist, wenn er verwandtschaftlich oder überhaupt liebt, wenn er gering schätzt oder verabscheut, wenn er fürchtet oder achtet, wenn er bedauert oder bemitleidet, wenn er herabsieht oder nachlässig ist. Daß an geliebten Dingen das Verabscheuenswerte, an gehaßten das Treffliche erkannt wird – ist selten. [VIII, Ta Hsüeh]

DAZU CHU HSI [1130–1200]:

GEGEN DIE ÜBERBETONUNG ABSTRAKTER LEHRWEISE

Alles, was von der wirklichen Situation aus verstanden wird, das ist gerade recht – es ist nicht nötig, besonders darauf aus zu sein, Abstraktes zu verstehen. [VII, Ta Hsüeh I, 1 a]

Das «Umfassende Bewußtwerden», so wie es als Text vorliegt, ist etwas Hohles, und daher muß es heutzutage von den Lehrenden ganz besonders am Wirklichen entfaltet werden. Wenn also einer über das «Zu den Dingen gelangen» spricht, so muß er es erst selbst tun, um es am Wirklichen als etwas Erfülltes zu zeigen, und wenn er über das «Wahrmachen der Absichten» spricht, so muß er die eigenen zuerst wahrma-

chen, und damit hat er dann dieses Hohle mit seiner Wirklichkeit belehrend erfüllt. [VII, Ta Hsüeh I, I b]

Heutzutage üben die meisten, um etwas bei anderen zu
gelten, und daher wird dann meistens das «Umfassende Bewußtwerden» gelesen und nachgeschlagen, wie es die Alten
auffaßten. Das Wichtigste, meine Herren, scheint doch zu
sein, zu klären, daß sie nicht für die vergangenen Generationen,
sondern für sich selbst zu üben wünschen. [VII, Ta Hsüeh I, 2a]

«Zu den Dingen gelangen» – diese Zeichen zeigen nur den
Anfang jedes Weges – aber nur wer selbst zu einem Ding gelangt, hat es erst. [VII, Ta Hsüeh I, 3 b]

Als Wurzel des Erkennens hat jeder nur die Stimme seines
Herzens. Wenn er sie pflegend erhalten hat, so wird sie zu den
gegebenen Angelegenheiten und den Dingen sprechen, und
zugleich wird ein solcher die Zusammenhänge erkennen, in
die das Vorliegende jeweils verwoben ist. [VII, Ta Hsüeh I, 4a]

Früher wurde bei Kleinigkeiten, die das Leben angenehm
machen, angefangen zu üben. Ob es nun hieß, sich beim
Wahrnehmen nicht zu täuschen oder beim Reinigen und Fe-
gen allem in jeder Richtung zu entsprechen – es wurde der
Jugend in den unteren Klassen gelehrt, bei allem wahrhaftig
und achtsam zu sein. Heutzutage wird in den unteren Klassen
nicht mehr dasselbe wie früher gelehrt, vielmehr strebt man
gleich darnach, mit Texten wie dem «Umfassenden Bewußtwerden» zu beginnen. Falls man durch die heutige Art und
Weise zu einem Ding kommt und selbst nicht wahrhaftig und
achtsam ist, so kommt man eben doch nicht wirklich bei ihm
an. Also war es vergebens. Wie soll man etwas erlangen, wie
zu erarbeiteter Leistungsfähigkeit kommen? Wenn meine Lehrer Ch'êng Hao [1032–1085] und Ch'êng I [1033–1107] gesagt
haben, die Hauptsache sei die Achtsamkeit, so kann man ei-

nen solchen Ausspruch auch in seiner ganzen Tiefe auffassen oder nur nachreden. Was heute so gemacht wird, da fehlt vor allem der völlige Willenseinsatz, (sich von Ichbezogenheit zu befreien), und wenn man diesen Willen nicht einsetzt, wie soll man da überhaupt etwas lernen? [IX, Ta Hsüeh III, 19 a–b]

Des Menschen Herz ist wie ein Spiegel. [vgl. Hsün Tzǔ S. 57]. Abbilder hat es vor der Begegnung noch nicht – wenn Dinge und Angelegenheiten kommen, dann erst spiegelt sich wahrnehmbar das Schöne und Häßliche. Falls aber schon ein Abbild in dem Spiegel ist, wie sollte er dann noch etwas spiegeln! Des Menschen Herz ist ursprünglich wasserklar und leer. Wenn Dinge und Angelegenheiten kommen, wird es von ihnen angerührt und entspricht ihnen. [VIII, Ta Hsüeh II, 30 a–b]

BEHINDERUNG DURCH ÜBERSCHATTUNGEN

Alle Menschen haben einmal eine Erleuchtung, aber sie überschatten sie durch das Streben nach besonderen Dingen – wenn das erst ausgemerzt ist, dann klärt sich alles vom Orte ihrer Erleuchtung aus. Aber die Voraussetzung ist, daß mit dem ankommenden Erkennen die Dinge wirklich erlangt werden, dann werden Fortschritte gemacht – ganz gleichgültig, um welchen Erkenntnisgegenstand es sich handelt. [VII, Ta Hsüeh I, 4 a]

Wenn wir tief im Innern Schmerz empfinden beim Unglück eines andern, uns bei Bösem schämen, nachgeben und andern den Vortritt lassen, Rechtes und Nichtrechtes unterscheiden, so kommt dies alles erst aus unserem Herzen, wenn es von einem bestimmten Ding angerührt wurde – nur das bestimmte Ding löst diese Gefühle aus. Wie kommt es aber zu unklarem Urteil? Der Grund ist: das Begehren nach Dingen wirkt überschattend, und daher wandeln sich klare Bilder in unklare – so wie auch ein ursprünglich klarer Spiegel sich durch äußere Dinge beschlägt und dann erst nicht mehr klar ist. Aber auch hierbei braucht man nur eine kleine Weile zu reiben, und dann ist er wieder klar. [VII, Ta Hsüeh I, 4 b.] [Vgl. Hsün Tzŭ S. 59]

ÜBERWINDUNG DER ÜBERSCHATTUNGEN

Auch in den Zeiten der Überschattungen sind im Herzen alle ihm als Gerät dienenden Ordnungen vorhanden; aber in diesen Zeiten der Trennung durch Überschattung ist das Herz für sich und sind die Ordnungen für sich: beide sind nicht aufeinander bezogen. Falls wir zu einem Ding noch nicht hingelangt sind, empfinden wir seine Ordnung als etwas, zu dem das Herz nicht in Wechselbeziehung steht: sie scheint uns außerhalb zu liegen – weil sie dem Herzen verborgen ist, haben wir sie nicht. Aber wenn wir zu einem Ding hingelangt sind, da empfinden wir auf einmal: jedes Dinges Ordnung ist ursprünglich in unserem Herzen. Seht her, daß wir eine Ordnung als wie in unserem Herzen empfinden, ist nicht nur so zu erklären: solange wir etwas noch nicht erkannt haben, haben wir dieses Bewußtsein einer Einheit nicht, und sobald wir erkannt haben, haben wir es – sondern es ist so zu erklären: erst, wenn wir das Gefühl einer getrennten Außen- und Innenwelt überhaupt gar nicht mehr haben [vgl. S. 148 u. 149], wie könnten wir dann etwas als von uns getrennt ansehen! [VII, Ta Hsüeh I, 28 b]

Beständig mit den Augen anwesend sein, das ist wirklich ganz ausgezeichnet gesagt! Es geht eben nicht darum, ein bestimmtes Ding beständig vor Augen zu haben, das wir sehen könnten, sondern darum, beständig unser Herz wachsam zu bewahren. Wem diese Wegordnung einmal helleuchtend klar geworden ist, der kann, auch wenn er beschaulich sitzend Dingen nicht begegnet, diese Ordnungsweise so stärken, daß er

frisch, rein und klar wahrnimmt beim Begegnen von Angelegenheiten. In dieser Weise ihnen entsprechend, wird ihm auch
ihre Entwicklung je nach den Umständen sichtbar. Es gilt nur,
uns beim Untersuchen immer wieder wachzurütteln und diesen
Satz: Beständig mit den Augen anwesend sein, nicht zu vergessen. Pflegen wir unser Herz lange so, dann werden die gegebenen Ordnungen immer klarer, und wir können sie gar
nicht mehr vergessen – auch wenn wir wollten. Mêng Tzŭ
sagt: «Als Weg für Bildung gibt es nur das Streben, diese (zuweilen) verbannte Stimme unseres Herzens wieder aufzusuchen.» [VIII, Ta Hsüeh II, 1 a–b]

FEINSINNIGE WAHRNEHMUNG ALS QUELLE
DES ENTSCHLUSSES UND DER BESTIMMTHEIT

Wenn Mêng Tzŭ von den Umständen spricht, wie es auf die
anderen wirkt, wenn ein kleines Kind auf den Brunnen zurennt, so macht er das soeben Gesagte deutlich: Menschen,
die zusammen wahrgenommen haben, wie ein Kind auf den
Brunnen zurennt, können auf Grund dieser gleichartigen
Wahrnehmung zu dem gleichen Entschluß kommen. Dadurch
wird weiterhin klar, warum – wenn es darum geht, daß die
Stimme des Herzens in höchster Feinsinnigkeit antworten
sollte – diese Stimme zuweilen nicht vernommen wird: sie
wurde dann durch unrichtige Gefühlsaufwallung überdeckt
oder durch das Streben nach bestimmten Dingen in Verwirrung gebracht. [VII, Ta Hsüeh I, 5 a]

Auch bei der Bestimmtheit, (die der Mensch durch seine
Erkenntnisaktivität erreicht), gibt es eine oberflächliche und
eine tiefgründige. Falls der Lernende in planendem Überlegen
vermutungsweise etwas festsetzt, so ist das zwar Bestimmtheit (– aber von ihm gesetzte –), falls aber die Wegordnungen
durch alles hindurch gesehen wurden und dabei jeweils bei

dem Gegebenen haltgemacht wurde, so ist das ebenfalls Bestimmtheit – aber auf einer höheren Ebene.

Falls man Bestimmtheit durch Begegnen mit den gegebenen Ordnungen erreicht, wird das Herz ruhig, und falls es sich
nicht um diese Bestimmtheit handelt, schwankt die Stimme
des Herzens. [VII, Ta Hsüeh I, 9a]

BESTIMMTHEIT UND WOHLFÜHLEN

Die Schriftzeichen für Bestimmtheit, Ruhe, Wohlfühlen bezeichnen Artverwandtes ... falls man die Bestimmtheit der gegebenen Ordnungen hat, fallen Belästigungen durch Zusam-
menleimen fort: man ist auf natürliche Weise ruhig und fühlt
sich auf den gegebenen Ordnungen fußend unter allen Umständen wohl. [VII, Ta Hsüeh I, 10a]

Bei diesem Anhalten im Erkennen und der darauf folgenden
Bestimmtheit geht es zu wie beim Wandern: wenn wir erkannt haben, welchem Weg wir folgen wollen, dann hat das
Herz natürliche Bestimmtheit ohne jedes Zweifeln, und weil es
diese Zweifel nicht mehr gibt – Ruhe. Mit dieser Ruhe ist das
Herz an etwas gebunden, und wir fühlen uns wohl. So erst
kann das Herz sich auf eines richten, so erst kann es zu den
Dingen gelangen. Dann erst gibt es auch für das planende
Überlegen nichts, was es nicht durchdringt. Wenn das Herz
nicht diese Ruhe hat und wir uns nicht wohlfühlen, entsteht
nur Durcheinanderdenken – wer könnte unter solchen Umständen planend überlegen! [VII, Ta Hsüeh I, 10a]

ZU DEN DINGEN GELANGEN

Was es heißt, zu den Dingen zu gelangen, das muß man von
den einzelnen Umständen ausgehend verstehen, und warten,
bis sich bei einem selbst Bestimmtheit im einzelnen angehäuft
hat – darauf wird man allmählich immer weiter vordringen
und die Fähigkeit erwerben, zu den Dingen zu gelangen.

«Zu den Dingen gelangen», diese Schriftzeichen sind gut gewählt. Mit «Dingen» werden Dinge und Angelegenheiten bezeichnet. Man muß bis zum äußersten die Ordnungen der Angelegenheiten und Dinge erforschen – bis man sie erschöpft hat. Findet man Einzelheiten, denen man zustimmt und die man ablehnt, so gilt es eben alles das zu tun, dem man zustimmt, und nicht das, was man ablehnt. So muß jeder mit seinem Herzen, mit seiner Person seine einzelnen Urteile verkörpern. [VII, Ta Hsüeh I, 14 b]

Ob wir in Ruhe oder in Bewegung sind, wohnen, essen, trinken oder sprechen – das alles sind unsere Angelegenheiten: für jede gibt es eine vom Himmel gegebene Ordnung und das menschliche Begehren. Dieser Unterschied muß im einzelnen erfahren werden. Selbst im Sitzen an einem ruhigen Ort läßt sich der Unterschied von achtsam und zügellos erfahren – achtsam begegnen wir der vom Himmel gegebenen Ordnung, zügellos ist das menschliche Begehren. Im Familienleben zu Hause läßt sich der Unterschied von ehrerbietig und nicht ehrerbietig erfahren, und beim Erledigen von Angelegenheiten der Unterschied von achtsam und achtlos sein. Es gibt Leute, die wollen, ohne sich zu bewegen, in Ruhe verstehen, und sobald sie dann einer Angelegenheit entsprechen, gerät das zu abstrakt Verstandene durcheinander; wenn es dahin gekommen ist, wird auch ihre Scheinruhe zerstört. Wieder andere wollen nur die vorliegenden Angelegenheiten verstehen und haben sich nie an deren eigentliche Wurzeln herangearbeitet, und doch muß jeder alles selbst bis aufs letzte durchdringen – das Äußere wie das Innere. Wer von liebevoller Beziehung zu dem anderen ausgeht, wird dann von selbst das Rechte tun können. [VII, Ta Hsüeh I, 17 b–18 a]

Falls jemand zutreffend zu handeln begehrt und darin von Absichten, nicht zutreffend zu handeln, behindert wird ... so kommt das daher, weil sein Erkennen nicht ins einzelne ging, und daher willigt sein Herz nicht ein, zutreffend zu handeln. [VIII, Ta Hsüeh II, 11 b]

DIE AKTIVITÄT DES ERKENNENS UND IHRE BEZEICHNUNG

«Ankommen des Erkennens» und «Zu den Dingen gelangen» sind nur eine Aktivität. Es ist nicht etwa so: heute gelange ich zu den Dingen, morgen kommt das Erkennen an. Sondern von den gegebenen Ordnungen ausgehend, spricht man von «zu den Dingen gelangen»; vom Herzen ausgehend, spricht man von «Ankommen des Erkennens». [VII, Ta Hsüeh I, 21 b]

ÜBER DAS ERKENNEN DER GEGEBENEN ORDNUNGEN

Die in unserm Herzen gegebenen Ordnungen und die in den Dingen sind ständig in Verbindung. Wenn wir die in den Dingen gegebene Ordnung als so und so erkannt haben, so deshalb, weil wir dieser gegebenen Ordnung von selbst entsprechen können, und daran gerade wird auch die Verbindung der in uns gegebenen Ordnung und der in den Dingen sichtbar. Alle Angelegenheiten und Dinge vor unseren Augen haben unmittelbar einleuchtende Ordnungen – Gräser und Bäume, Vögel und Tiere, alle haben sie ihre Ordnungen. Gräser und Bäume wachsen im Frühling und sterben im Herbst; wir lieben das Leben und verabscheuen das Sterben ... Und daß wir mit den andern Lebewesen gleichartigen Atem haben und zu demselben Ganzen gehören, läßt sich aus folgendem erkennen: wenn wir den Todesschrei eines Tieres gehört haben, ertragen wir es nicht, das Fleisch zu essen – auch nicht, zu unrechter Zeit Holz zu fällen, trächtige Tiere zu töten, junges Leben nicht zu schonen, Nester umzustürzen – das erklärt sich alles aus dem Verwobensein der gegebenen Ordnungen in den Dingen und in uns. [VII, Ta Hsüeh I, 21 b–22 a]

Die gegebenen Ordnungen in den Dingen sind unendlich: beim Erklären des Sinns von Gelesenem liegt die Ordnung in dem zu lesenden Buch. Wenn ich über den Unterschied des Urteils und des schiefen Urteils von Verstorbenen oder Zeitgenossen spreche, so ist die Ordnung in diesen Verstorbenen, in diesen Zeitgenossen enthalten. Falls ich Angelegenheiten und Dingen begegne und sie in Beziehung setze, um dann untersuchend zu entscheiden, was recht ist, dann ist die Ordnung dafür in der Art enthalten, wie ich den Angelegenheiten und Dingen begegne, wie ich sie aufeinander beziehe.

Träger äußerer Ordnung kann nicht immer wieder dasselbe Ding sein, und so läßt sich das Hingelangen zu den Dingen auch nicht von einer Seite aus erschöpfen ... Vielmehr müssen wir heute an ein Ding kommen und morgen wieder, und wenn sich die Begegnungen durch das Üben häufen, dann wird der Faden, an dem sie aufgereiht sind, plötzlich sichtbar. [IX, Ta Hsüeh III, 13 b]

Auch Ch'êng Hao [1032–1085; Philosoph, Lehrer von Chu Hsi] sagt: «Erforschen der naturgegebenen Ordnungen heißt nicht unbedingt, alle Ordnungen unter dem Himmel erforschen, und auch nicht, wer eine erforscht hat, ist damit am Ziele. Aber wer viel aufhäuft, dem wird dabei von selbst vieles bewußt, für das er dann eben auch die Situation findet ...» Wenn gesagt wird, wenn ich mich meiner Person zuwende, um wahrhaftig zu werden, so gibt es nichts, das sich nicht in mir befände – so ist das auch nicht etwa so zu verstehen: wer schon sechzig von hundert Teilen einer gegebenen Ordnung begegnet ist, kann sich die restlichen vierzig ohne Begegnung ergänzen – nein, es ist wie zuvor: Bestimmtes befindet sich an bestimmtem Ort ... Aber wer zum Beispiel die Wegordnung für Kindesehrfurcht ausgeschöpft hat, kann diese Fähigkeit, «etwas aus innerstem Herzen zu tun», auf den Vorgesetzten übertragen und von hier auf das Verhältnis zu Brüdern, zum Ehepartner und zu Freunden ausdehnen, weil mit jener Fähigkeit der Anfang für das Ausschöpfen unendlicher Vielfalt gemacht ist. [IX, Ta Hsüeh III, 14 b–15 b]

Alle Dinge haben ihre gegebenen Ordnungen, sie alle entspringen aus einer Quelle – aber die Stellung, die jeder einzelne in dem Ganzen einnimmt, ist verschieden, und daher sind es auch die Funktionen der einzelnen. So sollte sich zum Beispiel dieselbe Ordnung bei dem Vorgesetzten als liebevolle Beziehung und bei dem Untergebenen als Achtsamkeit, bei dem Sohn als Kindesehrfurcht und bei dem Vater als Milde zeigen. In dieser Weise ist in allen Dingen eine Ordnung vorbereitet, und jedes Ding leistet auf Grund der ihm gegebenen Ordnung Verschiedenes – aber es gibt nichts, was nicht von einer solchen gegebenen Ordnung durchströmt würde. Die heiligen Menschen erforschten deshalb die gegebenen Ordnungen, erschöpften ihre Naturanlagen und gelangten so zu dem vom Himmel Bestimmten. [IX, Ta Hsüeh III, 16 a]

Das Ankommen des Erkennens entwickelt sich mit dem Wahrmachen der Absichten gleichzeitig während der Arbeit, bis diese vollendet ist. [VII, Ta Hsüeh I, 26 a]

Was unter «Ankommen des Erkennens» und «Zu den Dingen gelangen» zu verstehen ist, darüber habe ich im Vorhergehenden schon ausführlich gesprochen. Nun kommt hier ein Brief, aus dem ich ersehe, daß ich über die Zeichen «Ko» [Ordnend zu etwas hingelangen] und «Chih» [Ankommen] vielleicht doch noch nicht ausführlich genug gesprochen habe. Wenn jemand «Ko» anstatt mit «Ordnend zu etwas hingelangen» mit «Ordnen nach Gesetzen» erklären will und an dieser Auffassung festhaltend danach strebt, die Dinge unter diesem Himmel zu ordnen, so hat er noch nicht erforscht, was naturgegebene Ordnungen sind – sein Erkennen ist eben noch nicht angekommen. Er hat nicht erkannt, was nach einer Richtform handeln, was sie festhalten ist – er weiß nur davon, bestimmte von Menschen festgelegte Gesetze zu beachten. [VII, Ta Hsüeh I, 28 a]

DAHINTRÄUMEN UND BEWUSSTWERDEN

«Mit dem Erkennen ankommen» heißt nicht etwa, etwas erkennen, was andere nicht wissen, sondern es handelt sich dabei um Dinge, die jeder in gleicher Weise vor Augen hat, und dazu gehört auch die Wahl zwischen dem rechten Tun und dem gewinnbringenden. Wenn einer gestern gesehen hat, was er hätte tun müssen, aber sagen muß, daß er es noch nicht getan hat, so schadet ihm das noch nicht; aber ein solcher ist damit weder zu den Dingen gelangt noch mit dem Erkennen angekommen. Wer heute sieht, was er tun müßte, und es ganz entschieden tut, wer heute etwas Gewinnbringendes sieht, das man nicht tun darf, es unter allen Umständen nicht tut und es dabei wagt, sich nur auf das Urteil seines Herzens zu verlassen, der ist zu den Dingen gelangt, der ist mit dem Erkennen angekommen.

Erkennen, wo anzuhalten ist, das bezieht sich auf die Angelegenheiten, das Ankommen des Erkennens auf die Aktivitäten des Herzens. [VII, Ta Hsüeh I, 27 a–b]

ÜBERPRÜFUNG DER GEFÜHLSAUFWALLUNGEN

Im Altertum war schon in den Übungen der Kleinen die Selbstüberprüfung der Gefühlsaufwallungen mit einbegriffen; daher konnte im Verlauf des «Umfassenden Bewußtwerdens» damit begonnen werden, zu den Dingen zu gelangen. Die Menschen von heutzutage, bei denen diese grundlegende Arbeit fehlt, sehen nun, daß als erster Schritt in dem «Umfassenden Bewußtwerden» das «Zu den Dingen gelangen» angesehen wird, und folglich erstreben sie diese Aktivität durch Nachdenken und planvolle Erkenntnisübung. Sie arbeiten überhaupt nicht daran, ihre Gefühlsaufwallungen in Schranken zu halten und ihr Herz achtsam zu bewahren: selbst wenn sie alles restlos erforschten, so fehlt ihnen doch der wirkliche Boden, auf den sie sich stützen könnten. [VII, Ta Hsüeh II, 9 a–b]

ÜBER DEN SELBSTBETRUG

«Wenn Sie davon sprechen, wie im Innern eine Schicht noch nicht durchdrungen ist, so heißt das nur anerkennen, wie Sie mit Gewalt etwas unterdrücken, daß Sie eben nichts von der ursprünglichen Arbeit wissen, die mit den Worten gefaßt wird: ‹Seine Absichten wahrmachen ohne den geringsten Selbstbetrug›. Das betrifft die feinsinnigsten Umstände aller von Heiligen Menschen gesagten Worte – es betrifft die feinste Spitzenführung (wie beim Fechten). Das von Ihnen Gesagte ist grobe Arbeit mit einem Holzknüppel. Sie wollen zu hart mit aller Anstrengung vorgehen, so als ob man Wasser kocht – dabei kommt doch auch der ganze Satz mit hoch, und erst, wenn er sich gesetzt hat, läßt sich wieder das beständig Anwendbare größter Wahrhaftigkeit treffen.» [VIII, Ta Hsüeh II, 23 b]

Es gibt nur eine Stimme des Herzens, das ist die wahrhaftige, solange es noch zwei gibt, ist Selbstbetrug beigemischt. [VIII, Ta Hsüeh II, 24 a]

Dann gibt es noch die Art von Selbstbetrug, bei dem ein Auge zugedrückt wird: zum Beispiel wenn ein Mensch sagt, er habe einen Pikul Reis, von dem aber schon ein Scheffel fehlt. Dieser fehlende Scheffel ist die Wurzel zum Selbstbetrug. Ob er vor sich in dieser Weise etwas vertuscht oder andere Leute damit hineinlegt: beides ist Selbstbetrug; wie es ebenso Selbstbetrug ist, wenn jemand etwas Zutreffendes tut, selbst erkennt, daß er sich dabei nicht zufrieden fühlt, es aber nicht nur nicht ausspricht und überdeckt, sondern sich eisern vorspricht: ich habe recht gehandelt. Alles das gehört dazu, wenn eben ein leeres Gutsein ein wirkliches Schlechtsein nur überdeckt. [VIII, Ta Hsüeh II,25a]

Das Herz ist ursprünglich das umfassendste aller Dinge; nur wird es durch Gewissensbisse und Scham eingeengt, und dadurch wird es in allem gehindert. Auch wenn man nur eine Seite sieht, kann sich sein ursprünglicher Organismus nicht voll entfalten. [VIII, Ta Hsüeh II,26a]

Bei denen, die sich selbst betrügen, ist es nicht etwa so, daß sie das Zutreffende nicht tun und das Schlechte nicht zurückweisen wollen, sondern obwohl gute Absichten sich entwickelt hatten, waren Gedanken vorhanden, die ihre Bewegungen festhielten. [VIII, Ta Hsüeh II,13a]

Es gibt Menschen, die ihr ganzes Leben zutreffend gehandelt haben und dennoch sich selbst betrügen; denn im Herzen hatten sie dabei beständig ein Nichtzustimmen ... Mêng Tzŭ sagte hierzu: «Wenn unser Handeln uns nicht erfreut und uns unzufrieden läßt, so verhungert unser uns zu Großem beschwingende Lebensodem.» [VIII, Ta Hsüeh II, 14a–b]

SUBJEKTIVES UND OBJEKTIVES ORDNEN

Wir haben nur zwei Herzensaktivitäten: eine bejahende und eine verneinende. Wenn wir gerade das Verneinen erkennen, so ist das, was unser Verneinen erkennt, die bejahende Aktivität. Wenn nun in weiterer Folge die unser Verneinen erkennende Aktivität das Verneinte ordnet, so ordnet sie es subjektiv. Nur das Verneinen war objektiv. Wenn nun objektiv Erkanntes subjektiv geordnet wird, so darf dabei wahrzunehmendes Verneinen ja nicht übergangen werden. [IX, Ta Hsüeh III, 2a–b]

AUS YANG HSIUNGS FA YEN,
WORTE ÜBER DIE RICHTFORM
[53 v. Chr.–18 n. Chr.]

DER WANDEL DES
NACHAHMENDEN ÜBENS · HSÜEH HSING

Der Himmel läßt sich herab, auf daß das Volk geboren werde.
Es gibt einfältige Menschen und solche, die besondere Belehrung empfangen haben. Solche, die ihren Gefühlen und Anlagen freien Lauf lassen, und so kluge, die die gegebenen Ordnungen ohne Belehrung begreifen. Wenn man über den Wandel des nachahmenden Übens berichtet, so steht dabei das
rechte Handeln an erster Stelle, und dann erst folgen die Worte; die Belehrung durch andere Menschen kommt dann erst.
Bei wem nichts von dieser Art erfolgte, der gehört zur Masse
des Volkes ... Man übt, um bei sich und anderen ordnen zu
lernen; man denkt nach, um das Wesentliche zu erkennen, und
man hat seine Freunde, um durch sie geschliffen zu werden ...

Die Ströme haben ihren Abfluß und die Berge ihre Erhe-
bungen; so sind sie erhaben und groß: damit kann sich der
Mensch der Masse nicht vergleichen ...

Was das nachahmende Üben betrifft, so geht es da um das
Ausbessern der Naturanlagen. Sehen, Hören, Sprechen, Haltung, Nachdenken sind alle als Naturanlage vorhanden –
durch nachahmendes Üben werden diese Anlagen nach dem
Rechten ausgerichtet ... Es sich zur Pflicht machen, nachahmend zu üben, reicht nicht, einem Lehrer nachzustreben;
denn ein Lehrer ist für einen jungen Menschen das Vorbild ...
Was das nachahmende Üben betrifft, so erstrebt man, dadurch
ein Edler zu werden. Daß jemand das erstrebt hat und nichts
dadurch erlangt hat, ist vorgekommen, aber ganz bestimmt
erlangt man nichts ohne das rechte Streben.

Ein Mensch, der nicht in nachahmendem Üben lernt, ist wie ein Tier, auch wenn es ihm nicht schlecht geht.

Das nachahmende Üben Großer Menschen ist auf den Rechten Weg ausgerichtet, das des Kleinen Mannes auf den Nutzen. [Ch'üan 1]

DIE PERSÖNLICHKEIT IN BEZUG AUF DEN CHARAKTER PFLEGEN · HSIU SHÊN

Die Pflege des Charakters ist wie das Bogenspannen, das Richtigstellen der Gedanken wie der Pfeil und das Rechttun wie das Ziel. Erst ordnet man alles bei sich, und dann zielt man. Hat man gezielt, dann muß man auch treffen. Die Naturanlagen der Menschen stellen eine Mischung von Gutem und Bösem dar: pflegt man die guten, so wird man als guter Mensch zutreffend handeln; wer seine schlechten Anlagen pflegt, wird auch als schlechter Mensch handeln. Der Lebensodem ist wie ein Pferd, das sich zu dem Zutreffenden wie auch zu dem Schlechten hinbegibt.

Was Lao Tzŭ über den Rechten Weg und das Kraftvolle Wirken im Guten sagt, das nehme ich an. Wenn er aber die liebevolle Beziehung zu dem anderen und das Rechttun aufgibt und nachahmendes Üben in den Sitten völlig auslöscht, so nehme ich das nicht an. [Ch'üan III]

ERÖRTERUNGEN ÜBER GEISTIGES · WÊN SHÊN

Um von all den weiten Gebieten etwas zu überliefern, die dem Herzen noch undeutlich sind, ist nichts besser, als darüber zu schreiben; denn die Worte sind die Laute des Herzens, und das Geschriebene zeichnet auf (was das Herz bewegt). Die Töne sind Formen solcher Aufzeichnungen – dadurch wird

auch offenbar, wer ein Edler und wer ein Kleiner Mann ist.
Töne und Aufzeichnungen sind auch das, was die Gefühle des
Edlen und des Kleinen Mannes bewegt. Die Worte der Heiligen Menschen sind etwas Ganzes, so wie der Strom ein
Ganzes ist – folgt man ihnen, so erleichtert (man sich das Leben); handelt man ihnen zuwider, verneint man sie nicht dadurch? [Ch'üan IV]

AUS WANG CH'UNGS LUN HÊNG

[27–97 n. Chr.]

DAS FÜHREN DER NATURANLAGEN · SHUAI HSING

Wenn man über die Naturanlagen redet, so muß man bestimmen, was man als gute und was man als schlechte ansieht. Die
guten Naturanlagen führen aus sich selbst zu zutreffendem
Handeln, die schlechten lassen sich durch Erziehung führen
und bezwingen: so daß dadurch die Betreffenden zutreffend
handeln. Ein Fürst oder Vater untersucht die Anlagen seiner
Kinder und Untertanen: Zutreffendes pflegt und berät er
und hält darauf, daß sie nicht mit Schlechtem in Berührung
kommen. Kommen sie in Berührung damit, so hilft er, sie zu
beschützen und das Böse abzuwehren, um sie allmählich wieder zu zutreffendem Handeln zu führen. Wenn gute Anlagen
allmählich sich verschlechtern oder schlechte sich in gute
umwandeln, so ist das der Wandel der Naturanlagen ...
    Siebzig Schüler von Konfuzius waren alle geeignet, die Ver-
antwortung eines Ministers zu übernehmen, weil ihnen eben
die Erziehung des Konfuzius zuteil wurde und für ihre Bildung und die Entwicklung ihrer Talente im einzelnen ge-
sorgt war. So verzehnfachte sich ihre Erkenntniskraft: das
war das Resultat der Unterweisung, durch die ihre in ihnen

schlummernden Kräfte allmählich alle beeinflußt wurden. Als
sie noch nicht zu den Schülern des Konfuzius gehörten, be-
völkerten sie die Gassen als ganz gewöhnliche Menschen,
ohne besondere Fähigkeit ... Der am schwierigsten zu Lei-
tende war Tzŭ-lu, der als unbeständiger Charakter galt, bevor
er Schüler von Konfuzius war; aber Konfuzius führte und belehrte ihn – schrittweise glättete er seine rohen Manieren,
und so erzog er ihn. Je mehr Fortschritte er machte, um so mehr
verlor er seine Wildheit; und er verlor jede Arroganz, so daß er
schließlich fähig wurde, einen Staat zu leiten ... Das ist ein klares
Beispiel, wie man durch Führung der Naturanlagen schlecht
Veranlagte zu zutreffendem Handeln veranlassen kann. [1]

DIE URSPRÜNGLICHEN NATURANLAGEN
PÊN HSING

Was die Gefühle und Naturanlagen betrifft, so führt sie der
Mensch von ihrer Wurzel an, und auch Sitten und Musik
haben in ihnen ihre höchste Potenz und ihren Ursprung. Die
Sitten verhindern (Gefühlsausbrüche) und die Musik unterbricht diese. Die Naturanlagen mögen bescheiden und rück-
sichtsvoll sein, so ist es auch da die Sitte, die ihnen ihr zutreffendes Maß zuweist. Gefühle wie Liebe, Haß, Freude, Ärger, Trauer und Heitersein erreichen durch die Musik ihr
Achtsamsein. So regelt die Sitte, und die Musik bringt etwas
hervor. Seit alters berühren alle konfuzianischen Gelehrten
diese Fragen in ihren Aufsätzen, aber sie konnten nichts Bestimmtes über die wirklichen Verhältnisse sagen, nur der
Philosoph Shih Shih aus der Chou-Zeit [einer der siebzig Schüler des Konfuzius; im dreißigsten Kapitel der Annalen der
Han-Zeit werden einundzwanzig seiner Werke erwähnt] hält
die Naturanlagen für teilweise gut und teilweise schlecht. Er
hebt hervor, daß, wenn die guten Anlagen gepflegt würden,

dann das zutreffende Handeln zunehme und es ebenso das gleiche sei bei den schlechten Anlagen. So gibt es bei den Naturanlagen dunkle und lichte, gute und schlechte – und (die Entwicklung) hängt ganz von der Pflege ab. Daher schrieb der Meister Shih auch ein Buch «Über die Pflege der Naturanlagen» ... Mêng Tzǔ schrieb über das Gute der Naturanlagen [II A 6 vgl. S. 47], und erklärte, daß die Menschen Unzutreffendes tun, komme daher, daß sie durch die Dinge verwirrt würden. Er sagt, so wie die Menschen von Himmel und Erde geschaffen seien, seien ihnen gute Naturanlagen verliehen worden; erst wenn sie im Heranwachsen mit (schlechten) Dingen in Beziehung kämen, ließen sie sich gehen und gerieten in Verwirrung, und dann nehme ihr unzutreffendes Handeln täglich zu. [III]

WERT DER ERKENNTNIS · LIANG CHIH

In dem Kapitel «Das Werten der Begabung» ist schon über Begabung, Vermögen, Verhalten und Ausbildung gesprochen worden, aber es ist noch nicht hinreichend über das nachahmende Üben für den Wert der Erkenntnis gesprochen worden. Seht her, darin übertreffen die konfuzianisch Gebildeten die Beamten: an ihrer Bildung arbeiten sie täglich, sie üben ihre Naturanlagen im einzelnen und vervollkommnen ihre Begabungen. Daher gehen sie in nachahmendem Üben gegen ihre Gefühle an und verwalten ihre Naturanlagen: so schöpfen sie ihre Begabungen aus und erlangen Kraftvolles Wirken im Guten ... Die konfuzianisch Gebildeten, die das rechte Tun sich angeeignet haben, dienen ihren Vorgesetzten, indem sie ihnen den Rechten Weg weisen. Wenn etwas nicht angängig ist, dann machen sie nicht mit. Da sie ihren Willen darauf richten, große Beamte zu werden, so strengen sie sich im Sinne der Klassiker an, gerechte Maßnahmen zu ergreifen, und trotzdem wagen sie es, ihren Mund aufzutun ... Die konfuzianisch Gebildeten über (große Vorbilder) nachahmend, um das Rechte zu tun, und sie dienen ihren Vorgesetzten auf dem Rechten Weg, und wo es nicht angängig ist, da machen sie nicht mit. [XII]

ÜBER DAS UNTERSCHEIDEN UND
DURCHDRINGEN · PIEH T'UNG

Leute, die sich auf Reisen befinden, wollen stets die Hauptstadt besichtigen, da es dort so viel Außergewöhnliches zu sehen gibt ... Die Menschen lieben es, Bilder zu betrachten; meistens sind es Darstellungen von berühmten Personen. Aber würde es nicht besser sein, anstatt nur ihre Gesichter zu sehen zu bekommen, etwas von ihren Worten und Taten zu erfahren? Wie sie da auf die nackte Wand gesetzt sind, so ist wohl ihre Form und ihr Gebaren erhalten, aber die Menschen werden so nicht angespornt, (ihnen mit ihren Taten nachzufolgen). [XIII]

ÜBER SCHRIFTLICH ÜBERLIEFERTES
SHU CHIEH

Geschriebenes ohne Inhalt ergibt nur Aufsätze; wirklich tatkräftig sein: das ist Kraftvolles Wirken im Guten. [XXVIII]

AUS CHOU TUN-IS T'AI-CHI T'U
PLAN DES HÖCHSTEN ENDLICHEN
[1017–1073 n. Chr.]

Das «Höchste Endliche» bringt durch Bewegung die lichten Kräfte und durch Ruhe die dunklen Kräfte hervor ... Nur der Mensch empfängt diese Kräfte in der höchsten Vollendung, und daher ist er das geistvollste aller Geschöpfe; wenn seine Form entstanden ist, entwickelt das Göttliche in ihm die Erkenntnis, und wenn die fünf Naturanlagen von den Dingen angerührt wurden, folgt das Unterscheiden von zutreffend und böse, und unzählige Angelegenheiten entwickeln sich daraus. (Die fünf Naturanlagen sind: liebevolle Beziehung zu dem anderen, Rechttun, Sitten, Erkenntnis, Vertrauenswürdigkeit.) Die Heiligen Menschen bestimmten ihr Leben dadurch, daß sie das Rechte trafen, durch liebevolle Beziehung zu dem anderen und eben das rechte Tun. Bestimmend für sie war eine ruhige Geisteshaltung (ohne unrechtes Begehren), und so wurden sie zum höchsten Vorbild für andere Menschen. So war ihr Kraftvolles Wirken im Guten eins mit dem des Himmels und der Erde, ihr strahlendes Wesen war mit dem der Sonne und des Mondes übereinstimmend, und sie lebten in Übereinstimmung mit den vier Jahreszeiten. Die glücklichen Umstände des Edlen ergeben sich aus seiner Selbsterziehung und die unglücklichen des Kleinen Mannes aus seinem ungehörigen Verhalten ... Daher spricht man, um den Weg des Menschen festzusetzen, von liebevoller Beziehung zu dem anderen und von Rechttun ...

Wahrhaft großartig sind (die Gedanken) des Buches der Wandlungen. [Es ist wichtig, im Sinn zu behalten, daß die Schüler von Chou Tun-i wie er das T'ai-chi (das «Höchste Endliche») als etwas in den Dingen Angelegtes erklären, das sich auf verschiedene Weise manifestieren kann. Das «(I) T'ung Shu»-Buch, welches die Wandlungen durchdringt, hat mehr ethischen Charakter.]

AUS CHOU TUN-IS T'UNG SHU
VOM ERGRÜNDEN DER WANDLUNGEN

«Wahrhaftigsein ist die Wurzel des Heiligen Menschen.» [Chou Tun-i fährt dann mit Sätzen aus dem Buch der Wandlungen fort:] «Groß ist der Urgrund des Himmels, alle Dinge nehmen daraus ihren Anfang, und so liegt in ihm auch der Ursprung des Wahrhaftigseins.» [§ 1]

Die Heiligen sind wahrhaftig, und das ist ihr Wesen. Wahrhaftigsein ist der Ursprung von liebevoller Beziehung zu dem anderen, Rechttun, Sitten, Erkenntnis und Vertrauenswürdigkeit und der Ursprung des (rechten) Handelns. In der Ruhe ist nichts (zu bemerken), und doch erreicht die Bewegung ihr Ziel, und durch das rechte (Handeln) dringt man zur Klarheit vor ... [§ 2]

Die vollkommene Ruhe ist in sich unbewegt; wenn der Wahrhaftige von den Dingen angerührt wird, so folgt er ihren entsprechenden (Bahnen). Das Geistige ist bewegt, aber ohne nach außen in Erscheinung zu treten. – Es schwebt zwischen Sein und Nichtsein. Wahrhaftigsein ist etwas Subtiles und daher klar; das Geistige entspricht allem, daher ist es wie ein Geheimnis; es geht so ins allerkleinste, daß es uns verborgen ist. Das Streben nach Wahrhaftigsein und Geistigkeit macht den Heiligen Menschen (zu dem, was er ist). [§ 4]

In Bewegung sein und doch nach dem Rechten ausgerichtet, das nennt man auf dem Rechten Weg sein; in Funktion treten und doch dabei in Harmonie bleiben, nennt man: Kraftvolles Wirken im Guten. [§ 5]

Der Weg des Heiligen Menschen ist: Liebevolle Beziehung zu dem anderen, Rechttun und Treffen des rechten Maßes, und damit ist es aus ... [§ 6]

Harmonie ist das Treffen der richtigen Einteilung, um so unter dem Himmel zu dem Rechten Weg durchzudringen; es ist Sache der Heiligen Menschen. [§ 7]

Das Alldurchdringen geht aus dem Durchdringen des Allerkleinsten hervor, und das Durchdringen des Allerkleinsten geht aus dem Nachdenken hervor: daher ist das Nachdenken die grundlegende Arbeit des Heiligen Menschen. [§ 9]

Sitten sind gegebene Ordnungen, Musik ist harmonischer Ausdruck; die dunklen und die lichten Kräfte empfangen ihre Ordnung und sind dann in Harmonie. So wie es eine gegebene Ordnung gibt für das Fürstsein, Untertansein, Vatersein, Sohnsein, Älterer- und Jüngerer-Brudersein, Ehemann- und Ehefrausein, so erhielten alle Dinge ihre gegebene Ordnung und waren auf Grund dessen in Harmonie, und so entstanden die Sitten auch vor der Musik. [§ 13]

Wenn der wirkliche Inhalt ausschlaggebend ist, so ist das zutreffend; wenn die Bezeichnung den Ausschlag gibt, sollte man sich schämen; daher dringt der Edle ein in Kraftvolles Wirken, indem er unermüdlich an sich selbst arbeitet. [§ 14]

Läßt es sich erüben, ein Heiliger Mensch zu werden? Ja ... die erste Forderung ist, daß man ohne Begehren ist. Ohne Begehren ist man ruhig und wie leer, und man bewegt sich in gerader Weise. Aus der Ruhe erwächst Klarheit, mit Klarheit durchdringt man alle Bewegungen. Aus solcher Geradheit erwächst allgemeine Übersicht. [§ 19]

Wer über sich im klaren ist, ist auch gerecht gegen andere. Es ist noch niemals vorgekommen, daß einer, der nicht gerecht gegen sich selbst gewesen ist, es vermocht hätte, gegen andere gerecht zu sein. Wenn Klarheit nicht erreicht wird, entstehen Zweifel – beim Entstehen der Klarheit kommen Zweifel nicht auf. [§ 21]

Der Mensch ist von der Geburt an unerfahren; wenn er ohne Lehrer und Freunde heranwächst, bleibt er ein Tor, das heißt, daß er über den Rechten Weg und das Rechte Tun erst durch seine Lehrer und Freunde Bescheid weiß. [§ 25]

Die Welt befindet sich in einem Spannungszustand: die Spannung besteht zwischen dem Leichten und dem Schweren. Wenn es erst zu dem äußerst Schweren gekommen ist, kann man nichts mehr umwenden. Erkennt man aber das Schwererwerden und wendet es vor seinem Höhepunkt ab, so geht es. Das Umwenden erfordert Kraftaufwand; erkennt man den rechten Zeitpunkt nicht frühzeitig, wird es nicht leicht sein. Wenn man trotz Kraftaufwand ohne Erfolg bleibt, so ist das des Himmels Schickung – wenn man aber Kraft nicht anwendet, weil man nicht erkannt hat, liegt das dann beim Himmel oder beim Menschen? [§ 27]

Das Kunstvolle enthält auch etwas vom Rechten Weg. Werden Räder und Deichsel geschmückt und der Mensch benutzt (den Wagen) nicht, so wurde er umsonst geschmückt; ist es nicht schade um den leeren Wagen? Kunstvolles und geformte Rede sind etwas, das Kunstfertigkeit enthält. Der Rechte Weg und Kraftvolles Wirken im Guten sind von Wirklichkeit erfüllt. Wer es ernst nimmt mit diesem Erfülltsein und Kunstfertigkeit besitzt, der wird auch etwas schreiben, was schön ist und Gefallen erregt. Wenn man Gefallen daran hat, wird es auch überliefert werden. Daß die Hervorragenden durch ihr nachahmendes Üben etwas erlangten und so vorankamen, hat seinen Grund in ihrer Belehrung. Deshalb heißt es: eine Rede, die Kunstvolles nicht enthält, wird nicht weit dringen ... Solche, die nicht erkannt haben, daß man sich um den Rechten Weg und das Kraftvolle Wirken im Guten bemühen muß, und lediglich das Kunstvolle und gewählte Ausdrucksformen für Können halten, sind die nur Kunstfertigen – ach, diese Überschattung kennt man schon lange. [§ 28]

Wenn die gewöhnlichen Menschen etwas Wissenswertes gehört haben, so sind sie in Sorge, daß auch ja die anderen schnellstens von ihrem Wissen erfahren. Sie drängen sich darnach, bekannt zu werden und sich einen Namen zu machen; das ist auch ein Zeichen äußerster Seichtheit. [§ 29]

Die Heiligen Menschen haben ihre Wirkungskraft [Ching, vgl. von der Gabelentz, T'ai Chi T'u, S. 52, 54] durch das Aufzeichnen der Zeichen des Buches der Wandlungen offenbart; was in ihrem Inneren verborgen war, haben sie durch diese Zeichen offen entwickelt. Wenn die Zeichen des Buches der Wandlungen nicht aufgemalt worden wären, könnte man der Wirkungskraft der Heiligen Menschen auch nicht nachleben ... wie wäre das Buch der Wandlungen nur der Ursprung der fünf Klassiker! – Es enthält doch wohl die innersten Geheimnisse vom Himmel und der Erde, von Dämonen und guten Geistern. [§ 30]

Der Edle ist unaufhörlich schöpferisch tätig und ruht nicht im Streben nach Wahrhaftigkeit. Er bändigt unbedingt seinen Zorn und hemmt seine Begierden. Er ändert sich im Hinblick auf das Zutreffende und verbessert so seine Fehler; dann erst fühlt er sich am Ziele. Dies ist die zutreffende Funktion des Schöpferischen ... Glück, Unglück, Reue und Beschämung entstehen aus den Bewegungen: Glück ist davon nur ein Einzelnes. Sollte man nicht vorsichtig sein mit seinen Bewegungen? [§ 31]

Die Wurzeln muß man in Ordnung halten, und das heißt: wahrhaftig im Herzen werden, und das ist alles. Als Vorbild muß man unbedingt das Zutreffende wählen, und das heißt: in Eintracht mit denen leben, die einem nahestehen. [§ 32]

Der Edle hält (den Verpflichtungen) des Rechten Weges zu genügen für Ehre und daß er mit sich im reinen ist für Reichtum. Indem er so beständig erhaben ist, ist er genügsam. [§ 33]

Der Weg der Heiligen Menschen wird durch das Ohr vernommen und im Herzen bewahrt. Durch Anhäufen (von Wissen

darüber) entfalten sich Wege für Kraftvolles Wirken im Guten. Begeht man sie, dann bewirkt das das Erledigen der
Arbeiten. Diejenigen, die sich nur mit der kunstvollen Form
und dem gewählten Ausdruck beschäftigen, das sind die Kleinlichen. [§ 34]

Das höchst Wahrhaftige bewegt [vgl. S. 44, 89], durch solche
Bewegung entstehen Veränderungen, durch solche Veränderungen wird etwas umgewandelt. Daher heißt es auch: zunächst soll man etwas erwägen und dann darüber sprechen;
erst wenn man geplant hat, bewegt man etwas. Durch Erwägen und Planen vervollkommnet man das, was man verändern und umwandeln will. [§ 35]

Ach, in der weiten Welt sind diejenigen, die die Strafen zur
Grundlage machen, die gleichen, die das Schicksal der Völker
formen. Wie sollten sie bei dieser großen Verantwortung bei
der Anwendung nicht vorsichtig sein! [§ 36]

Der Weg der Heiligen Menschen führt zu höchster Gerechtigkeit. Wenn jemand sagt: Was soll das heißen, so sage ich:
Himmel und Erde lassen allgemeine Gerechtigkeit walten.
[§ 37]

In den Frühlings- und Herbstannalen hat Konfuzius die Wege
der Könige berichtigt und eine Richtform für die Großen
klargemacht. Konfuzius hat seine Verbesserungen an den
Urkunden für die Könige späterer Geschlechter gemacht. Er
stellte rebellische Beamte und aufrührerische Söhne, die durch
Hinrichtung den Tod fanden, voran: er tat es, um die nachfolgenden noch Lebenden abzuschrecken. [§ 38]

Nur Konfuzius hat wohl bezüglich des Rechten Weges und
des Kraftvollen Wirkens im Guten Erhabenheit und Umfassen
erreicht. Seine Wandlungsfähigkeit beim Belehren war un-

endlich. Er stand wirklich als Dritter zwischen Himmel und Erde, und so stimmte er (mit seinem Tun) auch mit den vier Jahreszeiten überein. [§39]

AUS DEN WERKEN DES CHU HSI

[1130–1200]

ÜBER DIE NATURANLAGEN

Sätze aus dem Buch der Sitten als Grundlage: Die Ruhe zur Zeit der Geburt des Menschen ist seine Natur, die ihm vom Himmel gegeben wurde. Von den Dingen angerührt, bewegt er sich auf Grund des ihm von Natur gegebenen Begehrens. Erreicht es die Dinge, so erkennt er. Nach dem Erkennen nehmen Vorliebe und Abscheu Gestalt an.

Seht her, die Dinge rühren den Menschen unaufhörlich an; wenn er in seiner Vorliebe und seinem Abscheu nicht Maß hält, dann werden die Dinge zum Ziel, und der Mensch verwandelt sich in ein Ding. Ein Mensch, der so zum Ding geworden ist, in dem erlöschen die vom Himmel gegebenen Ordnungen, und er erschöpft sich in menschlichem Begehren [Li Chi XVII, Yüeh Chi I, 11–12]

Chu Hsi:

Das Naturgegebene des Menschen und anderer Kreaturen is ursprünglich das gleiche, aber die Ausstattung mit dem Lebensodem muß notwendig verschieden sein.

Wenn Ch'êng Tzŭ den Satz aus dem «Das beständig Anwendbare treffen» zitiert: «Wodurch die Naturanlagen geführ werden, das ist der Rechte Weg», so ist das auf den Menschen und andere Kreaturen zu beziehen, und wenn er ferne sagt: «Nicht nur der Mensch, sondern alle Kreaturen sind s

veranlagt», so spricht er von der Einheitlichkeit des Naturgegebenen und der Naturanlagen. Wenn er aber sagt: «Der
Mensch empfängt den rechten Lebensodem des Himmels und
der Erde, der von dem der anderen Kreaturen verschieden ist»,
und wenn er sagt: «Die Kreaturen können nicht logisch
schließen, aber der Mensch kann das», so spricht er von dem
Unterschied des empfangenen Lebensodems. Deshalb sagt
er an anderer Stelle: «Wenn man über das Naturgegebene
spricht und nicht den Lebensodem einschließt, so ist das un-
vollkommen. Spricht man über den Lebensodem und nicht
über das Naturgegebene, ist es unklar – spricht man aber davon
als von zwei Gegebenheiten, so entspricht das nicht dem wirklich Gegebenen.»

Wenn man über diese Aussagen gründlich nachdenkt, wird
offenbar, daß die Gedankengänge des Meisters sich von denen der Buddhisten unterscheiden. [XLII, Jên Wu Chih Hsing,
25a–b]

ÜBER DIE HERZENSAKTIVITÄT

Frage: «Sich einer Sache bewußt werden, kommt das durch
die geistige Kraft des Herzens oder des Lebensodems?»

Antwort: «Dabei ist nicht nur der Lebensodem wirksam;
denn zunächst gibt es die gegebene Ordnung, sich einer Sache
bewußt zu werden. Die gegebene Ordnung kann sich ihrer
nicht bewußt werden: es müssen die gegebene Ordnung und
der Lebensodem zusammentreffen, dann kann man sich einer
Sache bewußt werden. Nehmt zum Beispiel die Flamme dieser
Kerze: weil sie soviel Fettzufuhr erhält, deshalb haben wir so
starkes Licht.»

Frage: «Ist das Ausströmen des Herzens Lebensodem?»

Antwort: «Nein, es ist nur ein Bewußtwerden.» [XLIV,
Hsing Li III, Hsin 2a]

Das Herz ist wie ein klarer Spiegel. Es gilt das Herz auszuschöpfen, daß es wie ein klarer Spiegel ist – ohne die geringsten Überschattungen. Man braucht nur in einen Spiegel zu
sehen, der einige Stellen hat, wo er nicht spiegelt, und man sieht
selbst so aus, als ob man befleckt wäre. So gibt es heutzutage
Menschen, die beim Erledigen ihrer Angelegenheiten sich wie
ein Habicht auf ihre Beute stürzen oder dabei stocken, nur
weil sie sich nicht selbst erkennen. Das Herz hat ursprünglich
etwas von der Leere einer unbeschwerten Geistigkeit, es
enthält aber unzählbare gegebene Ordnungen – ausreichend,
um alle Angelegenheiten und Dinge entsprechend ihrer Art
zu erkennen. Heutzutage sind aber viele Menschen nur auf
ihr physisches Wohl bedacht und außerdem noch von dem
Begehren nach besonderen Dingen überschattet. So verdun-
keln sich ihre Geisteskräfte, und sie können nicht mehr ausreichend erkennen. Aus diesem Grunde betonen die Heiligen
und Hervorragenden so sehr das Erforschen der gegebenen
Ordnungen. [XLIX, Hsing Li III, Hsin 5a–b]

Frage: «Liest man den Satz: ‹Laßt das Herz in Eurer Brust›,
wie soll sich das Herz dann verhalten, wenn es eine Angelegenheit zu bedenken gibt, wenn man einem Ding entsprechen
muß?»

Antwort: «Daß man gewissen Gedanken entsprechen muß,
dieser Zustand läßt sich nicht beseitigen, aber man muß sich
mit seiner Person dafür einsetzen, dann ist das Herz auch gegenwärtig.»

Frage: «Also während man sich mit etwas beschäftigt,
sollte das Herz auch gegenwärtig sein und sich nicht mit sich
beschäftigen?»

Antwort: «Gewißlich, so ist es.» [XLIV, Hsing Li III, Hsin
9a]

Antwort an Li Shu-wên: «Um nach dem losgelassenen Herzen zu streben, sind Kommentare und Erklärungen nicht nötig; wenn man nur während der zwölf Stunden des Tages sich bei den verschiedenen Beschäftigungen beobachtet und die Selbstkontrolle durchhält, so wird sich nach längerer Zeit von selbst ein Erfolg einstellen, Rechttun und die gegebenen Ordnungen werden von selbst klar werden, und man wird ohne besondere Anstrengung sich selbst halten können.» [XLIV, Hsing Li III, Hsin 19a]

Antwort an Shih Tzŭ Chung: «Ihre Abhandlung über das ‹Herz› ist sehr zutreffend, aber sie wäre noch besser, wenn sie mehr zusammengefaßt und kürzer wäre. Ihr Vorschlag, daß man die Aktivitäten des Herzens durch dieselben kontrollieren solle, ist auch zutreffend; schon Ch'êng Tzŭ hat gesagt, daß man sein eigener Herr sein und zerstreute und abwegige Gedanken meistern müsse. Das meint auch Mêng Tzû, wenn er sagt: ‹Ergreife es, um es zu bewahren› oder ‹Suche nach dem verbannten Herzen› [vgl. S.46]. Das meint alles dasselbe; wie könnte es bedeuten, es könne der eine den anderen kontrollieren!

Aber heutzutage werden Zeichen diskutiert wie ‹untersuchen, um zu erkennen›, die zu einer Bedeutung von ‹suchend erstreben› und ‹ergänzend eintauchen› führen – das stimmt mit dem ‹Ergreifen, um es zu bewahren› und dem ‹selbständigen Beherrschen› unserer Heiligen überein. Obwohl da nur ein sehr geringer Unterschied besteht, muß man ihn bis ins kleinste durchschauen, sonst gleiten wir in die buddhistische Diskussionsweise.» [XLIV, Hsing Li III, Hsin 23 a–b]

Antwort an Yü Ch'êng Chih: «Das ‹Herz› wirkt als Einheit, und das sogenannte ‹Bewußtwerden› ist auch eine seiner Aktivitäten. Wenn sie heute ‹durch Bewußtwerden das ‚Herz' erstreben›, ‹durch Bewußtwerden das ‚Herz' anwenden› und auf verworrene Weise etwas erzwingen, so fürchte ich, daß sie Fehler machen. Es gleicht nicht nur ‹dem Korn beim Wachsen helfen durch Herausziehen› [was Mêng Tzǔ als negatives Beispiel auf dem Erkenntniswege angeführt hat, vgl. S.42], sondern es kommt nicht an das heran, in den täglichen Geschäften die ‹Achtsamkeit› zur Hauptsache zu machen und das nicht außer acht zu lassen. So wird das ‹Herz› auf natürliche Weise klar sein, und wenn es den Dingen begegnet, wird es sie auch durchdringen. Dann braucht man nicht auf ein ‹Bewirken des Bewußtseins› zu warten, sondern man wird immer bewußt sein. Deshalb spricht Konfuzius auch nur von einem ‹Sich selbst besiegen, um zu den Sitten zurückzukehren› [Lun Yü XII,1], und sagt nichts von einem ‹Bewirken des Bewußtwerdens› und einem ‹Achtsamkeit anwenden›. Auch Mêng Tzǔ spricht nur von von ‹Ergreifen, um es zu bewahren›, ‹loslassen, um seiner verlustig zu gehen›, und spricht nicht von einem ‹Bewußtwerden, um es zu bewahren›, oder einem ‹Unklarwerden, um es so zu verlieren›.» XLIV, Hsing Li III, Hsin 24a–b]

Antwort an Lü Tzǔ Yüeh: «Dem ursprünglichen Organismus des Herzens entspricht es, ‹es zu ergreifen, um es zu bewahren›, und man braucht nicht auf eine besondere Aktivität des Erstrebens zu warten. Und wenn dieses Ergreifen lange währt und einem vertraut wird, dann fühlt man sich von selbst wohl im Rechttun nach den gegebenen Ordnungen. Ohne betörende Bewegung zu sein – das ist, was man den Zustand der Ruhe nennt. Er wird ganz von selbst, wie herabfallender Tau, eintreten, ohne daß man auf ein ‹Untersuchen› zu warten hat.» [XLIV, Hsing Li III, Hsin 26b]

Das Naturgegebene ist wie das «Höchste Endliche», das Herz wie die beiden dunklen und lichten Kräfte. Das «Höchste Endliche» ist in ihnen einbegriffen und untrennbar von ihnen –

aber wenn man spricht, dann spricht man vom Höchsten Endlichen und von den dunklen und lichten Kräften getrennt; ebenso ist es mit den Naturanlagen und dem Herzen. [XLV, Hsing Li IV, Hsin, Hsing, Ch'ing 1 a]

Naturanlage ist der Zustand, der der Bewegung vorangeht; mit den Gefühlen beginnt die Aktivität, und das Herz umfaßt den Zustand bereits vor der Aktivität: denn dem Herzen sind die Naturanlagen vor der Aktivität gegeben. Sobald Bewegung entfacht wird, entstehen die Gefühle – daher spricht man auch davon, daß das Herz Naturanlagen und Gefühle zusammenfaßt. Das Begehren ist der Zustand, wenn die Gefühle sich entwickeln. Das Herz ist wie das Wasser. Die Naturanlagen sind wie das Wasser im Ruhezustand: die Gefühle entsprechen seinem Fließen, das Begehren ist den Wellen zu vergleichen. Aber Wellenbewegungen können Gutes oder Nicht-Gutes beinhalten, und so ist es mit dem Begehren: wenn ich liebevolle Beziehung zu dem anderen begehre, so ist das gut, und es gibt Nicht-Gute, die eilends losbrechen wie hohe, alles umstürzende Wellen. Im allgemeinen zerstören die schlechten Begehren die vom Himmel gegebene Ordnung ... Wenn Mêng Tzŭ von den Gefühlen spricht, die das Zutreffende bewirken können, so spricht er von den Gefühlen, wie sie von Rechts wegen sein müßten. [XLV, Hsing Li IV, Hsin, Hsing, Ch'ing 4 a]

Daß das Herz Naturanlagen und Gefühle vereint, damit ist folgendes gemeint: wenn es unbewegt in Ruhe ist, dann sind liebevolle Beziehung zu dem anderen, Rechttun, Sitten und Erkenntnis in Vorbereitung, mit der Bewegung werden sie zu Gefühlen. [XLV, Hsing Li IV, Hsin, Hsing, Ch'ing 5 b]

Der Meister wies darauf hin, daß die Gefühle leicht entfacht werden und dann schwer zu meistern sind, daß Zorn am schwersten zu regulieren sei, daß es aber möglich sei, inmitten des Zornausbruches ihn abzubrechen, um die gegebenen Ord-

nungen daraufhin zu betrachten, was das rechte Maß sei.
[XLV, Hsing Li IV, Ting Hsing 14 b]

Frage: «In den Gesprächen des Konfuzius wird noch nicht
von dem ‹Herzen› gesprochen, während bei Mêng Tzŭ gerade das ‹Herz› als Gesprächsstoff herausgegriffen wird, zum
Beispiel ‹das Herz ergründen›, ‹nach dem verbannten Herzen streben›, ‹die Herzensaktivitäten ausschöpfen›, ‹das
Herz des kleinen Kindes›, ‹das Herz bewahren›. Wußten
nun die Schüler des Konfuzius alles über das ‹Herz› und be-
lästigten sie den Meister darum nicht, hatte die Bedeutung
des Wortes zur Zeit Mêng Tzŭs gewechselt oder glichen die
Menschen nicht mehr denen der alten Zeit, so daß Mêng Tzŭ
sich bemühte, ihnen zu erklären, was der Kernbegriff ursprünglich bedeutete?»

Antwort: «Zwar sprachen die Schüler nicht über das ‹Herz›,
aber wenn der Meister etwas über die ‹liebevolle Beziehung zu
dem anderen› erklärte, hätten sie es gar nicht verstehen können,
wenn sie nicht gewußt hätten, daß ‹liebevolle Beziehung› und
‹Herz› dasselbe beinhalten; nur wurde zu dieser Zeit das Kernzeichen ‹Herz› nicht beim Reden benutzt. Wenn Sie diese Umstände im einzelnen bedenken, werden auch größere Zweifel
nicht aufkommen.» [XLIX, Hsing Li III, Hsin 8 b]

ÜBER DIE LIEBEVOLLE BEZIEHUNG

Die Frage, ob Zuverlässigkeit, Ernsthaftigkeit, Selbstlosigkeit
und Ruhe die Wurzel der liebevollen Beziehung zu dem anderen sei, beantwortete der Meister dahingehend: es sei die
Wurzel der Ausübung liebevoller Beziehung zu dem anderen.
[XLVII, Hsing Li VI, Jên 22 a]
Die liebevolle Beziehung zu dem anderen durchdringt alles,
und daher durchdringt auch das Mitgefühl alles; das eben ist

das Wunderbare an der Untrennbarkeit von Organismus und Funktion. [XLVII, Hsing Li VI, Jên 31 a]

Frage: «Herr Lü sagte in bezug auf die Lehre Mêng Tzǔs vom Mitgefühl: Wenn mein Herz wirklich verwundet wurde und somit etwas nicht nur als Beispiel angeführt wird, dann erkenne ich, daß unter dem Himmel mit mir alles den gleichen Organismus hat, so daß das Herz aller Lebewesen wie mein Herz ist und ich die Verwundung anderer wie meine Verwundung empfinde, und das habe ich nicht durch Überlegung erreicht und mich auch nicht dazu gezwungen. Wenn man so sagt: ‹Alle haben mit mir den gleichen Organismus, ich bin mit allen eines Herzens›, ist das nicht nur die Bestätigung, daß allem eine gleichartige gegebene Ordnung zu Grunde liegt?»

Antwort: «Nicht nur eine gleichartige gegebene Ordnung, sondern auch gleichartiger Lebensodem.» [XLVII, Hsing Li VI, Jên 36 b]

Liebevolle Beziehung zu dem anderen ist eine Herzensaktivität aller Lebewesen auf der Welt, und die Menschen erhalten sie bei der Geburt als die ihre. Ihre organische Funktion durchdringt alles in der Welt und verbindet alle Lebewesen. Ihre gegebene Ordnung umfaßt die vier Ansätze [vgl. Mêng Tzǔ, S. 47] und faßt alles erdenkliche Zutreffende zusammen; denn sie nimmt sämtliches kraftvolles Wirken eines Herzens in sich auf und regiert Naturanlagen und Gefühle ... Die Menschen überschatten sie nur mit eigensüchtigen Begehren, und daher wird ihr Weg im Leben unterbrochen, und die vom Himmel gegebenen Ordnungen existieren als etwas von dem Menschen Getrenntes, und folglich wird er störrisch und erkennt nicht mehr, wo er Schmerzen verursacht und handelt als einer, der andere unterdrückt. Was das betrifft, daß der Mensch die liebevolle Beziehung zu dem anderen verkörpert, so muß er bei sich eigensüchtiges Begehren vollkommen auslöschen; er muß so weitsichtig werden, daß keinerlei Überschattung ihm das verdeckt, was er von den Organismen aller Lebewesen auf der Welt erlangen könnte; im Herzen muß er wahrhaftig und voller Mitgefühl sein – so liebenswürdig, als ob er das Wesen des Frühlings immer bewahrte ... Wenn eigensüchtige Gedanken aufkommen, so verliert der Rechte Weg an Lebendigkeit, die gegebenen Ordnungen durchdringen nicht mehr alles, der Mensch wird störrisch und stumpf, und er bricht mit der Liebe – wie könnte sie noch ein Ganzes sein? Die liebevolle Beziehung ist etwas wie der Körper des Menschen – wenn die Blut- und Atemzirkulation in rechtem Fluß sind, so ist er nicht krank –, erreicht aber der Blutpuls auch nur einen Finger nicht, so wird dieser so stumpf wie etwas, das ohne liebevolle Beziehung zu dem anderen ist. Yen Tzǔ hat drei Monate der liebevollen Beziehung zu dem anderen nicht zuwider gehandelt [Lun Yü VI, 5]. War nun nach drei Monaten ein leichtes Zuwiderhandeln vorhanden – so daß man die Zerstörung bemerkte –, und alsbald war es wieder wie früher, so daß man das Zuwiderhandeln nicht bemerkte? Mir scheint es so, daß in diesen drei Monaten das Herz vollkommen war in seinem Treffen und in dem Gebaren, wie es in der liebevollen Beziehung zu dem anderen ruhte. Nach den drei Monaten, zwang er sich das Rechte zu treffen, oder war es nicht so? Wenn man einmal das rechte Maß getroffen hat, braucht man sich nicht mehr anzustrengen, aber man wird es nicht vermeiden können, daß man zuweilen zuwider handelt. [XLVII, Hsing Li VI, Jên 39a–40a]

ÜBER DAS «FÄHIGSEIN»

Frage: «Was ist der Unterschied zwischen den Gefühlen und dem Fähigsein?»

Antwort: «Gefühle sind Wege und Pfade, die (vom Herzen) ausgehen. Fähigsein ist der Zustand, der es möglich macht, daß die Gefühle vom Herzen ausgehen können. Zum Beispiel kann Mitgefühl ernstlich gemeint sein oder auch nicht: dieser Unterschied hängt von dem Fähigsein ab, zu welchem Grade der Vollkommenheit (man es im Laufe des Lebens eben aus- gebildet hat).»

Frage: «Sind also Fähigsein und Gebrauch des Herzens etwas Gleichartiges?»

Antwort: «Fähigsein ist die Kraft des Herzens, es ist aus der Kraft des Lebensodems entstanden. Das Herz ist das Kon- trollorgan (Gewissen) und Herr des Fähigseins – darin liegt seine Größe. Das Herz kann mit dem Wasser verglichen wer- den, die Naturanlagen sind die gegebenen Ordnungen des Wassers – die Naturanlagen sind auch in dem Ruhezustand des Wassers vorhanden: die Gefühle sind das, was das Was- ser bewegt; hingegen das Begehren ist das, was das Wasser zum Überfließen bringen kann. Fähigsein ist die Kraft seines Lebensodems, durch die es fließen kann – ob es bewegt oder langsam fließt, liegt in einem Unterschied des Fähigseins (sich zu beherrschen, und dementsprechend ruhig und objektiv zu urteilen und zu handeln).

Die Naturanlagen sind die dem Herzen gegebenen Ordnun- gen. Die Gefühle bewirken die Bewegungen des Herzens, Fähigsein ist das Vermögen der Gefühle, sich (der Einsicht des Herzens gemäß) in entsprechender Weise anzupassen. Fähig- sein und Gefühle stehen einander nahe – aber die Gefühle werden von den Dingen in unübersichtliche Wege gelenkt: Fähigsein ist das Vermögen, hierbei das Rechte zu treffen. Wich- tig ist, (im Sinn zu behalten,) daß alle Verzweigungen mit den unzählbaren Möglichkeiten, (die das überprüfende Gewissen hat,) alle vom Herzen ausgehen.» [XLIII, Hsing Li II, Ts'ai 37 b]

In den Zeiten des Verwirrtseins urteilen wir nicht klar, aber doch sofort wieder, sobald wir nur diesen Zustand erkannt haben.

Die Menschen von heutzutage sind aber beständig gehetzt in ihrem kleinen Diesseits – nichts, nichts von weiträumiger Losgelassenheit! Kann unter solchen Umständen ihr Herz (als etwas, das von Natur imstande ist, das wahrnehmbar Gegebene durch die Stimme des Gewissens bezüglich seiner Ich-bezogenheit zu überprüfen) beständig wach sein? Wenn das Herz wach ist, ist verschwommenes Denken von selbst nicht vorhanden. Wem es daher gelingt, in den freien Augenblicken der täglichen Verrichtungen sich so zu sammeln, daß sein Herz gleichmäßig schlägt inmitten all der zu erledigenden Angelegenheiten, dann hat er die Gemütsverfassung getroffen, in der Zuneigung, Zorn, Trauer, Freude noch nicht entfacht sind, und damit liegen die vom Himmel gegebenen Ordnungen als Ganzes vor ihm. So wie es recht ist, das ist die vom Himmel gegebene Ordnung – das Nichtrechte kehrt dieser den Rücken. Wer beständig sein Urteil auf diese Weise ausbessert, der hat damit gleichsam eine Waage, um die Dinge zu wägen. [II, Hsüeh II, Ts'un Yang 1 b–2 a]

Unser Herz pflegend großziehen heißt also nicht, auf etwas mit Fleiß herumhämmern oder darin herumbohren, sondern es leer von Vorurteilen und ruhig halten: unbehelligt durch ichbezogene Gefühlsaufwallungen wird unser Urteil nach längerer Zeit von selbst klar. Und wenn das Herz beim Begegnen von Angelegenheiten stets ungetrübt (wie ein klarer Spiegel) bleibt wie zu den Zeiten, in denen uns nichts begegnet: dann ist es gut. [II, Hsüeh II, Ts'un Yang 3 a]

Wenn wir tiefen Schmerz beim Leid eines anderen, Scham über eigene Fehler, Abscheu bei Schlechtem haben, das

Rechte und Unrechte unterscheiden, anderen den Vortritt
lassen und nachgeben können, so ist unser Herz nach dem
Rechten ausgerichtet. Was von diesen Ansätzen zu rechtem
Tun abweicht, das ist ein Verbannen (der Stimme) unseres
Herzens; doch wenn wir es ernsthaft ordnen, haben wir mit
dem Ordnen auch diese Naturanlage wieder. Wer über die
Meere und Länder blickt, so daß ihm Nahes nahe und Fernes
fern ist, der findet bei allen Menschen zuweilen die verbannte
(Stimme des) Herzens, auch nicht einer wird sich finden, bei
dem dies nicht so ist. [II, Hsüeh II, Ts'un Yang 4a–b]

Das Herz umfaßt unzählige Ordnungen: sie dienen ihm als
Gerät. Wer seine Herzens(aktivitäten) nicht zu erhalten vermag, kann die gegebenen Ordnungen der Dinge nicht erforschen, und wer dazu nicht gelangt, wird auch niemals die
Anlagen seines Herzens ausschöpfen.

Bewahren wir aber unser Herz, dann ist der Atem ständig
frisch – nicht nur an einem friedlichen Morgen. Bewahren wir
es nicht, obwohl wir dann auch ruhen mögen: unser Atem
wird nicht frisch, unser gutes Gewissen, Liang Hsin [umgangs-
sprachlicher Ausdruck], wird so nicht mit uns wachsen. [II,
Hsüeh II, Ts'un Yang 4b]

Großer Anstrengungen bedarf es nicht, es gilt nur, das
Herz im Erkennen immer wieder wachzurufen. In solchem
wachen Zustand wird es von selbst hell in uns, und wir sind
gar nicht mehr darauf angewiesen, nach einem Halt zu greifen. Wenn ich heute morgen von der Stelle aus Mêng Tzǔ: «Ergreife es, um es zu bewahren» gesprochen habe, so handelt es
sich hierbei doch auch nicht um ein kraftvolles Zupacken,
sondern um ein Wachrufen, um wieder und wieder bewußt
wahrzunehmen ... Wenn wir uns dieses Wachrufen erst zur
Gewohnheit gemacht haben, stützen wir uns darauf beim Begegnen von Angelegenheiten, wenn wir uns zu den Dingen

in Beziehung setzen, beim Lesen, beim Untersuchen der gegebenen Ordnungen – eben in allem, und es geht dabei zu wie
beim Karrenschieben: der erste Anstoß bedarf der Kraft, nachdem der Karren läuft, können wir uns im Vorwärtsgehen auf
ihn stützen. [II, Hsüeh II, Ts'un Yang 11 a]

Wenn gesagt wird, das Herz müsse lebendig gehalten werden, damit es weiträumig die Dinge erfaße, damit es eben
nicht durch eine Winkelsicht behindert werde, so können
Zweifel aufkommen, es werde durch Konzentration auf eine
Angelegenheit behindert. – Aber wer sich auf eines konzen-
triert, bewahrt dabei (die Stimme) seines Herzens, und sie
bewahren heißt, wenn etwas kommt: entsprechen zu können.
Wie sollte es also durch Konzentration auf eine Sache zu
Stockungen im Erkennen kommen? [II, Hsüeh II, Ts'un Yang
12 a]

ACHTSAMKEIT ERHALTEN

Die Achtsamkeit ist der Furcht in manchem ähnlich; nicht
etwa in der Art des Sitzens wie ein erstarrter Klotz, der nicht
sieht und hört, auch in allem dem nicht, was sich als die Arbeit vermindernd zusammenfassen läßt, sondern in dem Ver-
sammeln der ganzen Person und besonders des Herzens. Wenn
wir die Dinge ernsthaft ordnen im Hinblick auf ein Ganzes,
um eben nicht nur in einer Richtung loszuschießen, dann sind
wir achtsam. [II, Hsüeh II, Ch'ih Ching 19 b]

Den Worten nach scheinen die Aussprüche Heiliger und
anderer Hervorragender Menschen nicht übereinzustimmen,
aber nur solange wir sie nicht an einem aufreihen können. Wenn
Konfuzius sagt: «Haltet euch beim Sehen, Hören, Reden und in
den Bewegungen an die Sitten; tretet aus der Tür, als ob ihr
einen hohen Gast bewillkommnet ...», wenn Mêng Tzŭ sagt:
«Suche nach der verbannten (Stimme) deines Herzens, um deine

Naturanlagen zu pflegen…», so ist das dieselbe Sache in verschiedenen Worten ausgedrückt. Ch'êng I [1033–1107] faßt dies alles
in dem Begriff «Achtsamkeit». [II, Hsüeh II, Ch'ih Ching 17 b]

Was Achtsamkeit bedeutet, läßt sich nicht durch Worte erfassen: es heißt vielmehr, sie täglich im Handeln zu verkörpern, um zu erkennen, was sie bewirkt. Wessen Herz beständig nach dem Rechten und auf das Allgemeine ausgerichtet
ist, ohne daß dabei ichbezogene Absichten aufkommen: der
urteilt achtsam. Wer aber im Urteil nur ein wenig berechnend
vergleicht, nur ein wenig nachlässig wird: der ist nicht mehr
achtsam. [II, Hsüeh II, Ch'ih Ching 25 a]

Aber nur, wenn wir im Ordnen unseres sinnenden Nachden-
kens und planenden Überlegens natürlich achtsam sind, nur
wenn wir beim Ansetzen des Handelns nicht darauf warten, noch
etwas wahrzunehmen, um dann erst zu handeln, nur dann vermögen wir die gegebenen Ordnungen in Verbindung mit unseren Wahrnehmungen zu erforschen. Nur wer Wahrnehmungen
so in seinem Besitz hat, kann auch das kleinste ichbezogene Wünschen klar vor Augen sehen. Dafür hat er eine natürliche Freude
beim Verfolgen seiner Angelegenheiten: das ichbezogene Wünschen liegt darnieder, es vermag nichts mehr, seine Achtsamkeit
nimmt tagtäglich zu. [II, Hsüeh II, Ch'ih Ching 26 b–27 a]

Wenn des Menschen Herz göttliche Klarheit erreicht, beherrscht es alle Veränderungen, und es ist nicht so, daß die
Dinge es beherrschen könnten. Erst aus dieser Einsicht gibt
es ein Festhalten der Absichten, nachdem eben dieses Herz
sich selbst bewegt hat. [II, Hsüeh II, Ch'ih Ching 30 a]

RUHE

Das Herz muß das Einzelne feinsinnig erfassen, dann erst
kann es in Zeiten der Ruhe in die Tiefe tauchen – ohne jede

Ermüdung. Nur falls der Herzensspiegel klar war bei unseren Begegnungen, waren sie gut; eilig sammelt dabei das Herz die zu erlangenden Bilder. [II, Hsüeh II, Ching 37b]

Für jeden einzelnen gibt es nur bewegte oder ruhige Zeiten. In den ruhigen zieht er die Wurzeln für die bewegten groß, in den bewegten Zeiten zeigt sich im Handeln, was seine Ruhe ihm gab. Auch in der Bewegung gibt es für ihn Ruhe: jedesmal, wenn er im Verlauf des Handelns das rechte Maß trifft. Das sind die Ruhepunkte in der Bewegung. [II, Hsüeh II, Ching 38a]

Daß wir im Erkennen einem Ding entsprechen können, rührt daher, daß die gegebenen Ordnungen in den Dingen und die in unserem Herzen ihrem Ursprung nach eins sind und daher nicht im geringsten voneinander abweichen. Aber wir müssen uns ihnen nähern in diesem Entsprechen: dann erst haben Ding und Herz gemeinsam die gegebene Ordnung. Das Erleben einer Bestimmtheit führt zur Ruhe – das Entsprechen aber geschieht als Bewegung. [II, Hsüeh II, Ching 38a]

Wer Wegordnungen bis zu ihrem Durchsichtigwerden versteht, kommt auf natürliche Weise zur Ruhe ... Wer Ruhe aber aus Bequemlichkeit heutzutage durch Sitzübungen sucht, der findet sie nicht. [II, Hsüeh II, Ching 39b]

Wer nach erlösendem Vergessen durch solches Sitzen strebt, der sitzt sich nur verrückt. [II, Hsüeh II, Ching 38b]

Auch die Ruhe muß ihre Dinge haben: erst dadurch erlangt man sie. [II, Hsüeh II, Ching 39b]

VOM ERKENNEN

VOM VORBEREITEN DER ERKENNTNIS

Die vorbereitende Arbeit liegt nicht außerhalb der täglichen Verrichtungen: es gilt nur, seine Person zu überprüfen in der Bewegung, in der Ruhe, im Gespräch und im Schweigen. Ob man nun zu Hause wohnt und für die Eltern und Älteren sorgt oder beim Lesen und Diskutieren nach den gegebenen Ordnungen forscht, bei allem kommt es nur auf dieses Unterscheiden des Zutreffenden und des Nichtzutreffenden an, um dann das Nichtzutreffende zu beseitigen und das Zutreffende anzunehmen. Das ist das ganze Geheimnis. [Hsüeh I, Wei Hsüeh Chih Fang 29 b]

VOM WERT DER BEZEICHNUNGEN

Von den Bezeichnungen ausgehend läßt sich nichts verstehen, wir müssen zu dem Ort der Dinge hin, wo sie so sind, wie sie sind. [Hsüeh III, Chih Chih 27 b]

BILDUNG ZUTREFFENDER EINSICHTEN

Einordnen muß man die Dinge zunächst in der altgewohnten Weise, aber dann gilt es, zu den Dingen zu gelangen, wie sie sich heute im einzelnen verfolgen lassen ... Man hat nur dafür zu sorgen, die Dinge von ihrer Entstehung her zu verstehen, so wie man den tiefen Schmerz im Innern um das Leid eines anderen von seiner Entstehung an versteht, wenn man ein kleines Kind in den Brunnen laufen sieht. Bei allem muß man aber warten, bis etwas sich von selbst entwickelt, um dieses dann recht zu verstehen ... Die Heiligen und Hervorragenden lehrten auch nicht, in einem düsteren Innern Verhärtetes zu bewahren, sondern Herz und Brust weit zu öffnen, wie man ein großes Tor aufmacht, und als aufrechter Mensch Dinge und Angelegenheiten so zu be-

trachten und zu ihnen zu gelangen, wie sie auf uns zukommen.
[VIII, Ta Hsüeh I, 16a–16b]

Alle Angelegenheiten, alle Dinge haben eine naturgegebene
Ordnung. Sie erforschen, heißt Dinge und Angelegenheiten
rings herum ausschöpfen: falls wir nur die eine Seite sehen und
die andere nicht, durchdringen wir die Dinge bestimmt nicht.
[VIII, Ta Hsüeh I, 19a]

Daher sind die Heiligen Menschen im Rechttun feinsinnig,
liebevolle Beziehung ist ihnen etwas Vertrautes. Sie haben
nicht die Absicht, irgendeine « Mitte » festzuhalten: ganz natürlich überschreiten sie sie nicht, und es kommt nicht vor, daß sie
sie nicht erreichen. [XXIII, Mêng Tzŭ IV, Chin Hsin 16b]

VON DER BEDEUTUNG DER GEMÜTSBEWEGUNGEN
BEIM URTEILEN

Auch die Gemütsbewegungen haben ihren Platz im Herzen,
aber wir dürfen nicht zulassen, daß sie nur auf unser Selbst
bezogen sind. Wenn es nämlich dahin kommt, sind wir nicht
mehr wandlungsfähig – wir sind dann so, als ob wir einen
Stock in der Brust hätten. Hingegen wenn Zorn und Furcht
gerade das Maß haben, das sie haben müssen, und wir wollten
unbedingt, daß dieses Maß so wäre, wie es nicht recht ist, so
ginge das gar nicht: eher stürben wir. Aber wir dürfen nicht,
bevor wir von den Dingen angerührt wurden, schon ein ge-
fühlsbestimmtes Vorurteil haben. Heutzutage ist es aber so:
Ist einer gerade zornig, und es kommt etwas für ihn Erfreu-
liches, so freut er sich einfach nicht darüber! Oder falls er
gerade über etwas erfreut ist und etwas kommt, worüber
er zornig werden müßte, so wird er wiederum nicht zornig. Damit gleitet er aus den gegebenen Ordnungen heraus,
die in den Angelegenheiten angelegt sind. So sieht er, nimmt
aber das Gesehene nicht wahr, so hört er und vernimmt

nicht den Ton, so ißt er und erkennt nicht den Geschmack, weil er seine Ichbezogenheit nicht beseitigt. Wir haben nur dafür zu sorgen, diesen Räuber zu vertreiben, keinesfalls aber alle Gefühle auszulöschen, sondern nur unser Herz großräumig und vorurteilsleer bereitzuhalten: dann wird bei dem Entsprechen und Verknüpfen von Dingen und Angelegenheiten jedes an seinem rechten Ort anhalten, ohne daß wir dabei nachhelfen. Wenn wir nun hinsehen, nehmen wir wieder wahr, hörend vernehmen wir wieder den Ton, essend erkennen wir wieder den Geschmack. Wer diesen Abschnitt liest, soll nur verstehen: vor der Begegnung mit den Dingen dürfen wir nicht schon ein Urteil bereit haben. Gemütsbewegungen wie Zorn, Liebe, Freude, Furcht und Kummer muß der Mensch haben; aber es gibt Menschen, die sie nicht in rechten Maßen haben: bei der Begegnung darf man ichbezogene Gefühle nicht mit einschmuggeln. [VIII, Ta Hsüeh II, 29a–b]

ZUTREFFENDES URTEILEN

Gereiztsein, voll liebevoller Freude über etwas sein, Besorgtsein und Kummer über etwas haben, diese vier Gemütsbewegungen werden alle Menschen zuweilen erleben; nur wenn es nicht gelingt, sie auf das rechte Maß abzustimmen, dann wird man beim Entsprechen der Dinge ein ichbezogenes oder selbstsüchtiges Urteil nicht unterdrücken können. Wenn die Absicht nicht auf das Wahrhaftigsein gerichtet ist, dann macht man Fehler durch Ichbezogenheit. Wenn eben auf diese Weise das Herz nicht nach dem Geraden ausgerichtet ist, verfehlt man die allgemeine Wahrheit. [VIII, Ta Hsüeh II, 38–39]

Es gibt Menschen, die ihr ganzes Leben zutreffend gehandelt haben und dennoch sich selbst betrügen, denn im Herzen hatten sie dabei beständig ein Nichtzustimmen ... Mêng Tzŭ sagt hierzu: «Wenn unser Handeln uns nicht erfreut ... so

verhungert unser uns zu Großem beschwingender Lebensodem.» [VIII, Ta Hsüeh 14a–b]

Wenn man das Zustimmen des Gewissens an einem Ort
erreicht hat, so daß man, nach oben sehend, sich nicht schämt,
und nach unten sehend, nicht errötet, hat man damit dort in
jedem Zoll die vom Himmel gegebenen Ordnungen. – Es ist
gleichgültig, ob man das Urteil der anderen kennt: wenn man
nur diese Zustimmung hat, so ist das ausreichend. [VIII, Ta
Hsüeh 10a]

Und jede Angelegenheit bringt den rechten Zeitpunkt und
den Ort für ihre Erledigung mit. [VIII, Ta Hsüeh 16b]

Wenn man den Dingen bei der Begegnung bei sich Wohnung gibt, so existiert damit auch die Dualität unserer inneren und äußeren Welt nicht mehr. [Chu Hsi IV, Li Hsin Ch'u
Shih 17a]

Es ist so: das (aus dem Bereich der Vorstellungen) «steh-
lende» Herz [vgl. Hsün Tzŭ, S. 58] erkennt nicht, und wir merken es meistens nicht, daß es abseits geht, denn wir veranlassen
es nicht. Wenn wir uns aber dabei erwischen und uns dazu veranlassen abzuwägen, so wird das Herz wieder mit seinem das
Zutreffende bejahenden Gewissen gegenwärtig sein. [VIII, Ta
Hsüeh II, Ch'uan VI, 23a]

ERKENNEN UND HANDELN

Erkennen und Handeln bedingen einander beständig: so wie
wir mit den Augen ohne Füße uns nicht fortbewegen und mit
den Füßen ohne Augen nicht wahrnehmen können. Beim
Sprechen über die zeitliche Folge ist das Erkennen das erste;
beim Sprechen über die Gewichtigkeit, muß man sagen, ist
das Handeln gewichtiger ... Die Leistungen des Erkennens

und Handelns müssen aber so entfaltet werden, daß sie zusammen ankommen; je klarer dabei das Erkennen ist, um so ernster wird das Handeln sein, und bei ernstem Handeln wird das Erkennen immer klarer. [Hsüeh III, Chih Hsing 8 a–b]

«Mit dem Erkennen ankommen», «Achtsamkeit», «Besiegen der Ichbezogenheit», diese drei Vorgänge lassen sich mit Vorgängen in einem Hause vergleichen: die Achtsamkeit ist der Torhüter, das Besiegen der Ichbezogenheit ist das Räuber-Abwehren, und das Ankommen des Erkennens ist das Hingehen um nachzusehen, was eigentlich im eigenen Hause und was draußen los ist. Ch'êng I [1033–1107], sagte: «Um einzutauchen in die Tiefen, um unser Herz zu pflegen, müssen wir achtsam sein: das Fortschreiten im umfassenden Bewußtwerden liegt im Ankommen des Erkennens.» – Er spricht nicht von Ichbezogenheit besiegen, weil die Achtsamkeit alles Abwegige besiegt: durch sie wird Ichbezogenheit auf natürliche Weise auch in uns besiegt. Falls wir wahrhaftig sind, ist es nicht nötig, über abwegige Ansichten zu reden. Falls wir gut an der Türe aufpassen, kommt das dem Räuber-Abwehren gleich, und daher ist es nicht nötig, außerdem noch einmal über das Abwehren von Räubern zu sprechen. [III, Hsüeh III, Chih Hsing 17 b]

Falls aber jemand das Eintauchen in die Tiefen und das Großziehen unserer Anlagen dem Besiegen der Ichbezogenheit gegenüberstellen will, geht das an. Dann ist das Eintauchen und Großziehen wie ein Reifen in Ruhe und das Besiegen der Ichbezogenheit wie das Eingeben von Heilmitteln bei einer Krankheit. – Aber doch erst, wenn wir mit diesem Reifen in Ruhe nicht zum Ziel kommen, nehmen wir ein Heilmittel! Falls wir etwas in Ruhe reifen lassen, entsteht nichts Krankhaftes. Warum sollte dann nötig sein, ein Heilmittel zu nehmen? Wer klar sein kann durch seine Achtsamkeit, für den gibt es Abwegiges von selbst nicht. Bei welcher Gelegenheit sollte er noch seine Ichbezogenheit besiegen? [III, Hsüeh III, Chih Hsing 8a]

Im allgemeinen gibt es über jede Angelegenheit nur ein richtiges Urteil. Wenn Zustimmen oder Ablehnen für uns feststeht, dann ist es an der Zeit, den Ort auszuwählen, wo wir mit dem Handeln ansetzen. Unbedingt es dahin bringen wollen, daß alle Welt begeistert zustimmt: gibt es denn so etwas? Das Urteil über die einzelnen Angelegenheiten müssen wir je nach den Zeitumständen unbedingt selbst fällen; es liegt an uns, wenn wir unzufrieden sind: wer nach dem Himmel blickend sich nicht zu schämen hat und nach unten sehend nicht errötet, der urteilt recht. Ob andere sein Tun dann loben oder tadeln, das bleibt den anderen überlassen. [III, Hsüeh III, Chih Hsing 13a]

Bildung ist, sich auf dieses entschiedene Urteil zu verstehen, und es ist ganz überflüssig, die Sache doch nicht fördernde Reden hinzuzufügen. – Viele jedoch, die sich heute um Bildung übend bemühen, tun es um einer Bezeichnung willen, und daher ordnen sie auch all ihr Tun im Hinblick darauf, eben diese Bezeichnungen zu erlangen. Sie sehen dabei durchaus nicht auf das rechte Tun, durchaus nicht auf die gegebenen Ordnungen. Also straft zum Beispiel mancher, um zu beweisen, daß er zu Recht Vater ist, und sucht im Ausgleich nach etwas, das man für Kindesehrfurcht halten soll. – Konfuzius sprach darüber, wie es ein Ganzes ist, als Vater zu handeln. Wem es jedoch nicht um die Sache, sondern um eine zweite Wirklichkeit der Bezeichnungen zu tun ist, der macht zum Beispiel gerade durch Handeln wie das eben erwähnte den Übelstand des Strebens nach bloßen Bezeichnungen augenfällig. Um gebildet zu sein, heißt es nur die Stimme des Herzens vernehmen, die Dinge klar zu scheiden, um dann entsprechend zu handeln. Wer zum Beispiel seine Person opfert, um seine liebevolle Beziehung zu etwas zu vollenden [Lun Yü xv,9], vergleicht auch nicht seine Situation mit der anderer und berechnet daraus, ob er sterben müsse oder nicht, sondern nachdem er eine bestimmte Angelegenheit durchschaut hat, gibt ihm das Weiterleben nicht mehr die Ruhe des rechten Tuns, sondern das Sterben: also opfert er sein Leben. Wenn nun die anderen von ihm sagen, daß er in seiner liebevollen Beziehung bis zum Letzten gehen konnte, so sind das Zuschauergespräche, auf die es bei unsern Entscheidungen niemals ankommt. [III, Hsüeh III, Chih Hsing 13 a–b]

Doch nur, wenn einer die Sache nicht durchschaut, braucht er unzählige Worte und verausgabt damit vergebens seine ganze Kraft, und schließlich hat er nichts von dem erreicht, was der Heiligen Menschen Absicht war. – Auch wenn in dem «Umfassenden Bewußtwerden» über das «Zu den Dingen gelangen» gesprochen wird, geht es dabei nur um dieses Durchschauen. [III, Hsüeh III, Chih Hsing 28 a]

Was soll das bohrende Nachdenken, als ob wir ein Brunnenloch bohren wollten in der Meinung, wenn wir damit fortführen, kämen wir zu klarem Wasser? Auch das Brunnenwasser ist bei der ersten Begegnung trübe, und nur wenn wir den Schlamm fortschaffen wird es allmählich klar. [III, Hsüeh III, Chih Hsing 27 b]

Absichten können nicht aus sich wahr werden, deshalb drängen sie zu dem Nächstfolgenden: folglich muß jeder, der seine Absichten wahrmachen will, wiederum zuerst zu den Dingen gelangen und mit seinem Erkennen ankommen. Denn das Vermögen zu liebevoller Beziehung zu dem anderen, für rechtes Denken und Handeln, das haben alle Menschen; aber außerdem haben sie mit ihrem Leib überschattendes Begehren

nach Dingen, und daher können sie nicht ohne weiteres nur
auf Grund ihrer Anlage erkennen. Wenn man sich aber gegenseitig an den aufeinanderfolgenden Angelegenheiten aufklärt
und die Anlagen zu durchschauendem Verstehen entwickelt,
so wird Feines und Grobes, Allgemeines und Einzelnes durchdrungen und aufgereiht werden können. Dabei bemerkt jeder
selbst, wie das Herz sich über die Ordnung des rechten Tuns
so freut wie der Gaumen über das Fleisch von gut gefütterten
Tieren, ohne auf Selbstbetrügereien warten zu müssen.
Wenn es uns nicht so geht und wir vielmehr darauf aus sind,
uns nur zu maßregeln und zu unterdrücken: wenn wir es dann
auch fertigbringen, Selbstbetrügereien nicht zu wagen, und
das nun mit Wahrmachen der Absichten bezeichnen, so ist
das auch nur wieder Selbstbetrug. Vergebens war wohl dieses
Unterdrücken: wir kommen tief im Innersten bei dieser freud-
losen Art um immer neuen Selbstbetrug nicht herum. [III,
Hsüeh III, Chih Hsing 32a-b]

ÜBER BILDUNG

QUALITÄT DER RECHTEN BILDUNG

Man hat nur darauf zu achten, ein feinsinniges Gewissen zu
bewahren, um alle gegebenen Ordnungen zu erforschen, und
das hat mit der Ansicht anderer Menschen (über unser Handeln) nichts zu tun ... Wenn man selber entdeckt, wo man
sich nicht genug angestrengt hat, so muß man dort besonder
eindringlich werden, sich beruhigen, und damit erlangt man
dann auch Bestimmtheit. [IV, Li Hsin Ch'u Shih IV, 18a]

«Zu den Dingen gelangen», das ist die Schranke, an der sich
das Dahinträumen von dem Bewußtwerden scheidet, und da
Wahrmachen der Absichten die, an der sich das zutreffende vor
dem schlechten Handeln scheiden läßt ... [VIII, Ta Hsüeh I, 24a]

... Man darf nicht drängen, um zu seinem Ziel zu kommen, vielmehr sollte man seine darauf gerichtete Absicht in der Tiefe pflanzen und mit ganzer Kraft diesen Keim pflegen. Pflanzen! Ja, so wie man ein jedes Ding einpflanzt. Nur wer die Arbeit des Bewässerns und des Pflegens geduldig verrichtet, ohne jemals dabei auszusetzen, der wird etwas in die Tiefe pflanzen. Auf diese Weise wandert das Herz mit seiner Absicht, es taucht in die Tiefen – ganz erfüllt von ihr, und wir erlangen das Erstrebte von selbst. Falls wir eilig drängend etwas erstreben, wird das Herz auch hitzig und das Urteil verwirrt: es wird nur Ichbezogenes erlangt und nichts weiter. Das Herz kann so mit seiner Absicht nicht wandern, nicht in die Tiefe tauchen, um zu dem rechten Weg durchzudringen. [Hsüeh II, Ts'un Yang 3 b]

DER ANSATZ FÜR DEN RECHTEN BILDUNGSWEG LIEGT IN DER KINDHEIT

Sobald kleine Kinder über den nötigsten Vorrat an erfahrenen und übernommenen Kenntnissen verfügen, lassen sie ihr Gewissen los (das das Einzelne überprüft). Von diesem Zeitpunkt an muß jedem wieder erklärt werden, wie er sich übend ein achtsames Herz bewahrt. [Hsüeh II, Ts'un Yang 4 b]

VOM ANHALTEN BEI DEM SCHON ZUTREFFENDEN

Die Heiligen und Hervorragenden machen nur das, was sie wirklich machen müssen: das aber ganz. Um heute als Heiliger oder Hervorragender Mensch zu wirken, geht es um das Anhalten bei dem schon Zutreffenden und nicht darum, unsere Grenzen immer weiter hinaus zu verlegen. [Hsüeh I, Wei Hsüeh Chih Fang 10 a]

REUE ALS WARNUNG

Ohne Reue geht es nicht, aber man darf nicht bei der Reue verweilen. Falls man etwas falsch gemacht hat, so wird man zu

anderer Zeit dieser oder einer ähnlichen Angelegenheit wieder begegnen - dann muß man gewarnt sein: es gilt also nur,
dieselbe Sache nicht noch einmal falsch zu machen. [Hsüeh IV,
Li Hsin Ch'u Shih 11b]

SCHRITTWEISES ERKENNEN

Wir sollten nichts überspringen, um nach Fernem auszu-
schauen, auch nicht beliebig in eine Richtung losschießen, um
dann wieder plötzlich zu stocken, sondern lieber von hier zu
dem nächsten gehen und von diesem erkannten Ort wieder zu
dem nächstliegenden weiter. Wenn uns durch solches Ordnen
eine Angelegenheit wirklich durchsichtig geworden ist, können wir dadurch von ihr aus auch anderes erschließen. Mit
dem Erkennen geht es ebenso: wenn ich erkannt habe, diese
Lampe hat soundso viel Licht, so kann ich von dieser Erkenntnis
aus die Lichtstärke anderer Lampen erkennen ... Wer auch immer irgendwo hinaufsteigt, steigt von der ersten auf die zweite
Stufe und so fort ... nur wenn wir Stufe für Stufe zu dem nächsten fortschreiten, nur dann bemerken wir, wie es immer
leichter wird, zu ordnen und zu erkennen, und nicht, wie es
nur immer schwerer wird. Man muß es verstehen, sich fernen
Orten zu nähern; wer von der ersten Stufe gleich auf die
dritte springt, den strengen diese zu großen Schritte an: er
bemerkt nur, wie es schwer ist und daß es noch recht weit
ist. [XIX, Lun Yü X, Tzŭ Chang 24a]

DIE VERBINDUNG ZU DER SICH STÄNDIG WANDELNDEN
UMWELT

Es gilt, beständig Wahrnehmungen zu sammeln, um nicht in
Gedanken in weite Fernen zu schweifen, anstatt draußer
nachzusehen, wie alles steht. Es gilt, dann erst im Innern Ab
sichten zu spüren. Und gerade wer begabt ist, muß besonder
am Wirklichen arbeiten: wer nämlich den größten Teil seine

Fähigkeiten dadurch brach liegen läßt, daß er nur auf sich gestellt alle Angelegenheiten zu fördern trachtet und nicht mehr
daran arbeitet, feinsinnig Wahrnehmungen zu sammeln, der
wird sich auf diese Weise um so mehr schaden, je begabter er
ist. [Hsüeh II, Ts'un Yang 11 b]

Alle diese nach Hohem Begierigen, das Weite Ersehnenden,
die nicht den Mut haben, beim Nahen anzufangen, wie sollten
sie das wirklich Große verstehen? [Hsüeh I, Hsiao Hsüeh 6a]

STUFENWEISE BILDUNG

Erst wer an seiner Vollendung arbeitet, kann andere Dinge
vollenden; denn die Vollendung unserer Person ist nicht
trennbar von dem, was wir vollenden. Das gilt für alles, was
wir vorwärtstreiben: nur so läßt sich unser rechtes Denken
und Handeln mit den gegebenen Ordnungen zur Deckung
bringen. Alles von Heiligen und Hervorragenden Gesagte
lehrt uns, an den nahen Orten mit dem Handeln anzusetzen ...
[I, Hsüeh I, Hsiao Hsüeh 5 b]

Im Verlauf unserer Bildung müssen wir zu dem Wesentlichen des jeweiligen Ganzen vordringen, dann erst wächst sie.
Falls es uns an einem Ganzen gelungen ist, es selber in seine
Teile zu zerlegen, dann erkennen wir auch an diesen Teilen
die sie einende Ordnung, und damit ist die Freude da. Nicht
etwa, daß man von den Teilen nichts verstehen müßte, aber
wer das Ganze nicht selber aufteilte, versteht auch von den Teilen weniger, er bleibt unfreudig. [I, Hsüeh I, Hsiao Hsüeh 20a]

Doch erst, wenn wir viele der gegebenen Ordnungen gesammelt haben, können wir das Durchdrungene aufreihen –
dann erst wird von selbst die Wirkung des Sammelns sichtbar.
So ist es nicht: heute verstehe ich einen Teil und mache gleich
von ihm Gebrauch. Nein, es ist so wie bei den Reichen, die
selbst ein Vermögen zusammengetragen haben: erst nachdem

sie vieles gesammelt haben, können sie sich jeden Wunsch erfüllen. [Hsüeh III, Chih Chih 30a]

AUS DEM JAHRBUCH DES CHU HSI

DAS HERZ UND DIE GEGEBENEN ORDNUNGEN WIRKEN ALS EINHEIT

Obwohl das Herz nur einen Menschen beherrscht, so sind seine geistigen Kräfte im Sich-Leermachen doch hinreichend, sich um alle Ordnung unter dem Himmel zu kümmern. Obwohl die Ordnungen über alle Dinge verteilt sind, so sind doch ihre Anwendungen bis in die kleinsten Feinheiten nicht außerhalb eines Menschenherzens. Nun wird gefragt, wie es mit den Funktionen des Herzens steht. Dazu sage ich: «Die Ordnungen kommen unbedingt zur Anwendung, warum müssen sie nun aber als Funktionen des Herzens wirksam werden? Seht her, in dem Organismus des Herzens sind die naturgegebenen Ordnungen vorbereitet. Es hat nichts, was nicht so ist, wie es sein müßte. Die Ordnungen sind ebenfalls in allen Dingen vorhanden – diese Ordnungen aber wirklich zu machen, das liegt nicht außerhalb eines Menschen Herzen. Obwohl die Ordnungen in den Dingen liegen, so werden sie für uns im Herzen erst wirklich. Gegebene Ordnungen finden sich in allen Dingen des Himmels und der Erde, und das Herz kümmert sich darum. Indem es sich darum kümmert, werden sie ihm in der Anwendung wirklich zu etwas im Herzen Wohnenden. Der Organismus der gegebenen Ordnungen liegt in den Dingen – sie werden vom Herzen angewandt. In diesem Zusammenhang sind wir aktiv und die Dinge passiv. Zusammenfassend läßt sich aber sagen: die Ordnungen in den Dingen und die in uns sind einer Art.» [IX, Ta Hsüeh III, 24a]

[Zu diesem Bewußtwerden hatte sich Chu Hsi ein ganzes Leben lang durchzuringen, aber es war ein Ringen, das mit den letzten Worten vor seinem Tode im Sinne Wang Yang-mings abgeschlossen war; er sagte:]

«Das Herz und die gegebenen Ordnungen wirken als Einheit – sie entwickelt sich auf natürliche Weise, wenn wir nichts ichbezogen abbiegen. Die Heiligen Menschen entsprechen den vielfältigen Angelegenheiten, wie Himmel und Erde die Dinge schufen: gerade, unmittelbar.» – Zu Beginn des dritten Monats war die Krankheit des Meisters schon auf ihrem Höhepunkt, doch nach wie vor war er unermüdlich im verbessernden Durchsehen seiner Schriften; selbst in dieser Nacht belehrte er noch seine Schüler bis über Mitternacht hinaus und sagte: «Wichtig für das Bewußtwerden im Üben ist nur, bei jeder Angelegenheit darnach zu streben, sie so zu erledigen, wie es recht ist, und dabei Nicht-Rechtes entschieden von sich zu weisen. Auf Grund dessen, was sich so auf die Dauer in uns sammelt, wirken das Herz und die gegebenen Ordnungen als Einheit.» [Chu Tzŭ Nien P'u, Wang Mou-hung Chuan Ssŭ, Hsia S. 17 b, San Yüeh Hsin Yu, Kai Ta Hsüeh Ch'êng I Chang]

AUS DEN WERKEN DES LIU CHIU-YÜAN
[1138–1191 n. Chr.]

Die vier Himmelsrichtungen und oben und unten nennt man Raum. Die Zeitfolge vom Altertum bis zur Jetztzeit nennt man Zeit. Raum und Zeit beinhaltet mein Herz, meine Herzensaktivitäten sind an Raum und Zeit gebunden. Wenn vor tausend oder zehntausend Generationen ein heiliger Mensch auftrat, so hatte er mit mir diese selben Herzensaktivitäten und dachte mit diesen selben gegebenen Ordnungen, und wenn

einer tausend oder zehntausend Generationen nach mir auftritt,
wird er ebendieselben Herzensaktivitäten haben und im Bereich ebenderselben gegebenen Ordnungen denken. Und so
wird es mit jedem sein, ob er auch jenseits des Ost-, Süd-, West-
oder Nordmeeres auftreten wird. [Hsiang Shan Ch'üan Chi
XXIII, S. 86]

Die Angelegenheiten innerhalb von Raum und Zeit sind die
Angelegenheiten, die das Selbst unterscheidet. Wenn das Selbst
als innere Angelegenheiten unterscheidet, so spielen auch sie
sich in Raum und Zeit ab. [Hsiang Shan Ch'üan Chi XXII,
S. 9a]

Raum und Zeit sind noch niemals von den Menschen getrennt gewesen, die Menschen trennen sich selbst von Raum
und Zeit. [Hsiang Shan Ch'üan Chi XXXIV, S. 9a]

Die zehntausend Dinge erfüllen auf einen Kubikzoll zusam-
mengedrängt das Herz, aber wenn sie das Universum erfüllen,
obliegen sie derselben gegebenen Ordnung. [Hsiang Shan
Ch'üan Chi XXXIV, S. 38 b]

Diese gegebene Ordnung ist überall im Weltraum wahrnehmbar, und Himmel und Erde sind das, was sie sind, weil
sie dieser gegebenen Ordnung folgen und ohne Ichbezogenheit sind. Der Mensch steht da mit Himmel und Erde als «Die
Drei Endlichen». Wie könnte er ichbezogen nicht dieser gegebenen Ordnung folgen! [Hsiang Shan Ch'üan Chi XI, S. 1 a]

Die Fähigkeiten des Himmels, der Erde und des Menschen
sind einer Art. Wie kann man den Menschen als bedeutungs-
los ansehen? [Hsiang Shan Ch'üan Chi XXXV, S. 42]

Die geistigen Aktivitäten des Menschen sind von unendlicher Vielfalt, aber es gibt nur einen Rechten Weg. [Hsiang Shan
Ch'üan Chi XXXV, S. 26 b]

Einen Rechten Weg gibt es unter dem Himmel, man kann nichts hinzufügen, noch ihn zerstören, man kann ihn nicht ergreifen, aber auch nicht von ihm lassen: das muß jeder Mensch von sich aus verstehen. [Hsiang Shan Ch'üan Chi XXXV, S. 5a]

Die Gaben des Himmels sind rein und still, wenn man nicht durch Zweifel auf Abwege gerät, wenn man nicht durch verschwommene Reden sich überschatten läßt, was sollte dann den Fortschritt (unserer Anlagen) hindern? Diese Durchgeistigung der Herzensaktivitäten, diese Klarheit der gegebenen Ordnungen, wie sollten sie von außen aufpoliert sein? Wenn man ihren Ursprung und ihr Ende klärt und erkennt, in welcher Reihenfolge man zu handeln hat, wie könnte man etwas hinzufügen oder zerstören? [Hsiang Shan Ch'üan Chi VII, S. 8b]

AUS WANG YANG-MINGS CH'UAN HSI LU
ÜBER DAS ÜBEN
[1472–1528 n. Chr.]

ÜBER DIE NATURANLAGEN

Naturanlagen haben nicht einen bestimmbaren Organismus; so können auch Erörterungen über sie einen solchen nicht wiedergeben. Ob über den Ursprung der Naturanlagen oder ihre zur Gewohnheit gewordenen Übelstände gesprochen wird, so sind es doch dieselben Naturanlagen. Aber es gibt seichte und tiefgehende Betrachtungen; falls bei Erörterungen nur eine Seite erfaßt und bestimmt wird, so stimmt die Sache eben nicht. Die Wurzel des Organismus der Naturanlagen hat ursprünglich nichts Gutes und nichts Böses; erst in der Äußerung kann sie sich schlecht oder gut auswirken. In allem, was bereits zur Gewohnheit geworden ist, liegt der Ursprung des bestimmbar Guten oder Schlechten. Nehmen wir als Beispiel die Augen: es gibt erfreute und zornige Augen. Geradeaus sehend sind es schauende Augen, verstohlen blickend sind es lauernde Augen, aber es sind doch immer dieselben Augen. Wenn man sie zornig gesehen hat und behauptet, niemals blickten sie verstohlen, so beinhaltet das gesetzte Bestimmtheit und ist als Erkenntnis eben falsch.–Wenn Mêng Tzǔ von den Naturanlagen spricht [vgl. S. 47], so spricht er von ihrem Ursprung, aber dabei verallgemeinert er. Wenn Hsün Tzǔ über die Schlechtigkeit der Naturanlage spricht [XXIII, vgl. S. 62], so spricht er über zur Gewohnheit gewordene Übelstände. Man kann nicht sagen, daß er Unwahres sagt, nur geht er eben auch nicht auf alle Feinheiten ein. Die Menschen der Menge haben eben den ursprünglichen Organismus ihres Herzens verloren. [Hsia 38b]

Hsieh K'an jätete Unkraut zwischen den Blumen und sagte in diesem Zusammenhang: «Wie schwer ist es doch, zwischen Himmel und Erde das Gute zu kräftigen und das Schlechte zu beseitigen!» Der Meister sagte: «Das liegt noch nicht bei dir, das Gute zu pflegen oder das Schlechte zu beseitigen», und nach einer Weile fuhr er fort: «Was du als gut oder schlecht ansiehst, das betrifft nur deine Person.»

Hsieh K'an verstand den Meister noch nicht. Also fuhr der Meister fort: «Wo war jemals zwischen Himmel und Erde in bezug auf das Leben von Gräsern und Blumen ein Unterschied von gut und schlecht. Wenn du Blumen betrachten möchtest, dann hältst du die Blumen für gut und das Gras für schlecht; zur Zeit aber, wenn du das Gras gebrauchen willst, dann hältst du wiederum das Gras für gut. Diese Art von Werturteilen ist nur aus der Vorliebe und Abneigung deines

Herzens entstanden und daher als allgemeingültiges Erkennen fehlerhaft.» Hsieh K'an: «Also gibt es weder gut noch
schlecht!» Meister: «Wenn es weder gut noch schlecht gibt,
so ist das der Ruhezustand der gegebenen Ordnungen; wenn
unser Atem in heftige Bewegung kommt, gibt es für uns Gutes und Schlechtes, wenn unser Atem nicht so in Bewegung
kommt, es also weder Gutes noch Schlechtes aus Liebe oder
Abneigung gibt, so ist das das Erreichen des Zutreffenden.»
Hsieh K'an: «Und was ist dabei der Unterschied zu den Buddhisten, für die es auch gut und schlecht nicht gibt?» Meister: «Die Buddhisten kümmern sich hierbei nicht um einzelnes, daher können sie nicht unter dem Himmel ordnen. Das
Nichtvorhandensein von gut und schlecht für die Heiligen
Menschen gründet sich auf etwas anderes: ihre Vorliebe und
ihre Abneigung ist nicht in Gemütsbewegungen begründet,
sondern in ihrer Beziehung zu dem allgemein Gültigen.» [Das
ist das, was in gleicher Situation von jedem als das Rechte angesehen würde.] [Shang 43 b]

ZUM ENTSTEHEN DER ABSICHT

Das Herz ist Herr der Einzelperson. Sein Sich-Leermachen für
die feinsinnigsten geistigen Aktivitäten, Klären des wahr-
nehmenden Bewußtwerdens, das nenne ich den ursprünglichen Zustand unseres «Besseren Wissens»; wenn wir in diesem Zustand einem Ding entsprechen, von dem wir angeführt
werden, so nenne ich diese Bewegung: Absicht. Erst wenn wir
etwas erkennen, haben wir eine solche Absicht: ohne Erkennen nicht. Gehört also die Absicht nicht zum Organismus des
Erkennens? Als Ort für ihre Funktion muß die Absicht unbedingt ihr Ding haben. Dieses Ding wird zu ihrer Angelegenheit. Wird die Absicht gerichtet auf das den Eltern-Dienen,
dann wird sie mit diesem Eltern-Dienen zu einem Ding ... Ge-

richtet auf das Bücherlesen, wird sie mit diesem Bücherlesen zu einem Ding, und so fort ... Ganz allgemein gesagt: auf welchen Ort die Absicht auch immer gerichtet ist, sie kann nicht ohne ihr Ding sein. Mit jeder Absicht haben wir also zugleich dieses ihr Ding; ohne die Absicht haben wir es nicht. Werden die Dinge also nicht erst durch die Aktion der Absicht gegeben? [Chung 12a–b]

An diesem Abend [des Jahres 1527] saßen alle Schüler an des Meisters Seite in der Nähe der T'ien-ch'üan-Brücke und kamen mit ihren Fragen heraus, um sich berichtigen zu lassen. Der Meister sagte: «Ausgerechnet heute, an meinem Abreisetag, zerstückelt ihr wieder einmal mit Reden die Absicht. Die Ansichten beider Herren sind gerade geeignet, sich wechselseitig zu fördern, aber es darf nicht jeder nur eine Seite festhalten. Unter den Menschen, mit denen ich in Beziehung gekommen bin, fand ich häufig folgende zwei Typen:

Denen, die im Erkennen alles verfolgen, bis sie an die Wurzel vordringen, werden die Dinge auch von ihrem Ursprung an bewußt. Der ursprüngliche Organismus des menschlichen Herzens ist zu Anfang klar wie ein Edelstein: ohne trübende Verdichtungen. Es entspricht seiner Art, so zu treffen wie zu der Zeit, in der die Gefühle noch nicht entfacht wurden. Obwohl solche an der Wurzel erkennenden Menschen sich ursprünglich organischer Zusammenhänge auf einmal bewußt werden, hängt es doch von ihrer Arbeit am Selbst ab, zu erreichen, daß ihnen außer ihren Beziehungen zu andern Menschen auch die ihrer inneren Welt zu der äußeren als ein Ganzes durchscheinend werden.

Das Herz der anderen hält sich unvermeidlich an Gewohnheiten: daher wird der ursprüngliche Organismus des Herzens überschattet. Wenn solche Menschen in ihrem Denker mit vorfassenden Absichten aber dahingehend belehrt werden

daß sie wirklich mit zutreffendem Tun das Schlechte beseitigen, so wird nach längerem Arbeiten der ursprüngliche Organismus ihres Herzens auch wieder völlig klar – wenn eben das,
was sich an Unreinem gesetzt hatte, entfernt wurde.

... Den alles wurzelhaft erkennenden Menschen begegnet
man überhaupt selten ... Wenn aber diejenigen, deren Herz
zu den Gewohnheiten hinstrebt, nicht zu ihrem «Besseren
Wissen» zurückgeführt werden, damit ihre Arbeit die sei, mit
zutreffendem Tun sich von dem Schlechten abzuwenden,
wenn man sie weiter gehen läßt, nur abstrakte Scheinorganis-
men zu erdenken, wenn sie auch nicht einen einzigen Abschnitt ihrer Angelegenheiten zu etwas Wirklichem machen
und sie sich nur eine Scheinruhe großziehen: so wird sich dies
zu einer allgemeinen schmerzvollen Krankheit auswachsen
und nicht zu einer kleinen.» [Hsia 42 a–43 a]

... Obwohl das «Ankommen des Erkennens» der Ursprung
für das «Wahrmachen der Absichten» ist, handelt es sich dabei
eben ganz und gar nicht um abstraktes Erkennen, sondern
darum, erkennend zu den wirklichen Angelegenheiten hinzukommen, und wenn die Absicht darauf gerichtet war, etwas
Zutreffendes zu tun, so muß man eben hingehen und diese
Sache auch machen. [Hsia 46 a]

Seht her, ursprünglich war mein Herz mit dem Himmel
und der Erde und allen Dingen ein Organismus. Welche Not
und welcher Kummer lebender Völker würde daher nicht
auch mich schmerzen? Und wer solche meine Schmerzen nicht
verstände, der hätte auch sein recht urteilendes Herz nicht
mehr; dieses urteilende Herz plant nicht und erkennt doch,
übt nicht und hat doch sein Fähigsein, und deshalb nenne ich
es das «Bessere Wissen». Das «Bessere Wissen» aller Menschen, der heiligen wie auch der törichten, wirkt in gleicher
Weise allerorts zu allen Zeiten unter diesem Himmel. Jedoch

nur die Edlen dieser Welt sehen es als ihre Aufgabe an, zu diesem «Besseren Wissen» hinzugelangen, um dann von selbst
allgemeingültig zu urteilen, um in ihrer Liebe und in ihrem
Haß mit den andern übereinzustimmen, um die andern Menschen wie sich selbst zu beurteilen, um den Staat wie eine Familie anzusehen, um eben mit Himmel, Erde und allen Dingen
wieder ein Organismus zu werden. [Chung 59 b]

Bei dem «Zu den Dingen gelangen» geht es nicht ohne den
Wechsel von Ruhe und Bewegung – auch die Ruhe hat ihre
Dinge. So hat es Mêng Tzǔ gemeint [vgl. S. 42], wenn er
sagte: «Wir müssen die Angelegenheiten haben und dürfen
nicht vorbereitend über sie etwas festsetzen.» [Shang 37 b]

... Wenn die Absicht ihren Ort im Hören, Sprechen, Sichbe-
wegen findet, so werden das jeweils ihre Dinge. Demnach läßt
sich sagen: gegebene Ordnungen außerhalb unseres Herzens
gibt es nicht und in diesem Sinn auch nicht Dinge außerhalb
unseres Herzens. Daher, wenn es in dem «Das beständig Anwendbare treffen» heißt: ohne wahrhaftig zu sein, gibt es nicht
ein Ding, und in dem « Umfassenden Bewußtwerden»: sich
klarmachen, was Sichtbarmachen Kraftvollen Wirkens ist, so
ist das alles dieses «Wahrmachen der Absicht». Die Arbeit bei
dem «Wahrmachen der Absichten» liegt nur in diesem «Zu
den Dingen gelangen». [Shang 9 a]

Die Arbeit beim Fassen eines Entschlusses ist wie die beim
Bäumepflanzen. An der Stelle, wo wir die Wurzel einsetzen,
gibt es den Stamm noch nicht; wenn der Stamm herauskommt, noch nicht die Zweige. Nach den Zweigen kommen
die Blätter und nach den Blättern erst die Blüten und Früchte.
Zur Zeit, wenn wir die Wurzel einsetzen, ist es nur nötig, sie
sorgsam zu bewässern – nicht aber, sich Gedanken über die
Zweige, Blätter, Blüten, Früchte zu machen. Was soll dabei

herauskommen, einen Baum in Gedanken in die Luft zu hängen? Aber arbeitend für ihn zu sorgen, damit er auch wirklich
Zweige, Blätter, Blüten und Früchte bekommt, das darf man
nicht vergessen. [Shang 22 a]

Auf die Frage von Lu Ch'êng [Schüler von Wang Yang-
ming] nach der Arbeit an den Gefühlen in Verbindung mit den
sich verändernden Angelegenheiten sagte der Meister: «Nur
in dieser Verbindung gibt es überhaupt etwas zu tun. Sind
Freude und Zorn über etwas, Trauer und inneres Heitersein
nicht unsere Gefühle? Vom Sehen, Hören, Sprechen, Sichbe-
wegen bis zum Reich- oder Armsein, In-vornehmem-oder-ge-
ringem-Stand-Leben, Unglück-oder-Not-Erleiden bis zum
Sterben oder Leben gehört alles zu den Angelegenheiten, die
sich ständig verändern. Wie diese wechselvollen Angelegenheiten von den Einzelnen verarbeitet werden, das liegt nur in
des Einzelnen Beziehungen zu seinen Gefühlen. Alles hängt
davon ab, ob wir die Ausgeglichenheit erreichen, aus der wir
im Entfalten der Gefühle das rechte Maß treffen. Zu diesem
Treffen, zu dieser Ausgeglichenheit gelangt jeder im Achten
auf sein Alleinsein.» [Shang 23 a]

WESEN DES BESSEREN WISSENS · LIANG CHIH

Es hängt nicht von dem Wahrgenommenen ab, ob das «Bessere Wissen» vorhanden ist, aber alles Wahrgenommene wird
von dem «Besseren Wissen» verwendet. Daher kommt das
«Bessere Wissen» weder durch Wahrnehmungen ins Stocken,
noch ist es von ihnen zu trennen.

Über Wahrgenommenes nachzudenken heißt zunächst
scharf hinsehen: das macht die Heiligen Menschen zu dem,
was sie sind. So gesehen, denken die Sinne als Beamte des Herzens für sie mit, und dadurch erlangen sie, was sie erstreben.
Wie dürfte solches Denken fehlen? [Chung 47 b–48 b]

Das Auge ist als Organismus nicht vollständig: es wird es erst durch die Farben aller Dinge; so wird es das Ohr durch die Töne aller Dinge, die Nase durch den Geruch aller Dinge, der Mund durch den Geschmack aller Dinge, und so ist auch das Herz als Organismus nicht vollständig und wird es erst, wenn es von den Dingen des Himmels und der Erde angerührt wurde, und es ihnen mit seiner zustimmenden oder ablehnenden Stimme entspricht. [Hsia 28a–b]

Wenn Gemütsbewegungen noch nicht entfacht sind, sind das die Umstände, unter denen das «Bessere Wissen» – seinem (dem Weltganzen verbundenen) Organismus entsprechend – unabhängig von den Einflüssen besonderer zeitlicher oder örtlicher Umstände wirkt. Wenn Angelegenheiten vorliegen, kann man von bewegten, wenn keine vorliegen, von ruhigen Zeiten sprechen, aber das «Bessere Wissen» läßt sich nicht von den Angelegenheiten einspannen. Ist man ausgeglichener Gemütsverfassung oder von etwas bis ins Innerste angerührt, dann kann man von bewegter oder ruhiger Gemütsverfassung sprechen: das «Bessere Wissen» nimmt nicht an solchen Gemütsbewegungen teil.

Bewegte oder ruhige Umstände wechseln mit der Zeit: der ursprüngliche Organismus des Herzens nimmt – als etwas in sich Begründetes – nicht an diesen Bewegungen teil. Auch bleiben die jeweils gegebenen Ordnungen unverrückbar, nicht aber das Begehren. [Chung 36b]

Versinken im Abstrakten und Ruhe bewahren im Hinblick auf das Zusammensetzen von herausgepreßten Gedanken, das ist: Erkenntnisvermögen ichbezogen anwenden. – Es ist dasselbe wie ein Begraben unseres vernachlässigten «Besseren Wissens». Unser «Besseres Wissen» ist der Zustand, in dem uns die vom Himmel gegebenen Ordnungen leuchtend klar bewußt werden; folglich verkörpert das «Bessere Wissen» die vom Himmel gegebenen Ordnungen. Nachdenken über Wahrgenommenes ist ein Hervortreten seiner Tätigkeit. Falls es sich um solches Nachdenken handelt, ist seine Ordnung vom Himmel gegeben. Dieses aus unserem «Besseren Wissen» entwickelte Denken ist in allem Einklang mit den vom Himmel gegebenen Ordnungen, und daher verstehen wir auf natürliche Weise einfach und leicht. Das «Bessere Wissen» kann sich, wie es wirkt, selbst erkennen, und falls wir ichbezogen mit vorfassender Absicht Gedachtes zusammensetzen und sich dadurch natürlich belästigende Verwirrung einstellt, so versteht das «Bessere Wissen» auch dieses Denken von anderem Denken zu unterscheiden; denn es erkennt, ob unsere Urteile abwegig oder geradegerichtet sind. [Chung 49 a]

Das «Bessere Wissen» ist die zustimmende oder ablehnende Stimme des Herzens. Sein Urteil äußert sich als Zuneigung oder Abneigung; in dieser Zuneigung oder Abneigung erschöpft sich sein Urteil. Dieses ist ausreichend, um den Veränderungen zahlloser Angelegenheiten zu entsprechen ... [Hsia 32 a]

... Das «Bessere Wissen» ist der ursprüngliche Organismus unseres Herzens: es ist das, was ich vorher mit «Das beständig alles Spiegelnde» bezeichnet habe. Der ursprüngliche Organismus des «Besseren Wissens» wirkt unaufhörlich: auch wenn die törichten Gedanken aufkommen, so ist das «Bessere Wissen» doch ständig zur Verfügung – nur verstehen die Menschen es nicht zu erhalten, und daher lassen sie es zeitweilig los. Auch in Zeiten höchster Verwirrung und Überschattung wird das «Bessere Wissen» niemals unklar – nur verstehen die Menschen nicht darnach zu forschen, und so bleibt es eben zeitweilig überdeckt. Obwohl dieses Überdecktsein und das Loslassen zu Zeiten vorkommt, so ist sein Organismus als etwas Wirkliches immer vorhanden. [Chung 33 b]

VOM ÜBEN DER HEILIGEN MENSCHEN
UND DER EDLEN

Die Heiligen Menschen sind auch während des Übens zur Erkenntnis gekommen, und die Menschen der Menge haben wie sie von Geburt an Erkenntnisvermögen ... «Besseres Wissen» haben die Menschen alle, der Unterschied ist nur der: die Heiligen Menschen bewahren es als etwas Vollkommenes, weil sie ohne Überschattungen urteilen. Daran arbeiten sie aber unermüdlich. Dieses unermüdliche Streben beschwingt sie, darum ist es nur natürlich, wenn sie es nicht aufgeben – übend sehen aber auch sie hin auf ein Vorbild. Nur weil das, was den Heiligen Menschen zur lebendigen Wirklichkeit wird, zahlenmäßig mehr ist, läßt sich sagen, sie leben auf im Erkennen und fühlen sich wohl bei ihrem zutreffenden Handeln. Die Menschen der Menge haben vom Säuglings- bis zum Knabenalter dasselbe Erkenntnisvermögen wie die Heiligen Menschen, nur werden ihre Überschattungen im Laufe ihres Lebens immer zahlreicher. [Hsia 9 a]

... Wie könnten wir zu Beginn irgendeiner Arbeit schon erleuchtet sein? Falls wir trübes Flußwasser gerade in einen Trog geschüttet haben, so fließt es nicht mehr, aber es ist noch trübe: wir müssen warten, bis es sich klärt – erst nach längerer Zeit setzt sich das Trübe von selbst auf den Boden, und das Wasser wird klar. Auch wer an seinem «Besseren Wissen» arbeitet und es sich dauernd erhält, den überkommt die Klarheit so plötzlich, als ob er aus einer dunklen Höhle stürzte, um dann im Licht zu sein. [Hsia 15 a]

... Der Edle bildet sich für sich und kümmert sich darum, ob er nicht sein «Besseres Wissen» betrügt, nicht darum, ob auch alle ihm vertrauen, sondern, ob er sich auch auf sein «Besseres Wissen» verläßt ... Weil er so sich nicht selbst

betrügt, erlaubt ihm sein «Besseres Wissen» nicht, künstliche
Wahrheiten hinzuzustellen, sondern sein Wahrhaftigsein ist
ganz klar. [Chung 52a]

Das Erkennen der Heiligen Menschen ist so hell wie die Sonne
bei blauem, das der Hervorragenden wie bei leicht bewölktem
Himmel und das der Törichten wie zur Zeit eines Sandsturms.

Obwohl diese Helligkeitsgrade sich unterscheiden, so eint
sie doch alle die Möglichkeit, sich noch vom Dunklen zum
Hellen zu wandeln: und auch in trüber, schwarzer Nacht läßt
sich der Schattenumriß bei den schwarzen wie bei den weißen
Dingen doch erkennen – und das bewirkt der Überschuß an
Sonnenlicht. Jedoch noch nicht Erschöpftes kann nur in harter,
langer Arbeit von den Punkten aus feinsinnig weiter verfolgt
werden, die im einzelnen klar wurden ... Aber selbst wenn die
Sonne nur durch einen Spalt dringt, so ist das ein Beweis für
ihr Vorhandensein. [Hsia 32a–b]

Die Arbeit der Heiligen Menschen, Erkenntnisse zu erwirken,
läßt sie bei dem Wahrhaftigen unaufhörlich ankommen. Der Organismus ihres «Besseren Wissens» ist rein wie ein klarer Spiegel
[vgl. Hsün Tzü, S. 57] – unbehindert durch das Dazwischenkom-
men auch nur der feinsten Überschattung einer Erscheinung
folgt er den Dingen, ihre Form wahrnehmend, und dieser klare
Spiegel ist ohne Rest einer vorherigen Färbung. [Chung 46a]

Wenn heute gesprochen wird über das «Zu den Dingen gelangen», so ist es dasselbe wie an seinem Spiegel arbeiten, um
die Dinge recht zu spiegeln. Wer nicht erkennt, wann dieser
Spiegel noch trübe ist, wie könnte der überhaupt etwas spiegeln? [Shang 30b)

... Man hat nur zu fürchten, daß der eigene Spiegel nicht
klar ist, und nicht, daß die auf uns zukommenden Dinge sich
etwa nicht spiegeln könnten. Die Veränderungen der Angele-

genheiten zu erklären trachten, das gehört auch in die Zeit
des Spiegelns. Daher muß der Lernende zuerst vor allem an
seiner Klärung arbeiten und sich nur um seinen Herzensspiegel Sorgen machen, daß dieser möglicherweise noch nicht klar
sei, und nicht um die Veränderungen der Dinge, die er nicht
erschöpfen kann. [Shang 18b]

Der Meister sagte: «Liebevolle Beziehung zu dem anderen
haben heißt, das Herz bereithalten wie einen Spiegel. Das
Herz der Heiligen Menschen ist wie ein klarer Spiegel und das
der gewöhnlichen wie ein trüber.» [Shang 30a]

... Wenn das Wesen der Heiligen Menschen nur in den Heiligen Menschen wäre, von welchem Ort aus sollten wir ausgehen, um dieses Wesen zu erkennen, wenn wir nicht durch unser «Besseres Wissen» solchem Wesen im einzelnen auch wirklich Gestalt geben könnten? Von dem, der aber so, als ob es die
Gestirne am Himmel nicht gäbe, Wichtiges und Unwichtiges
gegeneinander abwägt, der seinen Herzensspiegel noch nicht
geöffnet hat und ohne ihn Schönes und Häßliches untersucht,
läßt sich sagen: er schätzt mit dem Bauch eines Kleinen
Mannes das Herz von Edlen ab. Aus welchem Grunde erkennen wir also das Wesen der Heiligen Menschen? Unser «Besseres Wissen» ist ursprünglich einer Art mit dem der Heiligen
Menschen; wenn wir dem, was wir klar erkannt haben, auch
Gestalt geben, dann ist das Wesen der Heiligen Menschen
nicht mehr nur in den Heiligen Menschen, sondern auch in
uns. [Chung 29b–30a]

WERT DER BEZEICHNUNGEN
UND DER DINGE FÜR DIE ERKENNTNIS

... Das vom Himmel in den Menschen Gelegte bezeichnen
wir als Naturanlagen, das, was seine Person beherrscht, als
Herz. Je nachdem, was sich aus diesem Herzen entwickelt,

bezeichnen wir dieses als Kindesehrfurcht bei der Begegnung mit dem Vater, als Ergebenheit aus innerstem Herzen bei der Begegnung mit dem Fürsten (oder Vorgesetzten). Auf diese Weise läßt sich mit den Bezeichnungen fortfahren bis ins Unendliche: sie enden in dem jedem einzelnen Menschen von Natur als Ganzes Gegebenen. In derselben Weise wird dieser selbe Mensch dem Vater gegenübergestellt: als Sohn und einem Sohn gegenübergestellt: als Vater bezeichnet. Auch hier läßt sich mit den Bezeichnungen bis ins Unendliche fortfahren, es bleibt doch immer dieser eine selbe Mensch. – Nur wenn ein Mensch im Bereich seiner Naturanlagen an sich arbeitet, wird ihm klar werden, was dieses eine Schriftzeichen: Naturanlagen alles umfaßt, und dabei werden unzählige Ordnungen durchscheinen. [Shang 23 b]

... Der Meister sagte: «Der Rechte Weg ist körperlos und läßt sich darum auch nicht festhalten ... Wenn heute jemand zum Beispiel nur von dem Himmel spricht, wo hat er denn jemals seine Wirklichkeit erschaut? Von der Sonne, dem Mond, dem Wind oder dem Wasser als von dem Himmel zu sprechen, das geht doch nicht, und so geht es auch nicht zu sagen: die Menschen und andere Lebewesen, das Gras und die Bäume gehören nicht zum Himmel. Der Rechte Weg allen Geschehens, das ist der Himmel ... Wenn aber jeder mit dem von seiner Ecke aus Erkennbaren einfach etwas über das Ganze des Weges bestimmt und dabei stehenbleibt, so deckt sich das, was er da für Erkanntes hält, nicht mit dem Wirklichen. Falls er sich aber darauf versteht, forschend ins Innere zu dringen, und ihm dabei etwas von dem Organismus seines Herzens wahrnehmbar wird, so wird das zu jeder Zeit und an jedem Ort zu den Wegen des Himmels gehören.» [Shang 31 b–32 a]

Auf die Frage: «Wenn Ch'êng Tzǔ [Ch'êng Hao, 1032 bis 1085, oder Ch'êng I, 1033–1107] davon spricht, es bestehe

ein organischer Zusammenhang unserer liebevollen Beziehung zu dem anderen mit der aller Lebewesen zwischen
Himmel und Erde, warum läßt sich dann die ‹umfassende
Liebe› von Mo Ti [4. und 5. Jh. v. Chr.] nicht auch mit liebevoller Beziehung zu dem anderen bezeichnen?», sagte der
Meister: «Dazu ist schwer etwas zu sagen. Wenn Sie, meine
Herren, liebevolle Beziehung erkennend auch im Handeln verkörpern, dann erst werden Sie mich verstehen. Obwohl die
liebevolle Beziehung in der Schöpfung unter den Lebewesen
eine der gegebenen Ordnungen ist, die unaufhörlich wieder
entsteht, die alles überflutend jeden Ort einschließt, so entwickelt sie ihr Leben im Verlauf des Handelns doch nur allmählich von Stufe zu Stufe ... Die Liebe zwischen Vater und
Sohn, zwischen älterem und jüngerem Bruder ist für das
menschliche Herz der Ansatz seiner Lebensabsichten – so wie
der erste Sproß eines Baumes. Von hier zu der liebevollen Beziehung zu dem Volk und zu einem Alle-Lebewesen-Lieben liegt
eine Entwicklung wie die vom Sproß zum Stamm mit allen
seinen Zweigen und Blättern. Die ‹umfassende Liebe› von
Mo Ti macht keine Unterschiede: sie sieht die Beziehung vom
Vater zum Sohn, zwischen Brüdern als von gleicher Art an
wie die zu einem beliebigen Menschen auf der Straße. Auf
diese Weise fehlt der Ort für den Ansatz der Beziehung, es
fehlt der Sproß für ihr Wachstum, und daran ist zu erkennen:
sie hat gar keine Wurzel.» [Shang 38b–39a]

EINHEIT VON ERKENNEN UND HANDELN

Erkennen ist Beginn des Handelns; Handeln das Vollenden
des Erkennens. Durch die Heiligen Menschen lernen wir es als
ungetrennte Leistung kennen: aus dem Erkennen und dem
Handeln sollten eben nicht zwei Angelegenheiten gemacht
werden! [Shang 20a]

... Wenn jemand im einzelnen wirklichkeitstreu ist und unaufhörlich in dieser Weise an sich arbeitet, so wird er mit einem solchen Herzen von Tag zu Tag mehr von den einzelnen Feinheiten der vom Himmel gegebenen Ordnungen erkennen und ebenso von den Feinheiten ichbezogenen Wünschens. Bei denen, die nicht daran arbeiten, ihre Ichbezogenheit zu besiegen, bei denen bleibt alles nur Gerede. Die vom Himmel gegebenen Ordnungen werden schließlich nicht von selbst sichtbar – auch nicht das ichbezogene Wünschen. Es geht dabei vielmehr so zu, als ob wir einen Weg entlang gehen: nachdem wir ein Stück gegangen sind, kennen wir dieses begangene Stück, und wenn wir an eine Weggabelung kommen und Zweifel haben, so fragen wir. Nach dem Fragen gehen wir weiter, und ganz allmählich können wir an den Ort gelangen, an den wir hinzukommen wünschten. Heute aber sind die Menschen nicht willens, das zu bewahren, was sie von den vom Himmel gegebenen Ordnungen schon erkannt haben, und vor allem nicht willens, ichbezogene Wünsche zu beseitigen. Für sie gibt es nur eine Sorge: vielleicht nicht erschöpfend zu erkennen! Wen aber soll dieses müßige Geschwätz bereichern? Ich glaube, auch heute kommen wir noch nicht zu spät, wenn wir warten, bis es nichts Ichbezogenes mehr gibt, das zu besiegen wäre, um dann uns erst zu sorgen um das, was wir erschöpfend nicht erkennen können. [Shang 31 a–b]

Hsü [Schüler von Wang Yang-ming] fragte: «Wenn aber, wie es heutzutage oft der Fall ist, die Menschen zwar wissen, daß sie sich gegen den Vater kindesehrfürchtig verhalten sollen ... aber sich einfach nicht so zu verhalten vermögen, wird daraus nicht klar, daß Erkennen und Handeln zwei Angelegenheiten sind?» Darauf erwiderte der Meister: «Hier wurde die ursprüngliche organische Einheit von Erkennen und Handeln durch ichbezogene Wünsche getrennt. Etwas wirklich erkannt haben und nicht darnach handeln können, das hat es noch nicht gegeben. Wenn jemand von etwas nur weiß und dennoch nicht im Einklang damit handelt: der hat eben noch nicht erkannt.»

Wenn die Heiligen und Hervorragenden über Erkennen und Handeln lehren, so geht es ihnen gerade um das Wiederherstellen dieser ursprünglichen organischen Einheit: sie heißen dich nicht nur über etwas nachdenken, um es dabei bewenden zu lassen. Daher weist auch der Verfasser des «Umfassenden Bewußtwerdens» auf das echte Erkennen und Handeln hin und macht es für alle sichtbar, wenn er dazu das Beispiel anführt: «... so wie bei der Liebe zu schönen Farben, so wie bei dem Verabscheuen schlechten Geruches.» Das Wahrnehmen der schönen Farbe gehört zum Bereich des Erkennens, das Lieben der schönen Farbe gehört zum Bereich des Handelns, aber es geht doch dabei so zu: zur Zeit, wenn wir die schöne Farbe wahrnehmen, lieben wir sie von selbst; und es ist nicht etwa so: nachdem wir die schöne Farbe wahrgenommen haben, haben wir etwas hingestellt, auf das unser Herz zugeht, um es zu lieben. Falls aber jemand seine Nasenlöcher verstopft: wenn er dann etwas Übelriechendes vor sich sieht, so wird er nicht spontan Abscheu empfinden, weil eben seine Nase zuvor nicht riechen konnte, daß etwas übel roch ... Falls wir also von jemand sagen, er habe erkannt, was Kindesehrfurcht ist, so muß dieser Mensch auch vormals schon so gehandelt haben; andernfalls reicht es nur dazu hin, daß er davon weiß und darüber reden kann: so wie eben jemand Hunger gehabt haben muß, um zu erkennen, was Hunger ist. Wie ließe sich für einen solchen Erkennen und Handeln trennen? ... Eine solche Untrennbarkeit ist mit der organischen Einheit von Erkennen und Handeln gemeint. Wenn diese Einheit nicht durch ichbezogene Absichten gespalten wurde, dann muß sie so sein, und nur unter solchen Umständen läßt sich überhaupt von Erkennen sprechen. So lehrten es die Heiligen Menschen. [Shang 5 a–6 a]

Erkennen ist des Herzens ureigenster Organismus, und daher versteht sich das Herz von selbst auf das Erkennen: alle, die den Vater sehend von selbst erkennen, was Kindesehrfurcht ist, den älteren Bruder sehend von selbst erkennen, was brüderliche Folgsamkeit ist, ein Kind in den Brunnen laufen sehend von selbst erkennen, was mitfühlender Schmerz ist, erkennen durch ihr «Besseres Wissen», und sie sind nicht darauf angewiesen, außer sich noch etwas zu suchen. Wenn «Besseres Wissen» auf diese Weise zum Durchbruch kommt, sind ichbezogene Absichten nicht mehr im Wege. Daher heißt es [Mêng Tzŭ VII B 31]:

«Wer sein Herz mit mitfühlendem Schmerz erfüllt, kann die liebevolle Beziehung gar nicht aufbrauchen.» Aber für gewöhnlich können die Menschen nicht von selbst ohne die Schranken ihrer ichbezogenen Absichten erkennen; daher müssen sie arbeiten, um mit ihrem Erkennen anzukommen, um zu den Dingen zu gelangen. Im Überwinden des Ichbezogenen und im Zurückkehren zu den gegebenen Ordnungen sind die versperrenden Schranken dem «Besseren Wissen» aus dem Wege geräumt, und es gelingt, den ganzen Verlauf des Handelns mit ihm zu erfüllen: damit ist jeder mit dem Erkennen angekommen, und die Absichten werden wahr. [Shang 9 b]

Darnach streben, nur an den Angelegenheiten oder nur an den Dingen das Zutreffende zu erreichen, hieße das Rechttun von unserer Person trennen. Das Zutreffende zu erreichen, das ist vielmehr die ursprüngliche organische Funktion unseres Herzens. Nur müssen wir uns an irgendeiner bestimmten Situation klarmachen, was Sichtbarmachen klaren, Kraftvollen Wirkens im Guten in seinen einzelnen Feinheiten bedeutet, dann erreichen wir es. Sich aber im Erkennen von den einzel-

nen Angelegenheiten oder den einzelnen Dingen zu trennen:
das war bisher noch nicht möglich. Es geht nicht an, die Ordnungen für Kindesehrfurcht nur am Vater zu suchen oder für
Ergebenheit aus innerstem Herzen nur am Fürsten, für
Freundschaft nur am Freund, für liebevolle Beziehungen nur
an den anderen: diese Ordnungen liegen vielmehr in unserem
Herzen. Es verkörpert die gegebenen Ordnungen. Wenn es
nicht durch ichbezogene Wünsche überschattet wird, verkörpert es die vom Himmel gegebenen Ordnungen, und es ist
nicht nötig, auch nur einen Teil von außen hinzuzufügen.
[Shang 2 b–3 b]

Wir lieben Tiere und wir lieben Pflanzen, aber wir ertragen
es, mit Pflanzen die Tiere zu füttern. Wir lieben Menschen
und wir lieben Tiere, aber wiederum erträgt es unser Herz,
wenn Tiere geschlachtet werden, um unsere Eltern zu ernähren, um sie als Opfer darzubringen, um einen Gast zu bewir-
ten. – Wir lieben unsere Eltern und wir lieben Menschen, denen wir einmal unterwegs begegnet sind. Wenn es nun darum
geht, daß nur noch ein Körbchen mit Essen und ein Teller
Bohnensuppe vorhanden sind, die nicht für beide ausreichen,
und wer sie erlangt, wird leben, und wer sie nicht erlangt,
wird Hungers sterben: in einem solchen Falle erträgt es unser Herz nicht nur, wenn wir den Eltern helfen und nicht jenen Menschen, denen wir einmal auf der Straße begegnet
sind, sondern die natürliche gegebene Ordnung schreibt es
vor, so zu handeln. [Hsia 27 b]

Seht her, den Rechten Weg müssen wir verkörpern; erst
dadurch wird er sichtbar, und es ist nicht etwa so: erst sieht
man diesen Rechten Weg, und dann fügt man seine Arbeit an,
um ihn zu gestalten. Den Rechten Weg zu gehen, das muß
man üben, und dabei wird er dem klar bewußt, der übt. So
etwas gibt es aber nicht, daß er klar würde durch Erklärun-

gen, die von außen kommen. Allerdings lassen sich zwei verschiedene Arten von Erklären unterscheiden: die einen erklären durch ihre Persönlichkeit und ihr Urteilen, und die anderen erklären mit ihrem Munde, was sie von anderen gehört
haben. Sie vermuten und schätzen, das ist dem Einfluß ihrer
Forschungsweise zuzuschreiben. Diejenigen, die durch ihre
Persönlichkeit und ihr Urteil erklären, entfalten den Rechten
Weg durch Handeln und untersuchen ihn während des Übens:
sie haben etwas Wirkliches als ihren Besitz. Wer diese Unterschiede erkennt, der versteht, was durch konfuzianische Lehren beim Üben bewußt wird. [Chung 53 b]

Die Umstände, unter denen wir das Erkannte im einzelnen
wahr und ernsthaft zu unserer Wirklichkeit machen können,
sind das Handeln – das erleuchtende Bewußtwerden, feinsinniges Forschen während des Handelns, das führt zum Erkennen. Als Leistungen lassen sich ursprünglich Erkennen und
Handeln nicht trennen: sie wurden nur von den Gelehrten
späterer Geschlechter in zwei Tätigkeitsabschnitte zerlegt,
womit der ursprüngliche organische Zusammenhang von Erkennen und Handeln aus den Augen verloren wurde. Nur aus
diesem Grunde kann überhaupt so etwas gesagt werden wie:
durch ihre Vereinigung kommt es zu Fortschritten. – Wirklich wird das Erkennen erst durch das Handeln; ohne das ihm
entsprechende Handeln reicht das Erkannte nicht, um als Erkenntnis angesprochen zu werden. Die gegebenen Ordnungen
der Dinge liegen nicht außerhalb unseres Herzens – außerhalb
unseres Herzens haben wir sie nicht. Die gegebenen Ordnungen der Dinge aber ignorieren, um nur eigens im Herzen zu
forschen, dann hätte das Herz keine Dinge. [Chung 4 b]

Was das «Zu den Dingen gelangen» anlangt, so ist das der
Ansatz, um das «Umfassende Bewußtwerden» wirklich werden
zu lassen. Wenn man den Inhalt dieser Schrift gründlich unter-

sucht, so ist von Anfang viel darin, um die Heiligen Menschen
zu erreichen. Ach, es geht überhaupt nur und immer um diese
Arbeit, nicht nur bei Beginn des Übens ist dieser Abschnitt
so wichtig. Seht doch, Geraderichten unseres Herzens, Wahrmachen unserer Absichten, Ankommen unseres Erkennens –
so daß wir zu den Dingen gelangen; dies alles geht aus von
dem Ausbessern unserer Person. Wenn wir uns anstrengen, zu
den Dingen zu gelangen, werden uns täglich neue Orte sichtbar. Daher kommt der, der zu den Dingen gelangt, zu den
Dingen seines Herzens. Er kommt zu den Dingen seiner Absichten, er kommt zu den Dingen seiner Erkenntnis. Wer sein
Herz geraderichtet, richtet die Dinge seines Herzens gerade;
wer seine Absichten wahrmacht, macht die Dinge seiner Absichten wahr; wer mit dem Erkennen ankommt, gelangt zu den
Dingen seines Erkennens. Wo ist da ein Bruch zwischen unserer
inneren und einer äußeren Welt, zwischen einem Hier und
einem Dort? Die naturgegebenen Ordnungen sind ein Ganzes.
Wenn wir von den Verdichtungen dieser Ordnungen sprechen,
nennen wir es Naturanlage; sprechen wir von ihrem Herrn,
nennen wir es Herz; sprechen wir von den hervorgerufenen
Bewegungen dieses Herrn, nennen wir sie Absichten; sprechen
wir von dem klar und empfindsam Bewußtgewordenen, nennen
wir es Erkenntnis; sprechen wir von dem, dem dieses klar und
empfindsam Bewußtgewordene, das uns anrührte, entspricht,
nennen wir es Dinge. In bezug auf die Dinge spricht man von
Gelangen, in bezug auf das Erkennen von Ankommen, in bezug
auf die Absichten von Wahrmachen, in bezug auf das Herz von
Geraderichten. Was das Geraderichten, das Wahrmachen, das
Ankommen, das Gelangen betrifft, so ist das alles dasselbe und
zu bezeichnen mit: die gegebenen Ordnungen erforschen, um
die Naturanlagen auszuschöpfen. Unter diesem Himmel gibt es
nicht irgendwelche Ordnungen und Dinge, die nicht auch in
uns angelegt wären; unter Ausschluß der Naturanlagen gelan-

gen wir nicht zu den Dingen. Wer das beim Üben nicht begreift, hängt mit seinem Denken von den zeitgenössischen Konfuzianern ab, die Ordnungen und Dinge nur außer uns erkennen. [Chung 55 a–b]

Wenn wir mit dem Erkennen ankommen, erreichen wir nur etwas innerhalb von uns gesetzter Grenzen. Wenn uns heute auf Grund unseres «Besseren Wissens» etwas aufgefallen ist, so ist heute der Umfang des zu Erkennenden erreicht, morgen wird uns durch unser «Besseres Wissen» wieder etwas bewußt. Wir gehen dann jeweils von dem Umfang des neu dazu Erkannten aus weiter, bis wir am Ziel angekommen sind. Auf diese Weise verfeinern wir die Arbeit jeweils an dem, was vor uns liegt. Wenn wir mit jemand über etwas sprechen, was er üben soll, so müssen wir daher seinen Grenzen im einzelnen folgen, um etwas zu erreichen – so wie ein Baumsproß als Sproß nur ein bißchen Wasser von uns braucht, damit er wächst. Wenn er etwas gewachsen ist, gibt man ihm mehr Wasser, und so schreitet man von dem, was man selbst mit den Händen umspannen kann, auch dazu fort, ein Ganzes zu umfassen. Stets geht es dabei zu wie bei der Arbeit des Bewässerns: von jeweils begrenzbaren Orten schreitet man zu dem nächsten fort: wer über zarte Sprossen einen ganzen Eimer Wasser ausgießt, hat sie zu Tode bewässert. [Hsia 10 a–b]

Ich lehre die Menschen, daran zu arbeiten, mit ihrem «Besseren Wissen» zu den Dingen zu gelangen: das ist die Wurzel aller Bildung. So wächst sie täglich, und wir dringen täglich weiter vor: je länger wir so fortschreiten, um so klarer werden wir uns aller Feinheiten bewußt. Die zeitgenössischen konfuzianischen Gelehrten lehren Dinge und Angelegenheiten herauszufordern, um sie zu erforschen: das führt zu einer Bildung ohne Wurzel. Obwohl die so Belehrten in ihren besten Jahren nach außen viel Schmückendes zeigen und Fehler zu-

nächst nicht sichtbar sind, so läßt aber dann im Alter ihre
Feinsinnigkeit immer mehr nach, und die ganze Bildung
trocknet ein wie ein wurzelloser Baum. [Hsia 15 b]

Ein Beamter, der schon lange von der Lehre des Meisters
gehört hatte, sagte: «Diese Lehre ist ausgezeichnet, nur lassen mich die umfangreiche Lektüre und Korrespondenz, die
Prozesse und anderen Amtsverpflichtungen nicht zum Üben
kommen.» Als der Meister davon hörte, sagte er: «Wo habe
ich jemals gelehrt, daß jemand unabhängig von seinen Verpflichtungen, wie zum Beispiel Lektüre, Korrespondenz und
Prozessen, nur aus der Luft Gegriffenes erörtern und üben
sollte? Gerade durch die Angelegenheiten, die zum Beispiel an
einen Justizbeamten herantreten, kommt er wirklich zu den
Dingen: also zum Beispiel sollte er im Verlaufe eines Prozesses
nicht ärgerlich werden, wenn in den Antworten dem Inhalt
der Anklage gar nicht entsprochen wird, ebenso sollte er sich
nicht an abgerundeten, aber die Sache verdrehenden Reden
erfreuen. Er sollte nicht irgendwelche Abneigung haben gegen die Persönlichkeiten, die mit dem Fall beauftragt wurden
und nicht seine Ansichten einfügen, um die Sache zu ordnen.
Auch darf er nicht, wenn er inständig dazu ersucht wird, nachgeben und von seiner Ansicht abweichen – oder beliebig und
oberflächlich entscheiden, weil er mit Amtsgeschäften sehr
überlastet ist, oder seine Meinung nach anderen richten, die
verleumden oder Unschuldige hineinziehen wollen. All solches Denken ist ichbezogen, und nur er allein sollte dies selbst
erkennen – er sollte seine Gedankenwege in die feinsten Einzelheiten selbst überprüfen und sich dann selbst besiegen:
wenn ihm sein Urteil auch nur ein bißchen einseitig erscheint.
Zustimmung und Ablehnung der andern auszuschließen, das
ist das rechte «Zu den Dingen gelangen» und «Mit dem Erkennen ankommen»! In der Lektüre, der Korrespondenz, den

Prozessen, überall läßt sich am Wirklichen üben. Wenn sich jemand beim Üben von seinen Angelegenheiten und Dingen trennt, so ist das wie das Verfassen abstrakter Schriften.» [Hsia 8a–b]

Als Lu Ch'êng die Kornspeicher im Hung-lu-Tempel beaufsichtigte, erhielt er einen Brief von zu Hause mit der Nachricht von einer gefährlichen Erkrankung seines Sohnes. Er war durch die Sorge um seinen Sohn so niedergeschlagen, daß er den Kummer nicht mehr ertragen konnte. Da sagte der Meister zu ihm: «Gerade solche Zeiten sind geeignet, um an sich zu arbeiten; läßt man sie vorübergehen, um nur in müßigen Zeiten über das Üben zu reden, was sollte dabei herauskommen? Gerade in solchen Zeiten sollte man seine Fehler verbessern. Die Liebe des Vaters zu den Kindern, das ist das höchste der Gefühle, aber in der vom Himmel gegebenen Ordnung sind auch die Grenzen angelegt, in welchen sich auch hier Ausgeglichenheit treffen läßt: wer sie überschreitet, tut es aus ichbezogenem Denken.» [Shang 26a]

Von dem Einfluß des Hauches der Nacht läßt sich nur bezüglich gewöhnlicher Menschen sprechen – ein Gebildeter, der an sich arbeiten konnte, lebt im Laufe des Tages, ob etwas vorliegt oder nicht, in allem, was er in sich aufnimmt und was er von sich gibt, so, als ob er den Einfluß des beruhigenden Hauches der Nacht zu spüren bekommen hätte. [Shang 27a]

ÜBERTRIEBENE HÖFLICHKEIT

... Ichbezogenes Begehren und bloße Höflichkeit sind Überschattungen der Naturanlagen. Bezüglich der Qualität unserer Anlagen gibt es reinere und trübere, daher treffen wir gefühlsmäßig nicht immer das rechte Maß, sondern überschreiten es oder reichen nicht an es heran – auch bei den Überschattungen gibt es oberflächlichere und tiefer gehende. So gesehen sind Ichbezogenheit und bloße Höflichheit Symptome einer Krankheit: es sind gar nicht zwei Dinge. [Chung 43 b]

INNERES HEITERSEIN

Heitersein ist des Herzens ursprüngliches Wesen. Wenn auch dieses Heitersein nicht mit der gefühlsmäßigen Freude übereinstimmt, so liegt es doch in ihrem Bereich. Obwohl die Heiligen Menschen und die Hervorragenden ein besonderes, echtes Heitersein haben, so ist dieses in den gewöhnlichen Menschen auch angelegt, aber sie kennen es nicht, weil sie selber sich Sorgen und Kümmernisse suchen, selbst ihre Verwirrungen, selbst ihre Entsagungen vermehren. Wer wann auch immer in Sorgen, in Kummer, Verwirrungen und Entsagungen gezogen wird: dieses Heitersein erhält sich im Innern; aber nur für die bleibt es als solches verfügbar, die sich beim Aufkommen jedes Gedankens ihrer Person zuwenden und ihr Wahrhaftigsein überprüfen. [Chung 45 a–b]

Seht her, den rechten Weg müssen wir verkörpern – erst dadurch wird er sichtbar, und es ist nicht etwa so: erst sieht man diesen rechten Weg, und dann fügt man seine Arbeit an, um ihn zu gestalten. Den rechten Weg zu gehen, das muß man üben, und dabei wird es dem klar, der übt. So etwas gibt es aber nicht, daß er klar würde durch Erklärungen, die von außen kommen. Allerdings lassen sich zwei verschiedene Arten von Erklärungen unterscheiden: die einen erklären durch ihre Persönlichkeit und ihr Urteil, und die andern erklären mit ihrem Munde, was sie von anderen gehört haben. Sie vermuten und schätzen – das ist dem Einfluß ihrer Forschungsweise zuzuschreiben. Diejenigen, die durch ihre Persönlichkeit und ihr Urteil erklären, entfalten den rechten Weg durch Handeln und untersuchen ihn während des Übens: sie haben wirklich etwas als Besitz. Wer diese Unterschiede erkennt, der versteht etwas von der konfuzianischen Lehre. [Chung 53 b]

STELLUNG ZU CHU HSI

Der Schüler Hsü Ai fragte über den Abschnitt des «Umfassenden Bewußtwerdens»: Wer erkennt, wo er anzuhalten hat, hat damit erst Bestimmtheit, und sagte: «Chu Hsi ist der Ansicht, daß alle Angelegenheiten und alle Dinge ihre bestimmte gegebene Ordnung haben; das scheint sich mit den Ansichten des Meisters nicht zu vertragen!» Wang Yang-ming antwortete: «Wer nur in allen Angelegenheiten und Dingen das Zutreffende zu erreichen erstrebt, begibt sich damit außerhalb des Umkreises von rechtem Tun. Das Zutreffende zu erreichen entspricht dem ursprünglichen Organismus unseres Herzens. Es geht nur darum zu verstehen, wann klares, Kraftvolles Wirken im Guten in seiner subtilsten Verfeinerung und vollkommenen Ganzheit angekommen ist – das ist alles. Aber man darf dabei Angelegenheiten und Dinge auch nicht außer acht lassen. Wenn der ursprüngliche Kommentar davon spricht, daß es sich um das Ausschöpfen der vom Himmel gegebenen Ordnung handle, so hat man diesen Zustand erreicht, wenn (beim Handeln) auch nicht das geringste ichbezogene Begehren mitspricht.» [Shang 2 b–3 a]

Was das betrifft, daß Chu Hsi einmal sagte: «Das, was unser Studium ausmachen sollte, sind das Herz und die gegebenen Ordnungen», so ist zu sagen: obwohl das Herz nur diese eine, unsere Person beherrscht, kümmert es sich damit in Wirklichkeit um alle gegebenen Ordnungen unter dem Himmel, und diese Ordnungen sind auch dem Herzen des Menschen gegeben, obwohl sie sich auf so viele Dinge verteilen. – Weil nun Chu Hsi bald von dem Herzen und den Ord-

nungen getrennt spricht, bald sie wieder vereint, vermied er
nicht, seine Schüler selbst zu der irrigen Meinung zu führen,
«Herz» und «naturgegebene Ordnungen» seien eine Zweiheit. Hiermit beginnt auch das Übel späterer Geschlechter,
eigens nur nach dem Herzen zu forschen und darüber die
Ordnungen der Dinge zu vernachlässigen. Alles kommt davon
her: sie haben nicht erkannt, daß unser Herz [als Wahrneh-
mungsfunktion wie als diese überprüfendes Gewissen] im
Sich-in-Beziehung-Setzen zu den naturgegebenen Ordnungen
mit ihnen als Einheit wirkt. Außerhalb [der vielseitigen Akti-
vitäten] des Herzens nach den gegebenen Ordnungen der
Dinge forschen, hieße: die Tore schließen und nicht weiter
vordringen – so wie Kao Tzŭ das Rechttun nach außen ver-
legte, weshalb Mêng Tzŭ von ihm sagte, er wisse gar nicht,
was Rechttun überhaupt sei. Das Herz wirkt als Einheit.
Wenn es als Ganzes von mitfühlendem Schmerz erfüllt ist,
sprechen wir, um diesen Zustand zu bezeichnen, von: liebevoller Beziehung zu dem anderen, wenn es Handeln bewirkt,
wie es sein sollte, von: Rechttun, wenn innere Zusammenhänge aufgefunden werden, von: Ordnen. Wir können nicht
außerhalb unseres Herzens nach liebevoller Beziehung zu dem
anderen streben, auch nicht nach rechtem Tun. Sollten wir
nur einzig außerhalb des Herzens nach gegebenen Ordnungen
streben können? Wer das tut, der trennt Erkennen und Handeln. Die gegebenen Ordnungen in Beziehung zu unserem
Herzen zu setzen, das ist aber gerade die konfuzianische Lehre
von der Einheit von Erkennen und Handeln. [Chung 5 a–b]

Wenn Chu Hsi davon spricht, sogenannte feststehende
Ordnungen zu erforschen, indem mein Herz sie an allen Dingen und Angelegenheiten aufzusuchen hätte, so hieße das
das Herz und die gegebenen Ordnungen in eine Zweihei
spalten.

Als Beispiel für das Erforschen der Ordnungen von Angelegenheiten und Dingen laßt uns die naturgegebene Ordnung
der Kindesehrfurcht betrachten, wie gewöhnlich von unserer Beziehung zu den Eltern gesprochen wird. Sollen wir nun
diese Ordnung der Kindesehrfurcht erforschen als aus unserem Herzen kommend (weil uns die Stimme des Gewissens
dazu veranlaßt) oder als sich aus der Persönlichkeit der Eltern
ergebend? Falls sie sich aus der Persönlichkeit der Eltern er-
gäbe, so fände sich diese Ordnung nach dem Tode der Eltern
nicht mehr in unserem Herzen! Oder wenn ein kleines Kind
sich dem Brunnen nähert, so führt das unbedingt in unserem
Herzen zu mitfühlendem Schmerz. Ergibt sich die Ordnung
für die Reaktion auf diesen Schmerz aus der Person des kleinen
Kindes oder aus dem «Besseren Wissen» unseres Herzens?

Oder läßt sich die Ordnung vielleicht am Brunnen verfolgen oder an der rettenden Hand? Denn bei diesen Dingen
spricht man doch auch von gegebenen Ordnungen ... Bei allen
Angelegenheiten, allen Dingen geht es zu wie bei diesen Bei-
spielen. Daraus können wir erkennen: es wäre ein Fehler, unser Herz von den gegebenen Ordnungen in den Dingen und
Angelegenheiten zu trennen und eine Zweiheit anzunehmen
... Die Pflicht nach außen verlegen und dabei unser Inneres
vergessen, umfassend gelehrtes Wissen haben und davon selber nur wenig erstreben – meine Schüler, na ja, die wissen
schon ...! Aber was soll denn das alles heißen? Doch nur: mit
den Dingen spielen und den Willen begraben, beständig in der
Meinung handeln, daß all unser Tun doch zu nichts führt! ...
Bei dem, was ich unter «Ankommen des Erkennens» und unter
«Zu den Dingen gelangen» verstehe, kommt es dabei darauf
an, selbst zu veranlassen, daß das «Bessere Wissen» meines
Herzens bei allen Angelegenheiten, allen Dingen ankommt.
Das «Bessere Wissen» meines Herzens aktivieren, das ist das
«Ankommen des Erkennens», bei allen Dingen und Angelegen-

heiten ihre gegebenen Ordnungen erlangen, das ist das «Zu den Dingen gelangen». So wird mein Herz mit den Ordnungen ein Ganzes. Um dieses Einswerden mit den gegebenen Ordnungen geht es in allem, was zuvor erörtert wurde, und das läßt sich mit dem, was Chu Hsi im Alter geschrieben hat, ohne weitere Ausführungen vereinbaren. [Chung 8 a–b]

GEMEINSAME EINSTELLUNG
ZU BUDDHISTISCHEN LEHREN

Chu Hsi:

Der Buddhist Wang T'ien-shun diskutierte einmal mit Lu Tzŭ-ching [1138–1198] und sagte: «Im Einklang mit unseren buddhistischen Lehren nützen wir unsere Ohren, Augen, Nase, Mund, Mark und Gehirn nicht voll aus. Falls man alle Menschen dazu brächte, sich nach diesen Lehren zu richten, wie könnte es dann noch Ichbezogenheit geben?» Mein Lehrer lachte und sagte: «Wenn wir abwarten, bis sich alle Menschen nach buddhistischen Lehren richten, so wäre das gleichbedeutend damit, jeden einzelnen zu lehren, ausschließlich nur ichbezogen zu leben.» [IX, Ta Hsüeh III, Lun Huo Wên 4b]

Da wir Konfuzianer bereits gesehen haben, daß naturgegebene Ordnungen in den Dingen angelegt sind, so kann es für uns nicht Ordnungen geben, die von ihren Dingen trennbar wären. Die Buddhisten sagen: «Alle Ordnungen sind leer», wir: «Alle Ordnungen sind erfüllt». Aus diesem Unterschied ergibt sich unser Nichtübereinstimmen bezüglich des Verhältnisses zu Allgemeinem und zu Ichbezogenem und auch zu dem rechten Tun und zu dem gewinnbringenden. Wenn nun gar die heutigen Buddhisten sagen: «Sie erkennen das Herz, sie nehmen Naturanlagen wahr», so weiß ich wirklich nicht, was sie da eigentlich als Herz erkennen und welche

Naturanlagen sie wahrnehmen! [IX, Ta Hsüeh III, Lun Huo Wên 5a]

Bei allem, was man erlernt, muß man das Ganze von allen Seiten erfassen, es durchdringend verstehend mehr und mehr zu dem Inneren kommen – so wie man zum Beispiel eine Apfelsine ißt: Zuerst entfernt man die Schale und dann ißt man das Fleisch, und erst wenn man auch einmal die Kerne in der Mitte aufbeißt, hat man sie erfaßt. Falls man sie nicht aufbeißt, kommt man vielleicht um einen guten Geschmack! Nicht die Schale zu entfernen, das ginge überhaupt nicht; nur die Schale zu entfernen und sich nicht um die Kerne kümmern, das geht auch nicht; denn auf diese Weise begründet man nicht eine Beziehung, durch die man das Äußerste erreicht. [IX, Ta Hsüeh III, Lun Huo Wên 23a]

Unser Herz ist nicht ein totes Ding: als Lebewesen müssen wir es betrachten, sonst kommen wir zu Bestimmtheiten buddhistischer Übung im Sitzen. [II, Hsüeh II, Ts'un Yang 5a]

So wie die Farben den Gesichtssinn großziehen und die Töne das Gehör, so ziehen auch die gegebenen Ordnungen für das rechte Tun die Fähigkeit groß, unser Urteilen mit dem Gewissen zu überprüfen: bei allem ist die großziehende Pflege dieselbe. [II, Hsüeh II, Ts'un Yang 6b]

Das Verbannen des Gewissens und Nachlässigwerden sind Ursachen des Verwirrtseins; wer aber sein Gewissen immer wieder wachrufen kann, wird nicht mehr verwirrt sein. [II, Hsüeh II, Ts'un Yang 9a]

Wenn aber auch wir Konfuzianer heute nur darüber sprechen, wie das verbannte Gewissen wieder zu erlangen sei, so gleichen wir damit, je mehr wir darüber sprechen, taoistischen oder buddhistischen Rednern, die mit ihrem Eindringen nur Verallgemeinerndes bestimmen. Wenn man jedoch dahin gekommen ist, ertötet man jede innere Stimme. Wir wollen aber gerade durch diesen Herrn unseres Herzens zur Bestimmtheit kommen. [II, Hsüeh II, Ts'un Yang 9b–10a]

Es gilt, beständig Wahrnehmungen zu sammeln, um nicht in Gedanken in weite Fernen zu schweifen, anstatt draußen nachzusehen, wie alles steht und daraufhin erst im Innern Absichten zu spüren. Und gerade, wer begabt ist, muß besonders am Wirklichen arbeiten: wer nämlich den größten Teil seiner Fähigkeiten brach liegen läßt, daß er, nur auf sich gestellt, alle Angelegenheiten zu fördern trachtet und nicht mehr im einzelnen daran arbeitet, feinsinnig Wahrnehmungen zu sammeln, der wird sich auf diese Weise um so mehr schaden, je begabter er ist. [II, Hsüeh II, Ts'un Yang 11b]

Unsere Pflege, die Vermögen des Herzens großzuziehen, ist eben etwas ganz anderes, als sich mit gesenkten Lidern auf die Nase zu sehen und dabei zu sitzen wie eine Holzskulptur! Es ist nötig, den einzelnen Angelegenheiten zu entsprechen und sich zu den Dingen in Beziehung zu setzen; denn nur durch Üben in bestimmten Situationen wird das Gewissen nicht vernachlässigt, und die gegebenen Ordnungen werden auf diese Weise in allem erlangt.» [II, Hsüeh II, Tsun Yang 14a]

«Wachrufen des Herzens», das haben wir nur als Ausdruck mit den Buddhisten gemein, aber unsere Wege sind ganz verschieden: Wir rufen das Herz wach, indem wir erstreben, möglichst auf viele der gegebenen Ordnungen selber zu achten, die Buddhisten rufen es auf, untätig zu wachen. Das ist der Unterschied. [II, Hsüeh II, Ts'un Yang 24b]

Wang Yang-ming:

Wenn die Buddhisten sich beständig wachhalten, so geschieht das auch in der Absicht, ursprüngliche Gemütsruhe zu erhal-

ten. Das sieht eigentlich so aus, als ob das Grundsätzliche unserer Arbeit ähnlich wäre; aber die Herzen der Buddhisten
werden gerade durch ihr Üben ichbezogen und eigennützig,
und darin stimmen wir nicht überein. Wer nicht über das
heute vorliegende Zutreffende und Schlechte nachdenkt und
statt dessen nur sein «Besseres Wissen» in Ruhe sich selbst
genügen läßt, der wird ichbezogen und eigennützig. Auf diese
Weise arbeiten sie geradezu hin auf vorurteilende und starre
Herzen. [Chung 41 a]

Wir Konfuzianer pflegen unser Herz an den Dingen und
durch die Angelegenheiten. Wir folgen nur dem vom Himmel
Gegebenen: so ergibt sich unsere Arbeit auf natürliche Weise.
[Hsia 25 b]

Die Buddhisten hingegen wollen über Dinge und Angelegenheiten Endgültiges entscheiden: sie lassen ihr Herz auf
Scheinbilder sehen. Auf diese Weise dringen sie allmählich in
die Ruhe des Abstrakten ein und lösen sich von den Zusammenhängen dieser Welt. [Hsia 26a]

[Um nicht durch das Anführen des so entschieden Gesagten
den Anschein zu erwecken, als sei die Auffassung Wang Yang-
mings in seiner Umgebung hinreichend bekannt gewesen,
seien noch Antworten auf zwei Briefe angeführt: die eine spiegelt deutlich die Freude, endlich einmal wieder verstanden
worden zu sein, während die andere einen Vorwurf entschieden zurückweist.]

«In Ihrem Brief sagen Sie, daß die Lernenden unserer Tage
das Studium der äußeren Welt sich zur Pflicht machen, während sie ihre innere vernachlässigen, daß diese in ihrem Umfassen eigentlich nur wenig beabsichtigen und ich daher besonders das Wahrmachen der Absichten fördere. Es ist eine
Wohltat, wie Sie damit die wunde Stelle treffen. Sie durchschauen den Übelstand unserer Zeit so, wie er ist, und auch wie

hier zu helfen wäre. Was sollte ich noch dazu sagen, was sollte ich noch dazu sagen? Wenn man über das «Wahrmachen der Absichten» spricht, so ist man damit bei dem Sinnvollsten, was die Heiligen Menschen lehrten, aber die Lernenden unserer Zeit stellen es in zweite Linie. Aus diesem Grunde betone ich es ein bißchen stark, ohne mich selbst dafür besonders befähigt zu halten.» [Chung 2a–b]

«In Ihrem Brief sagen Sie, daß ich in meinen Darlegungen vielleicht zu tiefgründig gewesen und in der Arbeit zu rasch vorgegangen sei und dadurch meine Nachfolger irrtümlich beeinflusse und gerade nicht vermieden habe, daß sie in die buddhistische Maschinerie eingesponnen werden, die das Herz und die Naturanlagen auf Grund plötzlichen Bewußtwerdens ein für allemal bestimmend verstehen. Es ist aber nicht sonderbar, daß die, die Ihren Vorwurf hörten, ihn anzweifelten. – Meine Darlegungen über das «Zu den Dingen gelangen», «Mit dem Erkennen ankommen», «Wahrmachen der Absichten», «Ausrichten nach der Stimme des Gewissens» führen den Lernenden ja gerade hin zu einer Arbeit, die in langsamen Schritten auf dem Boden der Wirklichkeit Gestalt gewinnt, damit das Herz inmitten der Funktionen täglicher Angelegenheiten sich bewußt wird. Es gibt da viele Stufen und vieles, was sich ansammeln muß, in allen Fällen handelt es sich aber um das Gegenteil plötzlichen Bewußtwerdens im Abstrakten.» [Chung 2b]

KONFUZIANISCHE BILDWELT

BEREINIGEN IM HINBLICK AUF DAS BESTÄNDIGE

Was sind greifbare Dinge bei den chinesischen Bildern, die als Resultat der konfuzianischen Bildung angesprochen werden können? Ich möchte sagen: die Fähigkeit, selbständig durch ein achtsames Sammeln von Besonderem das jeweils tragende Allgemeine auffinden und darstellen zu können. Das ist eine Fähigkeit, die nur durch Üben im einzelnen erlangt werden kann, das tagtäglich von neuem mit frischen Kräften begonnen werden muß. Wer sich auf diese Weise daran gewöhnt hat, das Wichtige und Unwichtige im täglichen Leben ständig gegeneinander abzuwägen, der kann gar nicht anders als es tun, ob er im Alltag im Familienleben oder Beruf steht, ob er unter freiem Himmel wandert, ob er Kunstdenkmäler betrachtet oder schafft: er wird Beständiges von Unbeständigem zu sondern wissen. Diese geistige Aktivität spiegelt sich bei Personendarstellungen wie bei chinesischen Landschaftsbildern wider. Die Künstler stellen Beständiges dar, aber sie vergessen dabei nicht die Wandlungen im Geschehen der Natur in ihren Bildern festzuhalten. Einer solchen Zweipoligkeit genügen zu können, ist eben die Frucht ihrer konfuzianischen Bildung.

Es gibt eine Stelle in den Gesprächen des Konfuzius [Lun Yü VII, 17], auf Grund deren wir annehmen können, daß Konfuzius das Buch der Wandlungen studiert hat: «Gebt mir noch einige Jahre! Wenn ich fünfzig Jahre das Buch der Wandlungen studiert habe, dann werde ich wohl große Fehler nicht mehr begehen.»

Jedenfalls wurde es in den Verband der Klassiker aufgenommen, die fast zwei Jahrtausende lang Grundlage der Prüfungen waren. So war der Inhalt jedem Gebildeten bekannt, und vom 11. Jahrhundert an wurde dem Buch der Wandlungen durch

die Schriften der Neo-Konfuzianer [vgl. S. 120, § 30] wieder
besondere Aufmerksamkeit gewidmet. In einem Kommentar
dazu [I King, Hsü Kua, 10. Teil] heißt es:

«Was Himmel und Erde erfüllt, ist die Vielfalt der Dinge ...
deshalb empfängt man sie im Sich-Nähern, da werden sie
groß. Und wenn die Dinge groß sind, dann kann man sie anschauen. Von dem, was man anschauen kann, hat man nachher etwas, was sich zusammenfügen läßt; deshalb empfängt
man es im darauf Herumkauen. Das darauf Herumkauen, das
ist das Zusammenfügen. – Die Dinge darf man nicht nach bloßer Wahrscheinlichkeit zusammenfügen und es dabei bewenden lassen; man empfängt sie deshalb durch Erleuchtung. Die
Erleuchtung ist ein Bereinigen. Ist es zu dieser höchsten Bereinigung gekommen, dann hat man ein Durchdringen, das
erschöpfend ist.»

Der Akzent dieses Ausspruches liegt auf dem «Bereinigen»
von dem Zufälligen: die konfuzianische Erziehung ist darauf
ausgerichtet, das Wesentliche der Dinge aufzufinden, in bezug auf eine Bereicherung des Alltags.

CHANG YEN-YÜAN:
URSPRUNG UND ENTWICKLUNG DER MALEREI

Der Kunstkritiker Chang Yen-yüan schrieb im achten Jahrhundert n. Chr. in seinem Kapitel: Ursprung und Entwicklung der Malerei daher wie folgt; denn er hat das Alltagsleben
im Sinne, auch wenn er eine Abhandlung über Malerei
schreibt:

«Seht her, die Malerei vollendet die Erziehung und ist zur
Aufrechterhaltung der menschlichen Beziehungen hilfreich.
Sie erschöpft göttliche Veränderungen, sie ergründet Verbor-
genes und Subtiles und wirkt dadurch in demselben Sinne
hilfreich wie die sechs klassischen Bücher [Buch der Lieder,

Buch der Urkunden, Buch der Sitten, Buch der Musik, Buch der Wandlungen, Frühlings- und Herbstannalen]. Sie ist so in Bewegung wie die vier Jahreszeiten und entwickelt sich aus natürlicher Intuition und eben nicht aus überlieferten Quellen. Wenn im hohen Altertum die heiligen Könige die Befehle des Himmels empfingen, denen sie entsprachen, dann gab es auch die Zeichen auf den Schildkröten [Orakeln], und sie unterstützten ihre übernatürlichen Kräfte; auch die Drachenbilder boten ihre Kostbarkeit dar.» [Diese Stelle bezieht sich auf beschriftete Schildkrötenschalen, die zu Orakeln benutzt wurden; O. Siren weist in seinem Werk «The Chinese on the Art of Painting» (S. 224) darauf hin, daß solche Schildkrötenschalen der Shang-Dynastie (1766–1400 v. Chr.) in An-yang in der Provinz Honan ausgegraben wurden.]

Chang Yen-yüan fährt fort:

«Zur Zeit von Fu Hsi [2852–2737 v. Chr.] wurden sie im Jung-Fluß gefunden; Berichte über Bilder haben hier ihren Ursprung. Zur Zeit von Huang Ti [2697–2597 v. Chr.] wurden sie im Wên- und Lo-Fluß gefunden ... In diesen frühen Zeiten hatten Schriftzeichen und Malereien dieselben Formen und wurden noch nicht unterschieden. Bildzeichen wurden zuerst erfunden, aber sie waren undeutlich. Da man seine Vorstellungen so nicht überliefern konnte, erfand man die Schrift, da man die Form so nicht sichtbar machen konnte, entwickelte sich die Malerei ... Wenn man die Arten der Schriftzeichen studiert, so findet man sechs verschiedene Arten ... Die Vogelschrift wurde auf Bannern und Urkunden verwendet, sie glich Vogelköpfen und war daher eine Art Malerei.

Yen Yen-chih, Kuang Lu [384–456 n. Chr.] sagte: ‹Das Aufzeichnen verwirklicht drei Absichten: 1. die gegebene Ordnung aufzuzeichnen; das waren die Zeichen (des Buches der Wandlungen), 2. Erkenntnisse aufzuzeichnen; das waren die Schriftzeichen, 3. Formen aufzuzeichnen; das waren die Bilder.

Die Beamten der Chou-Zeit [1122–255 v. Chr.] ließen die Söhne
von Höhergestellten in sechs Schriftarten unterrichten; die
dritte Art waren Bildformen, die dasselbe vorstellten wie Bilder.›
Demzufolge kann man sagen, Kalligraphie und Malerei waren
verschiedene Bezeichnungen, hatten aber dieselbe Gestalt.

Schon in der Zeit des Herrschers Yü [2255–2208 v. Chr.]
war klar, was Malerei war, dann wurde sie deutlicher entfaltet, und die Formen glichen dem Vorbild; Sitten und Musik
waren in großer Blüte und die Belehrungen blühten immer
mehr, so konnte einer dem anderen nachgeben, und es war
Ordnung unter dem Himmel, und daher wurden auch Literatur und Gedichte vervollkommnet.

Im Kuang Ya [einem Nachschlagewerk von Chang I aus der
Wei-Zeit, 220–260 n. Chr.] heißt es: ‹Durch Malen werden die
Arten unterschieden.› Im Erh-ya [ältestes Nachschlagewerk
der Chou-Dynastie, 1122–255 v. Chr.] heißt es: ‹Malen heißt
formen.› Im Shuo Wên [Wörterbuch der Han-Zeit, 2. Jahrhundert n. Chr.] heißt es: ‹Malen ist ein Begrenzen, das heißt,
durch das Begrenzen der Felder kam es zum Malen.› Im [zur
selben Zeit entstandenen] Shih Ming heißt es: ‹Malen heißt:
Aufzeichnen, mit Farben ein Vorbild aufzeichnen.›

Durch die Gravierung auf Dreifüßen und Glocken erkennen
wir [die Gestalt] der Ungeheuer und Teufel, die der guten
und schlechten Geister. Die beschrifteten Banner und Siegel
machten Bahnen und Maße klar und unterstützten so die
Maßnahmen der Regierung ... Kindesehrfürchtige und Männer, die das Rechte taten, waren auf der Wolken-Terrasse dargestellt. Heldenhafte und verdienstvolle Männer wurden sogar im Ch'i-lin-Pavillon aufgezeichnet. So verhalf das Betrachten von Zutreffendem, sich des Bösen zu enthalten, und das
Betrachten von Bösem verhalf, an die Vortrefflichen zu denken.
Das Bewahren solcher Formen wurde zum Vorbild für kraftvolles Wirken im Guten; durch das Darstellen von Erfolgen

und Niederlagen wurden die Ereignisse der Vergangenheit überliefert.

Die schriftlichen Überlieferungen berichten von Taten, aber sie können das Gebaren nicht aufzeichnen. Gedichte und Balladen besingen ihre Vortrefflichkeit, aber sie können ihr Bild nicht darstellen; erst das Verfahren des Zeichnens und Malens bietet diese Ergänzung.

Ts'ao Chih [192–232 n. Chr.] sagt: ‹Wenn man die Bilder von den drei Herrschern und den fünf Kaisern sieht, so kann man nicht anders als zu ihnen aufblicken. Wenn man die letzten Herrscher der Hsia-, Shang- und Chou-Dynastie betrachtet, muß man traurig werden, wenn man Rebellen oder solche sieht, die die Erbfolge an sich reißen, so wird man mit den Zähnen knirschen. Sieht man hingegen Personen mit hoher Bildung und überragende Gelehrte, so wird man darüber das Essen vergessen. Sieht man pflichttreue Untertanen, die aus Pflichttreue starben, so wird man sich daran aufrichten. Wenn man die Bilder von Bürgern sieht, die im Exil leben, oder von verbannten Söhnen, so kann man nur seufzen. Sieht man die Bilder von unzüchtigen Männern und eifersüchtigen Frauen, so kann man nur zur Seite blicken. Sieht man hingegen die Bilder von ehrfürchtigen kaiserlichen Nebenfrauen und folgsamen Kaiserinnen, so kann man nicht anders als sie hochschätzen.› In dieser Weise muß man die Wirkung der bewahrten schätzenswerten und abschreckenden Bilder verstehen ... Was also die Malerei betrifft, so sind Bilder unermeßliche Schätze als Leitfäden, um Verwirrungen zu ordnen.»

Chang Yen-yüan überliefert auch das bedeutsame Werk von Hsieh Ho [um 450–510 n. Chr.], das schon generelle Fragen des Ausdrucks behandelt und viele Jahrhunderte lang führend gewirkt hat. Da die frühen Bilder von konfuzianisch Gebildeten geschichtliche oder ethische Themen – also Personendarstellungen zum Inhalt hatten, handelt es sich bei den in dem Traktat erwähnten Richtformen, die er angibt, um Richtlinien für die Personendarstellungen; sie lassen sich aber auf das Gestalten von Landschaftsbildern, dem zuweilen fast religiösen Gegenstand späterer Jahrhunderte, übertragen. In der Vorrede zu seinem Werk sagt er:

«Obwohl es für die Kritik von Malerei sechs Richtformen gibt, so konnte ihnen doch selten ein Künstler voll entsprechen, und von alters her bis auf den heutigen Tag beherrscht sie selten einer alle:

1. Die Harmonie des Lebensodems sollte lebendig im Bilde sichtbar gemacht werden.
2. Das Skelett der Dinge sollte Richtform für die Pinselführung sein.
3. Der Form der Dinge sollte das Abbild entsprechen.
4. Der jeweiligen Art sollte der Farbauftrag entsprechen.
5. Das regelmäßig Wiederkehrende sollte im Bilde seinen Platz finden.
6. Das Überlieferte sollte im Nachahmen weitergegeben werden.»

Wichtig für das Formen der chinesischen Bildwelt – bei Personendarstellungen wie auch in gleicher Weise bei Landschaften – bleibt das Gewicht auf der Darstellung der Harmonie des Lebensodems und die Forderung, daß die Innenzeichnung (oder wie wir sagen würden: Schraffierung) im Strichrhythmus eines inneren Skelettes der Form gehalten wird, die mit der der Umrißzeichnung korrespondiert. Und ganz besonders charakteristisch für die Bilder der Gebildeten Maler bleibt die fünfte Forderung: «Das regelmäßig Wiederkehrende sollte im Bilde seinen Platz finden.» So wird von den frühesten als Quellenmaterial nachverfolgbaren Formen der Bildwelt der Gebildeten das betont, was ihre Eigenart auch in späteren Jahrhunderten ausmacht: sie bewahren Beständiges und überlassen die Darstellung des Zufälligen den sogenannten Fachmalern. Chang Yen-yüan sagte schon:

«Mit gewöhnlichen Menschen läßt sich schwer darüber reden, daß man beim Malen etwas erstreben muß, was jenseits äußerer Formenähnlichkeit liegt. Bei Bildern von heutzutage wird schon Formenähnlichkeit erreicht, aber die Harmonie des Lebensodems wird nicht lebendig wiedergegeben; wer sie aber in seinen Bildern erstrebt, der wird Ähnlichkeit dadurch mit einschließen ... Seht her, die Darstellung eines Gegenstandes erfordert unbedingt Formengleichheit mit dem Vorbild, aber die Formen müssen die Skelettlinien und den Lebensodem als ein Ganzes darstellen. Skelettlinien, Lebensodem, Formengleichheit wurzeln in dem Festlegen der Vorstellung und werden durch die Pinselführung (als Bild dem Beschauer) übergeben; daher sind geschickte Maler auch meistens gut in der Kalligraphie ... »

Als früher Kunstkritiker erweist sich Chang Yen-yüan dadurch, daß er Bäume mit Gebäuden und Steinen gleich ordnet, als etwas, was bei der Darstellung nicht die Überlieferung des Lebensodems notwendig macht, während die späteren Maler und Kunstkritiker schon von der Sung-Zeit an [vgl. Su Tung-p'o, S. 206] in Bäumen und Steinen eine kosmische Lebendigkeit aufspüren wie im Vorbild der menschlichen Person. Chang Yen-yüan sagt noch:

«Bei Terrassen, Pavillons, Bäumen und Steinen, Wagen und anderen Gebrauchsgegenständen braucht man nicht auf Lebendigkeit und Harmonie des Lebensodems zu achten.»

Aber er fährt dann schon mit einem Satz fort, dessen Inhalt die späteren gebildeten Maler alle betonen:

«Sie müssen nur korrekt in ihrer Komposition von der Vorder- und Rückseite gegeben werden.»

Bei uns wird die Rückseite der Dinge bei der Bildformung nicht als etwas Gewichtiges bedacht [vgl. S. 225, 243]. Über Landschaften spricht er nicht viel; sie waren zu seiner Zeit noch selten. In Bd. 5, S. 12, bespricht er genau die Technik, wie Ku K'ai-chih Personen gemalt hat, aber in Bd. 9, S. 15, berichtet er, daß sein Zeitgenosse Wu Tao-tzŭ [um 700–760 n. Chr.] anläßlich einer Dienstreise in der Provinz Szŭchuan Landschaften gemalt hat und so damit begann, die Gestalt von Bergen und Flüssen zu überliefern. Ku K'ai-chih sprach auch schon von Landschaften, aber Chang Yen-yüan beeindruckten die von Wu Tao-tzŭ am nachhaltigsten, da er anscheinend mehrere Originale gesehen hatte. Schon in dem allgemeinen Teil, Bd. 1, S. 16, sagt er:

«Und wenn man die erhaltenen Werke von Wu Tao-tzŭ betrachtet, kann man sagen, daß bei ihm die sechs Richtformen sich in Vollkommenheit finden. Die mannigfaltigsten Bilder hat er erschöpfend dargestellt, so als ob ein Geist seine Hand geführt hätte. Die Wandlungen in der Natur erschöpfte er bis ins feinste.»

Auch hier schon zu Beginn des Formens der Landschaftsbildwelt kam es den Künstlern auf das Gestalten von Beständigem im Wandel und Atmen des Naturgeschehens an. Chang Yen-yüan fährt dann fort:

«Die Gewalt seiner Wiedergabe der Harmonie des Lebensodems war so stark, daß Seide beinahe nicht der rechte Malgrund war. Seine Pinselführung war ausgezeichnet. Er folgte frei seinen Intuitionen, wenn er Wandbilder malte, aber auch da, wo sich alles zusammendrängte, war er geistvoll und außergewöhnlich.

Was das ‹Nachahmen von Überliefertem› betrifft, so ist das – vom Standpunkt des Malers aus gesehen –, das Unwichtigste, und die Maler von heutzutage treffen die Gestalten und geben Ähnliches in den Formen, nur mangelt es an der Harmonie des Lebensodems, und beim Farbauftrag verlieren sie die Struktur der Pinselstriche.»

Auch diese letzte Bemerkung weist auf Spezifisches der chinesischen Bildformen hin: in jedem einzelnen Pinselstrich muß der Rhythmus des jeweils gegebenen Bildausschnittes sichtbar sein. Dann kommt eine sehr interessante Bemerkung, weil sie auf eine nur vorübergehende Phase in der chinesischen Bildgestaltung hinweist:

«Die Maler von heutzutage mischen ihren Tuschen und Farben Staub und Lehm bei und malen damit auf Seide. Wie kann man so etwas mit ‹Bild› bezeichnen?» [Bd. 1, S. 17]

Diese Technik kann man auf tibetischen Tempelbildern bemerken, und es ist charakteristisch für Chang Yen-yüan, der das Wesentliche der konfuzianischen Bildwelt erfaßt hat, daß er diese Technik ablehnt, weil dabei die Bildflächen stumpf wirken und so nicht mehr das Durchscheinende der flächigen Partien haben, was durch die Unterbrechung mit schwungvollen Pinselstrichen leichter den Eindruck von etwas Bewegtem, Durchpulstem erweckt. Diese Technik ist auch später nicht mehr angewendet worden.

Chang Yen-yüan wird gefragt, wie er die Pinselführung von Ku K'ai-chih [ca. 344–406 n. Chr.], Lu T'an-wei [ca. 440–500 n. Chr.], Chang Sêng-yu [um 500–520 n. Chr.] und Wu Tao-tzŭ [um 700–760 n. Chr.] beurteile, und er antwortet:

«Ku K'ai-chihs Pinselstriche waren stramm und stark [vgl. die Handrolle im Britischen Museum, London], verbindend und langgezogen, wie im Kreise geführt und plötzlich überspringend. Er paßte sich dem Thema in Ruhe und mit Leichtigkeit an, und dann gab es auch wieder Bilder, die aussahen, als ob der Wind darüber fegte oder ein Blitz durch die Wolken führe: er hatte die Intuition, bevor er den Pinsel ansetzte, und das Bild enthielt sie und war erfüllt von göttlichem Lebensodem ...

Lu T'an-wei erfand auch für die Bilder eine Ein-Strich-Pinselführung, durch die die einzelnen Teile nicht unterbrochen wurden.

Chang Sêng-yu hingegen punktierte schleppend und verwischte dann noch ... Jeder seiner Punkte und Striche hatte etwas Zufälliges – manche dazwischen waren hakenförmig wie Lanzen oder scharfe Schwerter; alle Striche lagen dicht nebeneinander. So kann man daraus wieder erkennen, daß es bei der Schrift und der Malerei Gleichartiges gibt!»

Die vorangehenden Sätze wurden hier nur angeführt, um zu zeigen, daß schon zu dieser frühen Zeit den Künstlern die verschiedenartigsten Formen für den Ausdruck ihrer Bildwelt zur Verfügung standen, die sie je nach Belieben für ihre Bilder wählten, so daß man auf dieser Verschiedenheit in der Technik nicht kunsthistorische Theorien aufbauen kann. Aber auch schon damals hatten sich die großen Künstler und die großen Kenner dagegen zu wehren, wenn die veräußerlichten Betrachter nur auf die Technik achteten. So fuhr Chang Yen-yüan fort:

«Wu Tao-tzŭ aus unserer Dynastie steht als Einzigartiger allein da ... hier hat ein Mensch beim Schöpfer etwas entliehen, seine geistige Kraft ist ohne Grenzen. Während die Menge sich die Umrißlinien sehr eingehend betrachtet, achte ich mehr auf seine Verteilung der Akzente. Während die Menge auf die Formengleichheit [mit dem Vorbild] achtet, habe ich mich von solcher gewöhnlichen Betrachtungsweise frei gemacht. Bei Kurven wie geraden Linien, errichteten Säulen wie bei dem aufgesetzten Gebälk verwendete er nicht Werkzeuge und Lineale. Er malte lockige Bärte und wehende Haarbüschel so, daß jedes Haar von der Wurzel an zu sehen war und die Mus-

keln vor Kraft strotzten ... Ich wurde gefragt: Wieso kommt
es, daß Wu Tao-tzŭ ohne Lineal gerade Linien ziehen konnte
und er auch so Kurven, Säulen und Gebälk malen konnte? Ich
erwiderte: Er konzentrierte sich auf eines und brachte es in
Übereinstimmung mit dem Schöpferischen in der Natur. Wu
Tao-tzŭs Intuitionen waren eben, wie schon gesagt, vorhanden, bevor er den Pinsel ansetzte. Alles, was die Grenzen des
Wunderbaren erreicht, wurde in solcher Weise vollführt.»
[Bd.1, S.23]

Auch über Wu Tao-tzŭ, von dem wir überlieferte Werke
nicht haben, wurde ausführlicher in Worten von seinem Zeitgenossen Chang Yen-yüan zitiert, weil das der einzige Weg
ist, uns ein Bild zu machen, wie unabhängig von technischen
Schwierigkeiten man schon im 8.Jahrhundert formen konnte.
Und da die europäischen Künstler vorwiegend die Öltechnik
bevorzugt haben und Zeichnungen lange Zeit nur als Skizzen
Bedeutung hatten, möchte ich hier auch anführen, daß Chang
Yen-yüan, nachdem er über Sicherheit beim Tranchieren und
ähnlichen Vergleichen noch einmal betont, daß für ihn tote
Wandbilder ohne Pinselschwung eben nur bekleisterte Wände
seien. Von dieser Grundeinstellung: der Bewunderung für das
Bewegte, ist das ganze nächste Kapitel getragen, das mit den
Worten beginnt:

«Seht her, durch das Verschmelzen der lichten und der
dunklen Kräfte entfaltet sich die Vielfalt der Bilder.» [Bd.2, S.24]

MALEREI UND ETHISCHE ZIELE

In Bd.6, S.22, führt Chang Yen-yüan ein Zitat an, in dem es
heißt:

«Bilder machen in ihrer Bedeutung nicht halt bei der künst-
lerischen Vollendung, sondern sie haben die gleiche Gestalt
wie die Bilder des Buches der Wandlungen.»

Auch sind die chinesischen Landschaftsbilder nicht als Kunstwerk im Sinne von l'art pour l'art aufzufassen: dies wird durch einen Ausspruch in Bd. 7, S. 1, deutlicher zitiert:

«Was durch Kraftvolles Wirken im Guten hervorgebracht wurde, ist über das Kunstfertige zu stellen.» [Li Chi, Yüeh Chi III, 5]

«Der Edle ist in der Kunst bewandert auf Grund seiner liebevollen Beziehung zu dem anderen.» [Lun Yü VII, 6]

Chang Yen-yüan beschließt diesen Abschnitt mit den Worten:

«Falls man von dem Kraftvollen Wirken im Guten ließe und nur die Kunstfertigkeit beachtete, wie sollte man den Künstler bewundern, der sich dann nur abmühen würde wie ein Knecht bei der Arbeit?»

In diesen hier charakterisierten frühen Zeiten wurde, wie es aus den Aufzeichnungen von Chang Yen-yüan hervorgeht, eine Bildwelt von den Herrschenden an die Untertanen herangebracht, die zugleich Unterstützung der ethischen Erziehung war. Aber nicht nur in dieser frühen Zeit ist eine Verbindung von Malerei und ethischen Zielen nachzuverfolgen, sondern dieselbe Einstellung bleibt auch in der Zeit der Hochblüte des Neo-Konfuzianismus – vom 11. bis zum Ende des 19. Jahrhunderts – erhalten. Chu Hsi, der das ganze konfuzianische Schrifttum neu kommentierte, hatte zwar nicht Zeit, sich im Malen zu versuchen, aber aus echt konfuzianischer Tradition sagt er generell über das ästhetische Schaffen:

«Der Rechte Weg ist die Wurzel der Bildung, und sie zeigt sich wie Äste und Belaubung (an einem Stamm). Nur wer seine Bildung im Rechten Weg verwurzelt, bei dem wird alles, was er hervorbringt, durch eben seine Bildung den Rechten Weg verkörpern. Die Schriften der Heiligen und Hervorragenden der ersten Dynastien sind alle aus solcher Herzensbildung heraus geschrieben, und noch zu unserer Zeit sagt ein Su Shih, Tung-p'o [1036–1101 n. Chr.]: ‹Was ich Bildung nenne, muß dem Rechten Weg gleichkommen.›» [Chu Hsi, Ch'üan Shu LXV, 6a]

LEBENDIGKEIT IM AUSDRUCK

Allmählich wächst eine Spezialliteratur heran über Bilder an sich und was sie umfassen können: das sind rückblickende Betrachtungen; aber man darf nicht annehmen, daß die Künstler vor der Sung-Zeit [960–1206 n. Chr.] schon Stilstudien zu ihrer Unterhaltung machten, wie dies in späteren Jahrhunderten häufig der Fall war, woraus sich die Malerei der Gebildeten, Wên-jên Hua, als ein Zweig der Malerei entwickelte. Zu diesem rechnete man auch Bilder, die wegen der sonstigen Bedeutung des Künstlers als Schriftsteller oder Dichter hoch geschätzt werden, obwohl die Variation in den Formen der Bildwelt der betreffenden Künstler oft aus Mangel an Übung nicht groß war. In der Literatur vor 500 n. Chr. findet sich in Lun Hua, den Erörterungen über Malerei, von dem Maler Ku K'ai-chih [334–406 n. Chr.] in den kritischen Bemerkungen über ihm bekannte Bilder eine Stelle, die vielleicht einen Weg zum Verständnis zeigt. Ihn beschäftigt, wie aus allen seinen Kritiken hervorgeht, bis zu welchem Grade die Lebendigkeit in den betreffenden Bildern Ausdruck gefunden hat. Das Werk beginnt mit dem Satz:

«Personen darzustellen ist am schwierigsten, dann Landschaften und zuletzt Hunde, Pferde, Terrassen und Türme. Bestimmte Gebrauchsgegenstände sind zwar schwierig zu vollenden, aber sie geraten leichter, und man braucht nicht zu warten, bis man ihr Unausdenkbares durch ein Sich-in-sie-Versetzen erlangt hat.»

Zu der Zeit von Ku K'ai-chih beschäftigte die meisten Künstler das Malen von Personen. Die Landschaftsmalerei hatte sich noch nicht, wie es seit dem 10. Jahrhundert der Fall war, zu einem bevorzugten Thema der chinesischen Malerei herausgebildet. Um so bemerkenswerter ist an diesem Ausspruch die Tatsache, daß Ku K'ai-chih schon im 4. Jahrhundert nach den Personen sofort Landschaften anführt und diese in ihrer Schwierigkeit den Personen gleichartig empfindet. Er stellt sie den Gebäuden gegenüber mit dem Bemerken, daß die Ausarbeitung von Gegenständen zwar mühsam, aber insofern leicht sei, als man nicht zu warten brauche, bis man das ihnen innewohnende Unausdenkbare erfaßt hat.

Die Darstellung von bestimmten Gegenständen erfordert das aufmerksame Betrachten ihrer äußeren Form: eine Tätigkeit, die vom Auge auf Befehl ausgeführt werden kann und nur deshalb mühsam ist, weil es lange Zeit dauert, bis man beim Malen alle Einzelheiten festgehalten hat. Das ist auch uns verständlich. Was aber ist das Unausdenkbare, das Personen und Landschaften anhaftet, nicht aber Gegenständen, wie zum Beispiel einem von Menschenhand errichteten Gebäude? Erst in dem Hsü Hua von Wang Wei [um 415 bis 443 n. Chr.] wird ausgesprochen, was als das Bestimmende der Form gesucht wurde:

«Wenn über Malerei geredet wird, so geht es dabei schließlich um ein Suchen nach ihrem Gehalt an bewegter Kraft, und damit ist es aus. Überdies war auch das Malen der Alten nicht nur Wiedergabe von Stadtanlagen, Kreiseinteilungen, Aufzeichnen von Marktflecken und Hügeln und Zeichnen von Wasserläufen; denn das, was Wurzel der Form ist, was die Seele zum Aufleuchten bringt und sie bewegend wandelt, ist das pulsierende Herz. Das Auge hat seine Grenzen; deshalb ist das, was es sieht, nicht umfassend, und daher schlägt man mittels des Pinsels die Gestaltung des ihm Unübersehbaren nur vor und entscheidet so über das Aussehen der Körper.»

Die Aussagen von Ching Hao [um 900–960 n. Chr.] in seinem Pi Fa Chi führen zu einem noch tieferen Verstehen. Er
setzt darin an Stelle der sechs Richtformen des Hsieh Ho den
Ausdruck Tsê, der auch: sich nach etwas ausrichten bedeutet.
Er wird hier mit: Erfordernis wiedergegeben, um festzuhalten, daß ein anderes Wort gebraucht wurde, und weil Ching
Hao so klar ausdrückt, wie alles sein sollte. Ching Hao defi-
niert die Ausdrücke Ch'i und Yün getrennt. Das läßt den Sinn
dieser Zeichen erschließen, so daß von hier aus auch die von
Wang Wei [415–443 n. Chr.] und Chang Yen-yüan geäußerten
Gedanken verständlich werden.

Ching Hao war Landschaftsmaler. Wir stehen damit einfach
vor der Tatsache, daß Ch'i Yün, die Harmonie des Lebensodems, bei der Beurteilung von Landschaftsbildern in gleicher Weise als ausschlaggebend herangezogen wird wie bei
denen von Personen. Ching Hao äußert seine Gedanken in
dichterischer Form als Greis, der bei einer Begegnung im
Walde zu einem Schüler folgendes sagt:

«Junge Leute, die es lieben, in nachahmendem Üben zu lernen, können schließlich doch zur Vollendung kommen. Bei der
Malerei gibt es sechs Erfordernisse: 1. Lebensodem, 2. Harmonie, 3. daran Denken, 4. Landschaften, 5. Pinsel, 6. Tusche.

Der Schüler sagt: ‹Malen ist doch ein Verzieren, bei dem der
Hauptwert auf das Erreichen der Ähnlichkeit mit der Wirklichkeit gelegt wird. Wie könnte dies alles einen beunruhigen?›

Der Greis sagt: ‹Es ist nicht so. Beim Malen ermißt man
mit Linien ein Abbild der Dinge und sucht ihre Wirklichkeit
zu erfassen. Von den Verzierungen der Dinge erfaßt man die
Verzierungen, von dem Erfülltsein der Dinge erfaßt man ihr
Erfülltsein. Man kann nicht Verzierung für ihr Erfülltsein halten. Solange man von einer solchen Kunst nichts weiß, wenn
man es auch vielleicht zur Ähnlichkeit bringt, kann man nicht
erreichen, daß das Bild wirklich ist.›

Der Schüler sagt darauf: ‹Was ist denn ähnlich, was wirklich?› Ihm wird geantwortet: ‹Mit Ähnlichkeit erreicht man die äußere Form und verliert den Lebensodem. Im Wirklichen ist der Lebensodem und das Stoffliche beides enthalten. Alle, welche den Lebensodem in Verzierungen zu überliefern denken, werden ihn im Bild verlieren. Es wird der Tod des Bildes sein.›»

Ching Hao durchdenkt also den Vorgang des Malens bei den chinesischen Landschaftsbildern und erkennt, daß dem, was mehrfach mit dem Auge wahrgenommen wurde, nur Ausdruck verliehen werden kann, wenn dem Wahrgenommenen eine neue Form gegeben wird. Als drittes Erfordernis, also gleich hinter «Lebensodem» und «Harmonie», führt er daher das «daran Denken» an, was an das «darauf Herumkauen» in der Stelle aus dem Buch der Wandlungen erinnert [vgl. S. 186]. Damit fixiert Ching Hao zum ersten Male, was mit dem Auftreten der chinesischen Landschaftsbildwelt zugleich auch ihr Wesen ausmacht.

Bei den Landschaftsbildern der Gebildeten nimmt der Künstler nicht etwa einzelne bestimmte Naturabschnitte in sich auf, die zu einem bestimmten Zeitpunkt, von einem bestimmten Standpunkt aus mit dem Auge wahrgenommen und in den wahrgenommenen Farben wiedergegeben werden, sondern das Bild des einmalig Wahrgenommenen wird zunächst bewahrt. Und am selben Gegenstand, von einem anderen Standpunkt und zu einem anderen Zeitpunkt, neu Wahrgenommenes wird wieder bewahrt. So sammelt sich unbewußt ein Verstehen des Gegenstandes an. Mehr und mehr in seiner Wirklichkeit erfaßt, wird er so langsam verstanden und neu gebildet. In diesem Gestalten ihrer Gegenstände sind die chinesischen Maler den Plastikern verwandt, die ja auch ihren Gegenstand von mehreren Seiten betrachten und formen, nur wird bei den Bildern im Ausdruck die umgangene Form mit Linien zu fassen versucht.

EINFLUSS DER DENKERZIEHUNG

Der konfuzianisch Gebildete hat durch seine Denkerziehung das Vermögen entwickelt, das jeweils begegnende Einzelne größeren Zusammenhängen einzufügen, und das so Selbster-worbene, nun Unteilbare, wird als des Menschen höchstes Gut angesehen, als das, was sein Menschsein ausmacht. So sagt Chu Hsi zu dem Satz von Mêng Tzŭ:

«Wie wenig ist es doch, was den Menschen von den Tieren unterscheidet; die Masse wirft es fort, der Edle aber bewahrt es ...» [Li Lou, B, 19]

und in seinen Erläuterungen bemerkt er:

«Das, was den Menschen unterscheidet, ist sein Herz. In des Menschen Herzen wohnt die Seele. Sie umfaßt so vieles von dem, was an Wegen und Ordnungen durchschritten wird. In alles dringt sie ein. Obwohl sie in ihrem Wesen Unklares hat, so kann sie doch die Klarheit geordneten Handelns erwir-ken. Das Herz aller anderen Dinge umfaßt auch viele Wege und Ordnungen; obwohl es jedoch seinem Wesen nach sich auch ausrichten kann, so ist doch seine Klarheit nur auf we-nige Wege beschränkt, so zum Beispiel bei den Vögeln und Vierfüßlern auf die gegenseitige Liebe von Alten und Jungen oder die Scheidung der Geschlechter. Nur diese Wege sind klar; die anderen aber werden nicht durchdrungen, und es werden Schlüsse daraus nicht gezogen. Dem Herzen des Men-schen aber wohnt die Klarheit inne.» [XXI, 21]

Und Wang Yang-ming sagt:

«Das Tun des Menschen ist es, die dem Herzen innewoh-nende Klarheit herauszupolieren: Das Herz des Heiligen Men-

schen ist wie ein klarer Spiegel ... so hat man nur zu fürchten,
daß dieser Spiegel nicht klar ist, und nicht, daß die Dinge
nicht ausstrahlen. Will man die Wandlungen der Dinge in
Übereinstimmung mit ihnen verstehen, so muß die Zeit ihres
Ausstrahlens berücksichtigt werden – aber das allererste ist
die Arbeit an der eigenen Klärung.» [Ch'uan Hsi, Shang 9]

So wird es auch Anliegen dieser konfuzianisch Gebildeten, ihr Herz von unklaren Vorstellungen zu reinigen, um
so das sichtbar zu machen, was die Vielheit des Einzelnen in
der Natur zu einem Ganzen eint. Nun gibt es als Ausdrucksmittel für das mit dem Auge Wahrgenommene auf der ganzen
Welt für die Flächenkunst nur Linien und Farben, und daher
ist in diesem Zusammenhang klarzustellen, inwiefern die soeben skizzierte konfuzianische Bildungsausrichtung in der
Verwertung dieser Ausdrucksmittel spezifische Züge aufweist.

FORMKÖRPER UND FARBE

Die Linien werden in der chinesischen Maltechnik geschieden
in Linien der Umrißzeichnung und Linien der Innenzeichnung.
Die einmal auf das Papier gesetzte Umrißlinie begrenzt, wie
überall auf der Welt, die weitere Gestaltungsmöglichkeit der
umrissenen Form nach außen hin. Dem Zustandekommen dieser Linien liegt aber ein anderer Wahrnehmungsakzent zugrunde, so daß die Intuition schon andere Züge trägt. Mit der
Linie werden im Chinesischen die Formen in ihrem verschiedenen Bewegungsdrang voneinander abgesetzt; so wird versucht, die Wirklichkeit der Form als ein Erfülltsein von innen
heraus aufzubauen und ihre Bewegung im Spiel von Linien
schwingen zu lassen. Dem Bewegungsdrang der Form gehorchen auch die Linien der Innenzeichnung: sie schattieren
nicht, sollen nicht bestimmte Belichtungsverhältnisse wiedergeben, können und dürfen daher auch nicht in sich kreuz und

quer verlaufen [wie in abendländischen Zeichnungen], sondern sie sollen die Form herausarbeiten und müssen sich dem
Bewegungsrhythmus des Ganzen anpassen. Es läßt sich also
für die Linie als spezifisch Chinesisches sagen: sie ist Zusam-
menfassung mehrfacher Anschauung von verschiedenem
Standpunkt, mehrfachen Erlebens zu verschiedenen Zeiten
und gibt das Wesen des Besonderen des jeweiligen Gegenstandes wieder, in einer Bereinigung von dem Zufälligen, aufgereiht an einem Allgemeinen in dem Einmaligen der persönlichen Handschrift des Künstlers. Die Formen der Natur werden also offensichtlich bei chinesischen Bildern nicht durch die
Farbe erfaßt.

Wenn nun Shih-t'ao [1630–1707 n. Chr.] schreibt:

«Es muß so sein, als ob man beim Malen die Form gleichsam mit einem Tuschmeer umschlösse» [Hua Yü Lu XVII]

so führt dieser Begriff des Umschließens auf die chinesische
Vorstellung des Formkörpers; und von dieser Vorstellung aus
läßt sich der Anteil der Farbe bei Bildern chinesischer Gebil-
deten-Maler verstehen. Die wesentlichen formbestimmenden
Linien sind das Skelett, das seine Muskeln durch die ausarbei-
tende Innenzeichnung bekommt. Die Tönung als solche,
ganz gleich, ob Tusch- oder Farbtönung, ist Haut, und diese
Haut kann bekleidet, kann unbekleidet zur Schau getragen
werden. Die Farbe, als Unterabteilung der Tönung, als eine
ihrer Möglichkeiten, ist in diesem Sinne Bekleidung; denn
man begegnet ihr an demselben Gegenstand, je nach der Situation, in der man ihm begegnet, in verschiedener Schattie-
rung. Die Farbe verändert die Form des Gegenstandes in bezug auf sein Formwesen nicht; für den aber, welcher den Gegenstand nur mit den Augen wahrnimmt, für den hat der Gegenstand durch die Farbe ein verändertes Aussehen bekom-

men, nicht aber für den, welcher die Form des Gegenstandes auch mit dem Tastsinn wahrgenommen hat; für den bleibt seine Form dieselbe und erscheint nur in einem anderen Kleide: so, wie es auch bei der Wahrnehmung der Figur derselben Person in verschiedener Bekleidung ist.

Wenn also die Farbe nicht als eine den Dingen anhaftende Dauerqualität angesehen wird, weil sie in ihrer Qualität durch die Beleuchtung beeinflußbar und es Ausrichtung konfuzianischer Erziehung ist, das Besondere in seiner Wesenheit abzüglich des Zufälligen zu erfassen zu suchen, um es einem tragenden Allgemeinen einzuordnen, so ist das Augenmerk eben auch auf das gerichtet, was für die Farbe das tragende Allgemeine ist. Dies sind die Belichtungsverhältnisse. So wird die Farbe für den Gebildeten als etwas vom Formkörper Ablösbares gesehen, hingegen ist sie für die Berufsmaler etwas vom Formkörper Getragenes.

Spiegelbilder im Wasser werden niemals wiedergegeben, weil sie eine zufällige Erscheinung im Wasser sind, die das Wesen des Wassers nicht charakterisieren. Die Eindrücke des Flüchtigen, wie es eben Spiegelbilder sind, hielten diese Gebildeten Maler lieber in Gedichten fest [vgl. Bildaufschrift Tafel 3]. Wer unter verschiedenen Bedingungen, das heißt zu verschiedener Jahres- und Tageszeit denselben Spaziergang macht, wird beobachten, wie die Gegenstände in ständig wechselnder Bekleidung dieselben bleiben. Das Interesse der Gebildeten Maler gilt diesem Bleibenden; sie vergessen es nicht und können dies auch so in wechselnder Bekleidung darstellen, die als Beleuchtung wieder als Allgemeines sichtbar gemacht wird. Manchmal ist diese zarte pastellartige Tönung, die auf das Ganze des Bildes abgestimmt ist, das Rötlichbraune des Abendsonnenscheines oder ein tiefes Grün, das sich aus verdeckter Lichtquelle ergibt, und viele andere Beleuchtungstönungen mehr. Auch von Menschen, die sich noch nicht in chinesische Bilder eingesehen haben, wird dieses über dem Ganzen Schwebende der Farbtönung empfunden. Sie wird nicht nur rein technisch als letzte Schicht über das Bild gelegt, sondern es ist ihr Wesen, das aus diesem Abgehobensein spricht.

Aus den zuvor zitierten Textstellen von Ching Hao war ersichtlich, daß dieser in der Form nur ein Festhalten des Erfülltseins mit Lebensodem sieht, der als bewegende Kraft die Form erst zu einer wirklichen macht. Das ist seine Vorstellung, und ihr zufolge kommt es für den Künstler darauf an, eben dieses Erfülltsein zu erfassen und nicht das Äußerliche der Form. Darüber spricht auch Chou Tun-i [vgl. S. 118, §14]. Auch die Verzierungen müssen, wie die Form alles Stofflichen, von der bewegenden Kraft des Lebensodems getragen sein; sonst hat man ein totes Bild. Daß es wirklich diese Vorstellung ist, die Ching Hao von der Form hat, wird noch an einer anderen Stelle deutlich, wo von den Fehlern die Rede ist, die bei der Form auftreten können:

«Man kann zweierlei Fehler machen: 1. in dem, was ohne Form ist, 2. in der Form. Was Fehler bezüglich der Form betrifft, so gibt es da folgendes: Blumen und Bäume entsprechen nicht der Jahreszeit; die Personen sind zu groß im Verhältnis zu den Gebäuden; die Bäume wirken größer als die Berge; die Brücken führen nicht zum Ufer. Dies hat mit dem Abschätzen der Form zu tun. Man kann bei derartigen Fehlern das Bild unverändert lassen. Bei Fehlern in dem, was ohne Form ist, sind der Lebensodem und die Harmonie in Verwirrung, so daß das Abbild der Dinge völlig verdorben ist. Obwohl dabei Pinselführung und Tuschgebung der Art entsprechend sein können, handelt es sich doch um tote Gegenstände. Bei derartig mangelhaften Arbeiten kann man nichts ausbessern.»

Wer von der Unterscheidung dieser Fehler hört, hat bei Fehlern, welche die Form betreffen, auch ohne die von Ching

Hao genannten Beispiele zu kennen, eine Vorstellung; sie wird im wesentlichen von der des Ching Hao nicht verschieden sein; aber was mit dem Fehler «in dem, was ohne Form ist», gemeint ist, das kann sich der in einer anderen Bildungstradition Aufgewachsene zunächst nicht vorstellen. Um unter diesem Fehler nicht etwa Verstöße gegen die Raumaufteilung im Bildausschnitt zu verstehen, also einen Kompositionsfehler, sei schon hier verwiesen auf die Vorstellung vom «Bergpuls», vom Atmen der Erde, und auf die Definition: «Was untereinander verbunden ist und einer Ordnung folgt, nennt man Puls.» Wang Ch'ung [27–97 n. Chr.] spricht schon in seinem Lun Hêng von den Pulsadern der Erde und der Ströme als von einer durchaus bekannten Vorstellung. Er sagt:

«Seht her, die Erde hat auch ihre Strömungen, so wie die Pulsadern beim Menschen. So wie das Blut in seinem Strömen in dem Ruhigen und in dem Bewegten sein bestimmtes Maß hat, so ist es auch mit dem Strömen (in der Natur). Die Bewegungen von Ebbe und Flut am Morgen und am Abend sind wie das Aus- und Einatmen des Menschen.» [Lun Hêng, Band IV, Shu Hsü]

Diese Vorstellung wird durch einen Ausspruch des Dichters Su Tung-p'o [1036–1101 n. Chr.] auch deutlich. Er teilt die Dinge ein in solche, die eine feststehende Form haben, und solche, denen eine feststehende Ordnung innewohnt. Beispiele sollen das, was er damit meint, anschaulich machen:

«Ich habe einmal in einer Abhandlung über Malerei gesagt, ich sei der Meinung, daß Personen, Vögel, Paläste und Geräte sämtlich feststehende Formen haben; was aber Berge, Steine, Bambus, Bäume, Wellen, Dunst und Wolken betrifft, so sind sie zwar ohne feststehende Form, aber es wohnt ihnen eine feststehende Ordnung inne. Fehler an der feststehenden Form erkennen die Menschen alle. Wenn aber der inneren Ordnung

nicht entsprochen wird, so gibt es selbst unter denen, die etwas von Malerei verstehen, solche, die dies nicht erkennen.»
[P'ei Wên Chai Shu Hua P'u xv, Lun Hua v, 3]

An Hand der angeführten Dinge läßt sich ohne weiteres er-
messen, was Su unter feststehender Form versteht; aber wor-
auf die feststehende Ordnung Bezug hat, wird allein durch
die Beispiele nicht klar. Im ersten Augenblick lassen die als
gleichartig aufgeführten Dinge Einheit nicht erkennen, weil
im europäischen Kulturkreis Berge und Steine als etwas Be-
harrendes, Bäume und Bambus als etwas unverrückbar der
Erde Entwachsenes, Wellen und Dunst als etwas höchst Be-
wegliches angesehen werden. Erst die Überlegung zeigt, daß
alle Dinge der zweiten Beispielsreihe Teile der vom Menschen
unberührten Landschaft sind, auf deren Veränderung und Bewegung weder die Dinge selbst noch die Menschen Einfluß
haben, so daß sie einem anderen Einfluß unterliegen müssen.
Die übrigen Wesen und Dinge bestimmen entweder ihre Bewegung selbst, wie Personen und Vögel, oder sie sind ohne Bewegung, wie Gebäude oder Geräte. Das ist es, was sie von der
zweiten Reihe unterscheidet.

Die Gleichsetzung der Erscheinungen in der ersten Beispielsreihe für feste Form, wie zum Beispiel von Personen, Vögeln oder Gegenständen, läßt das Charakteristische der Weltanschauung konfuzianischer und neokonfuzianischer Maler,
die ja die Grundlage ihres Malens ist, gut erkennen. Bei der
Betrachtung legen sie eben nicht Gewicht auf den Anblick,
der vom Menschen nach Maßgabe der Fassungsfähigkeit seines Auges zu bestimmter Zeit, von einem bestimmten Standpunkt aus wahrgenommen wird, sondern der Künstler versucht seine Umwelt auf Grund mehrfacher Beobachtung zu
erschauen und zu durchblicken; und da erscheint ihm der
Mensch, ein Vogel oder ein Gebäude eben als etwas, das im-

mer wieder so und so aussieht, also eine feststehende Form hat, im Gegensatz zu den unübersehbaren und unfaßbaren Form-möglichkeiten bei Bergen, Wellen usw. Das Entscheidende an der hier angeführten Stelle ist: Mensch, Vogel und Gebäude sind nicht in die Ordnung des Erdatmens einbezogen; sie haben entweder einen eigenen Atem, wie Mensch und Vogel, oder keinen, wie Gebäude und Gegenstände. Darin unterscheiden sie sich von Bergen, Steinen, Bambus, Bäumen, Wellen und Dunst, die in ihrer Entwicklung und Bewegung der Ordnung des Erdatmens unterworfen sind und, sich ständig wandelnd, daher für Su ohne feste Form sind, aber ebendieser Ordnung unterworfen sind.

Bei der Vorstellung des Abfallens und Ansteigens der Berge als eines Sich-Hebens und -Senkens der Erdatmung bleibt das «Als ob» auch für die chinesischen Maler, die mit einer solchen Vorstellung arbeiten, bestehen, und nur, weil sie mehr im Sinnfälligen leben als wir, halten sie an einer derartig bildreichen Ausdrucksweise fest. Wenn Kuo Hsi [um 1020–1090 n. Chr.] sagt:

«Gigantisch sind die Berge, ihre Formen sind bald so, als ob sie sich hochreckten, als ob sie noch an Höhe zunehmen könnten, als ob sie zum Hellen strebten oder als ob sie die Beine von sich streckten ...» [P'ei Wên Chai Shu Hua P'u XIII, Lun Hua III, 5]

so will er damit nur ausdrücken, daß ihm die Form der Berge nicht statisch erscheint, sondern wandelbar und bewegt. Und aus der vergleichenden Betrachtung der Form von Wolken und Berglandschaften kamen die Maler dazu, das Wesentliche in der ihr innewohnenden formenden Kraft zu sehen. Um das Wesentliche der Form festzuhalten, machten sie auf ihren Spaziergängen Skizzen, die dann später am Schreibtisch zu einem neuen Ganzen verbunden wurden. So sagt einer der vier großen Meister der Yüan-Dynastie, Huang Kung-wang [1269–1354 n. Chr.]:

«Man sollte in seiner Ledertasche Malpinsel stecken haben: sieht man vielleicht in einer schönen Landschaft Bäume, die etwas Seltsames haben, so wird es bequem sein, sie durch Abzeichnen festzuhalten. Bei der Einteilung des Waldes folge man der Idee des Wachstums. Steigt man auf einen Turm, so erschaue man in endloser Weite die Harmonie des Lebensodems und betrachte die Wolken, wie auch sie den Berglandschaften gleichen. Li Chêng und Kuo Hsi machten dies sogar zu ihrer Richtform, und Kuo Hsi malte die Steine ganz genau so wie Wolken.» [P'ei Wên Chai Shu Hua P'u XIV, Lun Hua IV, 7]

ABSTAND UND NATURVERBUNDENHEIT

Die Formengleichheit von Bergen und Wolken ist eine so allgemeine lebendige Vorstellung, mit der man so vertraut ist, daß man fast in jedem guteingerichteten Haus in China an der Wand oder auch in den Lehnen der Prunkstühle Marmorplatten eingearbeitet sieht, die so ausgeschliffen sind, daß ihre Maserung als Wolkenmeer oder als Berglandschaft angesehen werden kann. Es genügt, daß man durch die Marmorplatten im Hause eine Erinnerungsstütze an das Walten der Natur hat: so wie im Buch der Lieder die Anfangszeilen auf Naturvorgänge hinweisen. Aus diesem Interesse für die großen Wandlungen im Naturgeschehen studiert man nicht etwa Einzelheiten wie in unserer Naturwissenschaft: es genügt dem konfuzianisch Gebildeten, auf den Halt aufmerksam gemacht zu werden, den jeder Lebende durch das Verstehen der großen Ordnungen in der Natur hat. Daher finden sich auch Hinweise, wie etwa: «Der Edle lebt in Übereinstimmung mit den Jahreszeiten». In diesem Zusammenhang ist ein Ausspruch von Su Tung-p'o heranzuziehen, den James Cahill [Confucian Elements in the Theory of Painting, Stanford, California, 1960] zitiert hat. Su, der eine so große Lebensspanne hat, daß ihm

Wolken und Berge als etwas Verwandtes vertraut sind, weist
in einer Aufschrift darauf hin, daß man im Verkehr mit
den Dingen sie niemals Herr über sich werden lassen darf.
Er sagt:

«Der Edle kann seine Absichten durch die Außendinge
zum Ausdruck bringen, aber er darf ihnen nicht seine ganze
Absicht widmen. Wenn er nur seine Absichten durch die Dinge zum Ausdruck bringt, so kann schon ein winziges Ding ihn
heiter stimmen, und selbst außergewöhnliche reichen nicht
hin, ihm (in seiner Stimmung) zu schaden, und ebenso wird
der, der seine ganze Absicht dem Erlangen von Dingen wid-
met, schon durch ein Winziges aus seiner Ruhe gebracht werden, und außergewöhnliche reichen nicht hin, ihn heiter zu
stimmen. Lao Tzŭ sagt: ‹Die fünf Farben machen der Menschen Augen blind, die fünf Töne machen der Menschen Ohren taub, die fünf Geschmacksarten machen der Menschen
Gaumen schal, Rennkampf und Jagd erregen der Menschen
Herz zu sehr›, aber die Heiligen Menschen verfallen niemals
ganz diesen vier Reizen, weil sie sich auch auf diese vier Reize
nur stützen, um bei ihren Absichten zu verbleiben. Kalligraphie und Malerei sind wie kaum etwas anderes geeignet, den
Menschen zu erfreuen, ohne ihn von seinen großen Absichten
abzubringen, wenn ihnen aber jemand verhaftet bleibt, ohne
sich davon lösen zu können, dann wird daraus ein unaussprech-
liches Unglück entstehen ... wenn es aber so ist wie mit den
an den Augen vorbeiziehenden Wolken oder wie wenn das
Ohr von dem Gezwitscher der Vögel angerührt wird, wie
könnte man darüber nicht erfreut sein durch die Verbindung
damit? Wenn sie jedoch dahingezogen sind, denke ich nicht
mehr daran: daher können Kalligraphie und Malerei mich beständig heiter stimmen, aber sie fügen mir nicht Schaden zu.»
[Wang Chün Pao Hui T'ang Chi, in Ching Chin Tung-p'o
Wên Chi Shih Lüeh, Ch'üan LIII, 3 a]

Diese Worte rühren an ein weiteres Wesensmerkmal der konfuzianischen Bildwelt: das Dargestellte soll erfreuen und innerlich frei machen von kleinlichen Sorgen. In frühen Zeiten waren es Bildnisse großer Männer und Frauen, die in ihrem Leben dem Wesentlichen Gestalt gegeben hatten. Durch den Einfluß des Neo-Konfuzianismus und überhaupt das immer deutlichere Herauswachsen aus der Enge des Alltagslebens überwogen die Bilder von Bergen und Strömen. Aber niemals wurden von den gebildeten Malern seelische Konflikte oder die Grausamkeit oder der Zorn zum Inhalt ihrer Bilder gewählt, solche Darstellungen malten die Fachmaler. Die Bilder der Gebildeten stellen eine abgeklärte Schau dar – in der Natur gewonnen, am Schreibtisch geformt – wie es die Literaten mit ihren Aufsatzthemen und die Dichter mit ihren Gedichten hielten.

Die chinesischen Quellen, die Gegenstände der bildenden Kunst oder Landschaftsbilder beschreiben und werten, sind bisher noch nicht vollständig übersetzt. Sie sind nicht mit Kommentaren herausgegeben wie die sogenannten klassischen Texte. Um sie ohne Kommentare recht zu verstehen, muß man die Dinge aufsuchen, auf die sie Bezug nehmen. Darüber hinaus gilt es die jeweils verschiedene Vorstellungswelt der betreffenden Künstler zu erfassen, die durch ihren Freundeskreis oft mehr als durch eine allgemeine Zeitströmung bestimmt wurde. Jeder Gebildete begann aber mit dem Studium der konfuzianischen klassischen Texte; daher findet man bei frühen Texten von Malern die gleichen Gedanken wie später im 17. oder 18. Jahrhundert. Schon im Buch der Lieder, der von Konfuzius gesammelten alten Volkslyrik, die durch die Prüfungsvorbereitungen zum geistigen Allgemeinbesitz aller chinesischen Gebildeten geworden ist, beginnen fast alle Lieder mit Hinweisen auf Landschaftsausblicke, was ein Hinweis darauf ist, daß von jeher auch im Volke das

menschliche Geschehen als ein Teil im Walten der Natur gesehen wurde.

UNTERSCHIEDE
KONFUZIANISCHER, BUDDHISTISCHER
UND EUROPÄISCHER SICHT

Wenn man die geschichtlichen Überlieferungen in Worten
und Bildern überblickt, so läßt sich klar aussondern, was dem
konfuzianischen und was dem buddhistischen Einfluß zuzuschreiben ist. Gedichte und Bilder werden geprägt von der
Denkerziehung, welche die Künstler genossen haben. Die
frühen buddhistischen Maler hatten Heiligenbilder und Para-
diesdarstellungen als Thema, die Anhänger der Ch'an-Sekte
erfanden die Tuschespielerei. Bei den frühen Konfuzianern waren es Landschaftsausschnitte oder auch nur ein Baum, die das
dargestellte menschliche Geschehen an das große Walten der
Naturkräfte anschlossen. Dies ist aus den Liedern des Buches der
Lieder wie auf frühen Bildern ersichtlich. [Vgl. den Sarkophag
der Rockhill Nelson Gallery of Art, um 525 n. Chr., Tafel 1].

Immer galt aber das Interesse dem, von dem der Mensch
angerührt wurde und wie er es als Teil in dem großen Weltganzen verarbeitete. Der Schwerpunkt liegt darauf, wie der einzelne Mensch sich mit dem, was ihn anrührt, in Beziehung setzt;
die Selbstbeobachtung beim Erleben läuft dem Erleben parallel,
und daher kommt es zu objektiven Einsichten über sich selbst
und objektiven Ansichten über die Umgebung. Als Beispiel konfuzianischer Sicht, die das allgemeine Geschehen der Umwelt
mit dem persönlichen Erleben in Zusammenhang zu bringen
sucht, sei die Vorrede zum Buch der Lieder wiedergegeben:

«1. Gedichte haben ihren Ursprungsort im Willen: im
Herzen bestehen sie noch als Willen, als etwas in Worten Aus-
gedrücktes sind sie Gedichte.

2. Die Gefühle bewegen unser Inneres und nehmen Form an in Worten. Sind die Worte unzureichend, kommt es zu Seufzern und Ausrufen. Genügen Seufzer und Ausrufe nicht mehr, werden sie zu etwas Beständigem in Liedern. Wenn das, was beständig in den Liedern geworden ist, nicht mehr ausreicht, so bewegen sich unbewußt Hände und Füße im Tanz.

3. Die Gefühle finden Ausdruck durch Töne; wenn die Töne eine sichtbare Ordnung haben, nennen wir sie Tonfolge. Die Tonfolgen in Zeiten geordneter Staatsführung sind ruhig und heiter, die Regierenden haben dann auch ein harmonisches Verhältnis. In Zeiten verwirrter Staatsführung sind die Tonfolgen murrend und zornig, und die Regierenden sind eigensinnig. In Zeiten, in denen ein Reich zugrunde geht, ist die Tonfolge traurig und nachdenklich, und das Volk ist dann erschöpft.» [Shih Ching Ta Hsü, Vorwort zum Buch der Lieder, chinesischer Text vgl. James Legge, Bd. IV, 1. Teil, S. 34 bis 35]

Auf die Frage, warum Gedichte gemacht werden, antwortet Chu Hsi mit den Worten des Kapitels über die Musik aus dem Buch der Sitten, und als er gefragt wird: «Wenn es sich so verhält, wie steht es dann mit der Belehrung durch die Lieder?», antwortet er darauf:

«Gedichte sind in Worten die Form einer Antwort der Herzensaktivitäten, die von den Dingen angerührt wurden. Das, wovon das Herz angerührt worden ist, mag unlauter oder das Rechte sein, und so stößt das durch Worte zur Form Gewordene auf ein zustimmendes oder ablehnendes Urteil. Nur die Heiligen Menschen, die hoch über uns stehen, werden von dem Rechten angerührt, so daß ihre Worte auch alle etwas Belehrendes enthalten.» [Shih Chi Ch'uan Hsü, Ch'üan 76, 3 a]

Mit welcher Kunstart die Konfuzianer es auch zu tun haben, sie können nicht umhin, das Geschaffene auf den Wert hin zu

prüfen, den es für die ihnen so am Herzen liegende Selbsterziehung hat. Von dieser Selbsterziehung handelt der über-
wiegende Teil des konfuzianischen Schrifttums. Der Mensch
steht so nicht, wie in der europäisch-griechisch beeinfluß-
ten Bildwelt, als Gestalt in ihrem Mittelpunkt, sondern das
Interesse gilt seinem Handeln als sittlich vollkommener oder
unvollkommener Mensch. Dazu gehörte das Erfassen der Na-
turgewalten als Zeugnis der Weite einer Weltanschauung, die
man aber auch durch das Studium der klassischen konfuzianischen Literatur erwerben konnte. Aus einer solchen Einstellung heraus liest es sich ganz natürlich, wenn ein Gelehrter aus der Sung-Zeit [960–1280 n. Chr.], Fêng Shan, der sich
hauptsächlich mit dem Studium des Geschichtswerkes der
Frühlings- und Herbstannalen befaßte, schreibt:

«Das Schöpferische beim Malen ist nicht eine Angelegenheit der Länge der Lehrzeit; um es kurz zu fassen: es ist die
überschüssige Kraft, die vom Aufsatzschreiben herrührt.

So gehört in unserer Zeit die wahre Geschicklichkeit der
Maler doch in den Bereich konfuzianischer Studien.» [Chine-
sischer Text siehe P'ei Wên Chai Hua P'u, Chüan 50, S. 19,
Bildaufschrift auf ein Bild von Liu Ming-fu. Auf diese Bildauf-
schrift hat auch James Cahill, o.c., S. 138, als auf etwas Charak-
teristisches hingewiesen. Über Fêng Shan vgl. Chung Kuo
Jên Ming Ta Tz'ŭ Tien, S. 1217, und Annalen der Sung-Zeit,
Kap. 371]

Jeder ist trotz des Vermögens, unabhängig von anderen in
dem Besondern allgemeine Wahrheiten auffinden zu können,
zugleich Erbe des Kulturkreises, in dem er aufwächst. Das
Maß der Beeinflussung wird durch die Qualität dessen bestimmt, was einem Menschen von Jugend an zugänglich ist.
Hier ist als Wesentliches die Gemütsbeeinflussung anzuführen:
die konfuzianisch Gebildeten wurden von Jugend an durch
die klassischen Texte, die sie auswendig lernten, darauf hin-

gewiesen, ihre Gemütsbewegungen und ihre Ichbezogenheit zu kontrollieren, um das Wesentliche in der Vielfalt des Besonderen nicht nur in ihrem engsten Umkreis aufzufinden. Die buddhistischen Texte sprechen auch von einer Kontrolle der Gemütsbewegungen [vgl. S. 178], aber es geht dem einzelnen dabei um seine persönliche Gemütsruhe, wie dies auch aus einem Ausspruch des Malers Mi Yu-jên deutlich wird:

«Die Menschen wissen, daß ich geschickt im Malen bin, und sie wetteifern untereinander, meine Bilder zu erlangen. Aber es gibt nur wenige, die wissen, wie ich male, sie haben nicht die Augen für höhere Wahrnehmung und sind unfähig, sie zu verstehen. Ich male nicht, indem ich alte und neue Bilder betrachte. Das Verdienstvolle alter Bilder ist für mich wie ein Haar im Ozean: die Dinge berühren mich nicht und regen mich nicht auf, wenn ich ruhig sitze, mit untergeschlagenen Beinen wie ein Mönch, indem ich alles um mich vergesse und mich abstimme auf die unermeßliche blaue Leere.» [Vgl. O. Siren, The Chinese on the Art of Painting, S. 68.]

Aus seinen bevorzugten Themen, in Wolken gehüllten Bergen [Tafel 2], spricht nicht das Sammeln von Besonderem, das zur Darstellung eines größeren Ganzen führt, das man tagtäglich mit allen seinen Einzelheiten wiederfinden kann, sondern was hier mit Tuschflecken ausgedrückt ist, ist eine persönliche Intuition, die im Allgemeinbegriff «umwölkte Berge» ihren Ursprung hat und die den sogenannten «Tuschespielereien» verwandt ist. Diesem zufälligen Ergebnis einer Beherrschung des Pinsels und seiner möglichen Ausdrucksformen steht das Sammeln von Besonderem, Wirklichem gegenüber, das Züge des Allgemeinen in sich trägt. Dies steht im Gegensatz zu uns, die wir Erben der Gedankenwelt des Empedokles [490–430 v. Chr.] sind und als Menschen des 20. Jahrhunderts ebenso wie damals im Alltagsleben Erde und Wasser auch heute noch als verschiedenartige Elemente sehen. Schon die frühen konfuzianischen Maler haben durch ihre Beschäftigung mit dem Buch der Wandlungen die zu ihrer Zeit auffindbaren Gedanken über das die Dinge wandelnde Geschehen festgehalten. Auf Grund einer solchen Weltanschauung sagt später noch der konfuzianisch erzogene Maler Tao Chi [1630–1707 n. Chr.] in seinen Gesprächen über Malerei, dessen erstes Kapitel mit einem Zitat von Konfuzius endet, das seine Lehre erklärt:

«Meere haben Strömungen, Berge haben sie auch, nur im Verborgenen. So wie das Meer Ebbe und Flut hat, haben auch die Berge ein gegenseitiges Sich-Zuneigen. Das Meer kann seine Seele darbringen, und auch der Berg kann seine pulsierenden Ausläufer aussenden. Bei Bergen gibt es aufgesetzte Rundgipfel, übereinandergeschichtete Klippen, weit hineingehende Täler, hohe Felswände, hohe Berggipfel, die jäh emporragen, Berghauch, der nebelnd tröpfelt, und Dunst und Wolken, die sich überallhin erstrecken, so wie das Strömen des Meeres und seine Ebbe und Flut. Dies beruht nicht darauf, daß das Meer auch hier seine Seele darbringt, sondern: den Bergen wohnen Eigenschaften des Meeres wirklich inne, und auch dem Meer solche der Berge. Des Meeres unermeßliche Weiten und Tiefen, sein bewegtes Lächeln, seine Luftspiegelungen, seine Sprünge, so gewaltig wie die von Walfischen, und sein drachenartiges Aufsteigen, die Meeresflut, die wie ein Berggipfel, und die Flutwelle, die wie ein Berggrat endet: das sind Eigenschaften der Berge, welche das Meer für sich beansprucht; nicht, daß umgekehrt die Berge sich im Meer ausdrücken. So verhält es sich mit dem Eigenleben der Berge und Meere, und dem Menschen sind Augen gegeben, um es zu sehen.» [Hua Yü Lu, Kap. XIII]

Ein solches weiträumiges Sehen der Dinge um uns hat die konfuzianische Selbsterziehung zur Voraussetzung, die zu objektivem Betrachten erst fähig macht dadurch, daß der einzelne die kleinen Dinge des Alltags als klein und unbedeutend im Bewußtsein behält, obwohl er gewillt ist, ihnen im einzelnen zu entsprechen. So schrieb schon Tsung Ping [um 375 bis 443 n. Chr.], einer der Patriarchen der chinesischen Landschaftsmaler:

«Die Heiligen Menschen finden den rechten Weg in sich, auf dem sie den Dingen entsprechen, und die Hervorragenden klären ihr Inneres, um die Erscheinungen selbst recht zu schmecken. Obwohl sie den Stoff der Berge und Ströme haben, drängt es sie weiter zu dem, was diesen Stoff erst beseelt. Seht doch, die Heiligen Menschen richten und führen sich durch ihr Göttliches, und die Hervorragenden verstehen Berge und Ströme so vollständig, daß sie, von dem Geformten ausgehend, die Bahn alles Geschehens bewundern; und die, die liebevolle Beziehung zu den Dingen haben, sollten sie nicht auch gleiche Freuden empfinden? In Mußestunden ordne darum auch ich meinen Atem: ich trinke zuweilen, ich zupfe die Zither, und langsam entfalte ich Bilder. Bilder einsam betrachtend dringe ich weiter vor in unermeßliche Weiten, die rings mich umgeben, und ich sperre mich nicht gegen die Vielfalt, die der Himmel in mir entfacht.» [Hua Shan Shui Hsü, in P'ei Wên Chai Shu Hua P'u XV, 1]

Bei uns haben fast zwei Jahrtausende christlicher Texte und Vorstellungen die Schaffensimpulse der großen Meister ausgelöst, und die menschliche Gestalt wurde auf ihren Bildern zum Träger von Heiligem. Auch in China wurden in frühen Jahrhunderten Themen der konfuzianischen Ethik und geschichtliche Ereignisse durch Personen dargestellt; dadurch aber, daß man von der T'ang-Zeit [618–907 n. Chr.] an auch Landschaftsbilder malte, wurde die Personendarstellung und die Darstellung geschichtlicher Themen immer mehr ein Gebiet für die Fachmaler, die in China nur wie Handwerker klassifiziert wurden.

Die Darstellung von Landschaften als Bild des Waltens von Himmel und Erde hat sich in China erst im Laufe der Jahrhunderte entwickelt. So wie Jan van Eyck [1386–1440 n. Chr.] hat auch Ku K'ai-chih [344–406 n. Chr.] die Landschaftsaussicht in der Ferne in das Bild mit einbezogen und wie auf dem Genter Altar das so Dargestellte in einen weiteren Raum gestellt. Trotzdem kann man nicht sagen, daß von Jan van Eyck an in Europa allgemein Landschaftselemente als Überleitung zum Weltgeschehen geschaffen oder angeschaut wurden, oder dem Gefühl Ausdruck verliehen worden wäre, daß der Mensch als ein Teil der ihn umgebenden Welt in dieser sich geborgen fühlen kann, wenn er seine Schritte verantwortungsbewußt lenkt. Dieses Gefühl war aber Schaffensantrieb für die früh-konfuzianischen wie die neo-konfuzianisch Gebildeten Maler.

BILDBETRACHTUNG CHINESISCHER
GEBILDETER MALER

Wenn man sich mit der konfuzianischen Bildwelt beschäftigt, so muß man die Stilentwicklung berücksichtigen und sich vergegenwärtigen, daß nicht wie bei uns die Kunstwerke – als Form gewordene christliche Vorstellung – in Kirchen oder öffentlichen Gebäuden zugänglich waren. Die Meisterwerke großer europäischer Künstler bestimmten den Stil einer Epoche, und dieser wurde durch Werke nachfolgender Meister abgelöst. So kann man einen «gotischen Stil» oder einen «Renaissance-Stil» in den entsprechenden Kunstepochen überall abgrenzen, und gerade die Renaissance zeigt beispielhaft das wiedererwachte Interesse an längst Vergangenem. Ein derartiges Interesse an Vergangenem läßt sich auch in China verfolgen, seit Gedanken in Schriftzeichen festgehalten und Bilder gemalt wurden, aber der Freundeskreis bestimmte, was ein Künstler an Vergangenem sah, und nicht der Zeitgeist einer Epoche. Wie schwer es selbst für die großen Meister war, die eine einflußreiche Stellung hatten, Bilder betrachten zu können, sei mit Aussprüchen eben dieser Meister deutlich gemacht:

«Tung Ch'i-ch'ang [1555–1633 n.Chr., Tafel 3], zugleich Maler und hoher Beamter, sagte einmal, soweit er gesehen hätte, seien von den erhaltenen Tuschwundern von Huang Kung-wang [1269–1354 n.Chr.] das beste die ‹Herbstberge› der Familie Chang Hsiu-yü. Und während des Gespräches sagte er zu Wang Shih-min [1592–1680 n.Chr., einem der sechs großen Ch'ing-Meister, Tafel 3]: ‹Wo Sie doch so ernsthaft Malerei studieren und schon lange in der Art Huang Kung-wangs arbeiten, können Sie gar nicht anders als seine Fassung der ‚Herbstberge‘ besichtigen.› Wang Shih-min bat darauf eiligst Tung Ch'i-ch'ang um ein Empfehlungsschreiben und machte sich mit Bargeld auf den Weg. In Jun-chou angekommen, begab er sich sofort mit Brief und Geld dorthin. Das Tor lag still da, und obwohl die Räume sich in weiten Fluchten in die Tiefe erstreckten, so hörte man doch nur die Hühner und Enten im Schmutz scharren. Alles war so voll mit Mist und Streu, daß er schwankte, ob er eintreten sollte. Wang Shih-min war sehr erstaunt und sagte sich: Und das soll nun ein Haus sein, wo sich ein berühmter Huang Kung-wang verbirgt? Da hörte er auch schon den Hausherrn eine Tür nach der anderen aufschließen, die Diener kehrten etwas auf, und feierlich mit Obergewand und Kopfbedeckung angetan, verneigte dieser sich vor Wang Shih-min. Er spielte Musik, und die Essensgeräte wurden vorbereitet, um die Höflichkeitszeremonien zwischen Hausherrn und Besucher zu vervollständigen. Darauf wurden die ‹Herbstberge› hervorgeholt, um ihm gezeigt zu werden; während das Bild zur Betrachtung entrollt wurde, studierte er es gründlich mit bebendem Herzen. Das Bild war farbig. Ein dichter Wald mit rotem Laub war wie vom Feuer durchglüht; die Art der roten Punkte war ganz außergewöhnlich schön. Oben erhob sich der Hauptgipfel ganz in Jadegrün und Schwarz, herausgearbeitet mit der Punktiermethode Kao Fang-shans [um 1275 n. Chr.]. Weiße Wolken verhüllten den mittleren Teil der Berge, sie waren mit zartem Weiß gegeben, so daß das Grün in großer Leuchtkraft dagegenstand. Ein einsames Dorf wurde von einem verfallenen Zaun umschlossen, eine Brücke verband die steppenähnlichen Sandflächen miteinander ... Als Wang Shih-min das Bild sah, hörte er nicht mehr vor Freude, und das Essen war für ihn ohne Geschmack; er war wie betäubt. Am anderen Tag ließ er das Boot noch einmal anhalten und schickte jemand zu dem Besitzer, um ihn zu fragen, ob er das Bild nicht verkaufen wollte. Darauf erwiderte der Besitzer trocken lachend: ‹Wie sollte ich das, was ich gern habe, nicht behalten wollen? Da Sie es daher nicht erlangen können und sich doch sehr darnach sehnen, so können Sie es für einige Zeit entleihen .. Sie können es mir ja, wenn Sie von der Hauptstadt zurückkommen, wiedergeben.› ... Zu dieser Zeit war Wang Shih-min dazu zu stolz und sagte, er wolle es kaufen. – (Auf dem Rückweg von der Hauptstadt hat ihn der Besitzer nicht mehr empfangen.) ...» [Ou Hsiang Kuan Hua Pa VI, 15–16]

Wenn man durch solche Berichte einen Einblick bekommt, wie klein oft der Kreis war, der Zugang zu Originalen großer Meister hatte, so erklärt sich daraus, daß man Zeitstile in unserem Sinn nicht erwarten kann. Selbst Ortsstile erfassen oft nicht ein größeres Gebiet, wenn nur ein kleiner Freundeskreis sich gegenseitig Bilder zur Ansicht lieh. Man kann auch nicht den Stil einzelner Bilder in den letzten Jahrhunderten als Ausdruck einer Weltanschauung betrachten, denn viele Meister nahmen verschiedene Ansichten und Stilformen als Ausdrucksform ihrer jeweiligen Stimmung an. Mehr und mehr wurden die Dinge im Laufe der Jahrhunderte in ihrer Wirklichkeit erfaßt und immer wieder neu gebildet: nicht von den Pinslern, sondern von den großen Meistern als ehrfürchtiges Bekenntnis.

Diese Künstler ordnen sich in Gedanken in das Walten der bewegten Natur bewußt ein als ein Teil, der, durch dieses Bewußtwerden der ewigen Bewegung um sich und in sich, sich in ihm sicher und geborgen fühlt. Bei jedem Bild kann man zu Studienzwecken zwar das Bildthema und die Art und Weise der Formgebung gesondert betrachten, jedoch darf man dabei niemals vergessen, daß das Thema und seine Ausdrucksform ein Ganzes sind.

Wenn man die Bilder der letzten Jahrhunderte mit ihren Aufschriften eingehend betrachtet, die beide allgemeine und spezifische Züge tragen, und die zusätzlich ausgewählten Texte liest, die beim Verstehen der chinesischen Landschaftsbilder eine Hilfe sein sollen, so muß man sich dabei ständig gegenwärtig halten, daß allerorts die großen Künstler in der ihnen eigenen Weise das malen, was ihnen von den Wundern der Schöpfung gerade als Begegnung bewußt wurde. Kenner sind imstande, chinesische Bilder bestimmter Stilformen in ähnlicher Weise wie Handschriften zu erkennen, da sie alle ihre charakteristischen Züge haben, die so spezifisch sind, daß sie auch schon auf Grund von Ausschnitten erkannt werden können. Aber auch in China ist der besondere Stil der Handschrift bei Landschaftsbildern die Antwort auf die gesammelten Impressionen vergangener Jahre. Die Inspiration überfällt aber den Künstler plötzlich; sie hat ihren Ursprung entweder in Begegnungen mit dem Einzelnen der Berge und

Ströme oder auch in Begegnungen mit einem Bild eines alten Meisters. In beiden Fällen werden die großen Künstler von innerem Impuls zum Malen getrieben, und man darf nicht irre werden an der schöpferischen Kraft der Gebildeten Maler, wenn manche, wie zum Beispiel die sechs großen Meister der Ch'ing-Zeit, in der Aufschrift ein Vorbild angeben. Einzelheiten genau nach Vorbildern zu formen, das tun in der Regel kleine Künstler und solche, die um ein Bild gebeten werden zu einer Zeit, wenn sie nicht in Stimmung sind. Aber auch bei den Gebildeten Malern ist es durchaus üblich, daß sie auf Grund einer Wesensverwandtschaft eine zuvor schon gemalte Landschaft oder eine «im Stil von XY» malten oder daß sie von einem bestimmten Bild so stark im Innern angerührt wurden, daß sie Verwandtes schufen und sich erfreut dazu in einer Aufschrift bekennen. Sie streben nicht darnach, Nichtvorhandenes darzustellen.

Die Rollenform ermöglicht es dem Betrachter, selbstgewählte Abschnitte langsam oder auch schnell in sich aufzunehmen. Durch diesen Umstand kann das Wahrgenommene, das rahmenlos ist wie bei dem schaffenden Künstler, auf ein noch zu Erahnendes hinweisen, so daß die Verbindung zu dem Kosmos, von dem wir nur Teile wahrnehmen, für den Künstler wie für den Betrachter erfühlbar bleibt. Wie beim Künstler formt sich so bei dem nicht oberflächlichen Betrachter ein Erinnerungsbild, welches über das Wahrgenommene hinausweist.

Die bewußte wie die unbewußte Aktion des langjährigen Sammelns von Besonderem führt bei jedem nicht oberflächlichen Menschen notwendig dazu, nach einer das Vielfältige tragenden höheren Macht zu suchen. Sie wird in China seit Jahrtausenden auf dem Himmelsaltar als das allem menschlichen Denken und Schaffen Übergeordnete verehrt. Das Achten oder Nichtachten auf die Beziehung des Besonderen zu dem Allgemeinen bewirkt die Tiefe und Weite der Weltan-

schauung, die bei den einzelnen Malern und Beschauern sehr
verschieden ist. Dieses Allgemeine ist für die Dichter und die
Gebildeten Maler als in ihnen wirkende Harmonie und Dis-
harmonie des Lebensodems etwas, das für sie auch in den Dingen
auffindbar ist. Auch die Stille hat so ihr leises Atmen.

Es gibt auch in China Menschen, welche die Harmonie des
Lebensodems, die in und um sich aufzufinden eine Beglückung
ist, nicht anrührt, und die trotzdem Landschaftsbilder malen.
Manchen ist es mit ihren stumpfen Sinnen nur darum zu tun,
ein geschmackvolles Geschenk selber zu fertigen, und wenn
sie nicht besonders begabt sind, dann werden sie vielleicht ein
erreichbares Vorbild in unserem strengen Sinne nur kopieren
oder sich der seit dem 17. Jahrhundert beliebten Mallehrbü-
cher bedienen. Dort finden sie allgemeine geschmackvolle
Grundformen, ohne daß sie selber diese allgemeinen Grundzüge durch Sammeln von Besonderem aufgefunden haben
müßten. So hat zum Beispiel das Laubwerk der verschiedenen
Baumarten jeweils etwas Allgemeines, das es von dem anderer
Arten unterscheidet. Man findet Beispiele in solchen Lehrbüchern wie Chieh Tzŭ Yüan oder Shih Chu Chai. Wer sie als
kleines Talent benutzt, um seine Baumstämme zu belauben,
wird davor bewahrt, Zufälligem zu großen Wert beizumessen
oder sich im Banalen oder Geschmacklosen zu verlieren [vgl.
Archives of the Chinese Art Society of America VI, 1952, S. 45
bis 63]. In diesen Holzschnittwerken wird zwar Wesentliches
festgehalten, aber doch in einer harten Form, die, wie der von
anderen übernommene allgemeine Begriff, das Erfülltsein von
verschiedenartigem Besonderen entbehrt. Sicher treffen diese
Holzschnitte, zum Beispiel «nach Ma Yüan», Charakteristi-
sches der Bäume von Ma Yüan und seiner Schule, aber auf seinen Bildern leben die Kiefern trotz ihrer deutlichen linearen
Begrenzung als hölzerne Kiefernstämme [vgl. James Cahill,
Chinesische Malerei, Genf, 1960, Abb. S. 83].

Wölfflin [Kunstgeschichtliche Grundbegriffe, S. 21] formu-
liert, ohne chinesische Dinge gekannt zu haben, das Charakteristische der von Tung Ch'i-ch'ang unterschiedenen «Nord- und
Südschule»: «Während die stark sprechende Umrandung die
Form unverrückbar macht, die Erscheinung gleichsam fest-
legt (das entspricht der ‹Nord-Schule›), liegt es im Wesen
einer malerischen Darstellung, der Erscheinung den Charakter des Schwebenden zu geben ... die Form fängt an zu spielen
... das Ganze gewinnt den Schein einer restlos quellenden,
nie endenden Bewegung (das entspricht der ‹Süd-Schule›) ...
sie bleibt für die Anschauung ein Unerschöpfliches.»

Bei Bildern der «Süd-Schule» ist es nicht möglich, nach ein-
maliger Betrachtung alle Linien bei der Rückerinnerung an
das Betrachtete als bestimmten Besitz zu haben. Man wird
darauf hingewiesen, daß man dem Angeschauten als einem Ganzen gegenüberstand, bei dem es noch manches zu entdecken
gibt. Wenn die Bilder der «Nord-Schule» häufig durch ihre
Komposition Raum offenlassen, den man beliebig mit Vorge-
stelltem erfüllen kann, so ist das etwas ganz anderes. Mit einem solchen Vorstellen löst man sich von dem Gegebenen.
Die Künstler der «Süd-Schule» wollen auch nicht vollendete
Formen geben, sie weisen nur in weichen Linien darauf hin,
daß es noch viel an Lebendigem, sich ständig Veränderndem
zum Erschauen in dieser Welt gibt, in der wir zwar mit selb-
ständigem Atem einhergehen, aber von dem Odem des Ganzen nichts Abschließendes wissen.

Tung Ch'i-ch'ang [1555–1636 n. Chr., Tafel 3] hatte, in
staatlichen Diensten bis zum Minister steigend, beständig Gelegenheit, Regungen verschiedenartiger Menschen in vielartigen Situationen zu beobachten. Und dennoch wurde er nicht
zum Porträtmalen angeregt, Berge und Flüsse bedeuteten
ihm mehr. Seine Amtsreisen führten ihn im Wohnboot durch
das Land. Diese Eindrücke hielt er als Künstler fest: das

Flüchtige in Gedichten, das Beständige in Bildern [Aufschrift des Bildes Tafel 3]:

> «Als wir von Ch'u abfuhren,
> spiegelten sich Wolken und Bäume;
> in Wu-mên schien schon der Mond
> und des Wassers Dunst war klar.»

Das Gedicht spricht von den Wasserspiegelungen, aber solche Spiegelungen werden, wie schon gesagt, niemals als Form in den Bildern festgehalten, denn sie sind etwas Zufälliges. Sie sind zwar Geformtes, aber ihre Formen sagen nichts über das Wasser aus. Mit nachfolgenden Worten weist Tung Ch'i-ch'ang auf ihm Wesentliches hin:

«Wenn ein Maler die alten Meister zu seinen Lehrmeistern macht, so kann er sich an ihnen schon weiterbilden; will er tiefer eindringen, so muß er Himmel und Erde zu seinen Lehrmeistern machen und jeden Morgen beim Aufstehen die Wandlungen der Wolken betrachten, für kurze Zeit das Malen unterbrechen und in die Berge gehen. Und wenn er beim Wandern in den Bergen seltsame Bäume sieht, so muß er sie von vier Seiten festhalten. Die Bäume haben ja auch zum Beispiel eine linke Seite, die nicht auf das Bild kommt, und sowohl die Vorder- wie die Hinteransicht muß man so gründlich betrachten, bis sie von selbst einem ihren Ausdruck übermitteln.» [Hua Ch'an Shih Sui Pi, Ch'üan II, 5 b]

Wenn man so bei allen Künstlern immer wieder feststellt, daß sie das Allseitige der Dinge erfassen wollen, so wie ein Baum von vier Seiten betrachtet wird, um ja sein Abbild vollständig zu geben, so erinnert man sich bei allen Dingen des täglichen Lebens auch an seine Licht- und Schattenseite, an die ruhigen wie die bewegten Zeiten. Zur Einführung in diese Vorstellung eines ungeteilten Weltganzen, das sich in wechsel-

vollen Phänomenen äußert, mögen folgende Zusätze Wang
Yang-mings zu den T'ai Chi Tu von Chou Tun-i [1017–1073
n. Chr.] dienen:

«Um Chou Tzǔ recht zu verstehen, ist noch zu sagen: das
T'ai Chi bringt die natürliche Ordnung des Lebens hervor.
Das für uns Unausdenkbare ist, daß es pausenlos atmet und
daß sein Beständigsein in fortwährender Gestaltung unwan-
delbar ist. Das Leben-Gebären des T'ai Chi, das ist das Leben-
Gebären von Yin und Yang, und wenn man auf dieses unausdenkbare pausenlose Atmen bei diesem Leben-Gebären hinweist, so kann man es Bewegung nennen ...

Bewegung und Ruhe sind eine natürliche Ordnung. Das
Sichverbergen und Offenbaren dieser einen Ordnung, das ist
Bewegung und Ruhe.

Frühling und Sommer können Yang und Bewegung hervorbringen, aber es ist noch nicht dagewesen, daß sie ohne Yin
und ohne Ruhe gewesen wären.

Herbst und Winter können Yin und Ruhe hervorbringen,
aber es ist noch nicht dagewesen, daß sie ohne Yang und ohne
Bewegung gewesen wären.

Frühling und Sommer sind so: unaufhörlich; Herbst und
Winter sind so: unaufhörlich. Dies Unaufhörliche kann man
Yang, kann man Bewegung nennen. Das Beständige in der
Gestaltung von Frühling und Sommer, von Herbst und Win-
ter kann man Yin, kann man Ruhe nennen.

Von der Urvereinigung der sich bewegenden Welt, durch
Jahre, Monate, Tage, Jahreszeiten bis zum kleinsten Augenblick war es so, daß es heißt: Ruhe und Bewegung, Yin und
Yang sind ohne Ende und ohne Anfang. In diesem Wissen gibt
es Schweigen und Erkennen, mit Worten läßt sich hier nichts
erschöpfen.»

Und an anderer Stelle sagt Wang Yang-ming:

«Für die treibende Kraft des Odems von Himmel und Erde, so daß es von Anfang an nicht das Aussetzen eines Atemzuges gab, gibt es ein Leitendes. So gibt es kein Zu-früh und kein Zu-spät, kein Zu-schnell und kein Zu-langsam. Trotz allen unzähligen Veränderungen und Wandlungen werden diese beständig von diesem Leitenden festgesetzt. Der Mensch erlangt es und lebt.» [Ch'uan Hsi, Shang 38]

CHARAKTERISTISCHE BILDAUFSCHRIFTEN

Die nachstehenden Bildaufschriften stammen von den großen Ch'ing-Meistern, die in freien Stunden auf ihren Amtsreisen, im Hausboot oder auch wieder erst zu Hause Landschaften malten: Wang Shih-min [1592–1680 n. Chr.], Wu Li [1632–1718 n. Chr.] und Wang Yüan-ch'i [1642–1715 n. Chr.].

Wang Shih-min [Tafel 4]:

«Obwohl ich stets einen großen Hang zum Malen gehabt habe, bin ich doch nicht zum Letzten vorgedrungen. Zu meinem Kummer nehmen jedes Jahr meine mich belästigenden Angelegenheiten zu, so daß alles, was mit Pinsel und Tusch-reibstein zu tun hat, liegenbleiben muß. Dieses große Album für Shêng-fu habe ich recht lasch gemalt, weil ich nicht in Stimmung kommen konnte und mich um allerlei Ärgerliches kümmern mußte. Ich hatte es mehrere Jahre auf meinem Ablageständer. Jetzt im Januar sah ich ein Album von Wang Chien [1598–1677 n. Chr.] im Stil der Sung-Yüan-Meister; er vereint darin technisches Können mit außergewöhnlichem Ausdruck. Wiederholt blätterte ich es durch und erfreute Augen und Herz; ich merkte nicht, wie ich den Türpfosten berührte, so reizte es mich, auch wieder einmal meine Fähigkeiten zu erproben.» [Pieh Hsia Chai Shu Hua Lu II, 2]

«Der Gipfel mit dem gepfropften Bambus der Wu I-Berge ist wirklich auf der Welt eine der schönsten Landschaften. Im 10. Monat des Jahres 1626 war ich wegen Amtsgeschäften dort, aber für den Aufstieg waren meine Beine zu schwach, so daß ich den Gipfel nicht bestiegen habe. Im 5. Monat des Jahres 1627, als ich am Fenster saß und es draußen regnete, malte ich plötzlich dieses Bild ... » [Wu Yüeh So Chien Shu Hua Lu VI, 56]

«Früher hat Tung Ch'i-ch'ang immer zu mir gesagt, Huang Kung-wang sei die Krone der vier Yüan-Meister. Huang Kung-wang [1269–1354] hat seine Malweise an Tung Yüan [10. Jahrhundert n. Chr.] gebildet und geformt; sein Stil ist erhaben und üppig, seine Gedanken gehen in die Tiefe, er ist der erste der vier Yüan-Meister. Ich hörte Tung Ch'i-ch'ang immer sagen, daß von seinen besten Werken das Bild von den Fu-ch'un-Bergen [in Chehkiang] wiederum das beste sei. Leider habe ich es nicht zu sehen bekommen, nur eine Kopie von Shên Chou ... » [Yen-K'o Hua Pa, Hsia 21]

«Ich reiste per Schiff nach Norden. Da ich im Boot nichts zu tun hatte und glücklicherweise gute Seide mitgebracht hatte, benutzte ich meine angeregte Stimmung und malte in drei Tagen eine Herbstlandschaft im Stil Huang Kung-wangs.» [Fêng-ch'ang Kung Nien Pu, 39. Jahr 3. Monat 1631]

«Anfang des Winters 1636 wanderte ich in den Bergen, und das Rotgelb des Ahornwaldes erfreute mein Auge; ich malte darauf eine Langrolle in der Pinselführung Huang Kung-wangs.» [Fêng-ch'ang Kung Nien Pu, 44. Jahr 1636]

«Heute habe ich sieben Verse gelesen und die darin beschriebenen Landschaften in ihrer umfassenden Schönheit und erhabenen Vornehmheit vor mir gesehen. Ich habe sie alle nacheinander an meinem Auge vorüberziehen lassen, und es war wirklich so, als ob man darin spazierenginge. Ich mußte immer wieder an ihren lebendigen Ausdruck denken, so daß es auch mich zum Malen trieb. Es traf sich gerade, daß ich für meinen Neffen Hsü-hsien ein großes Album malen wollte, und da ich auch zufällig Zeit hatte, erwählte ich die mit den schönen Versen in Verbindung stehenden Landschaften und zeichnete, akzentuierte und kolorierte diese Bilder an meinem kalten Fensterplatz ... »

«In jedem Zeichen der Gedichte ist ein Gemälde enthalten, aber nicht in jedem meiner Pinselstriche ein Gedicht!» [Vgl. Victoria Contag, Die sechs berühmten Maler der Ch'ing-Dynastie, S. 102]

Wu Li [Tafel 5]:

«Wenn ich mit zwei oder drei Freunden in die Berge gehe, werden meine Augen durch den hellen und naturgrünen Farb-schimmer ganz geblendet. Da mag man sich dann inmitten von ihnen hinsetzen und ausruhen, etwas Wein trinken und dazu Lieder summen oder singen! Nachdem man auf diese Weise hei-terer geworden ist, wandelt man auf einen Stock gestützt um-her und erfaßt dadurch der Landschaft seltene Schönheit. Wird man dann nachdenklich, läßt man schließlich das ungewisse Umherschlendern und, falls das Stadttor noch nicht verschlos-sen ist, ergreift man (zu Hause) den Pinsel und wandert mit ihm, und so kann man auch allein seine Freude haben.» [Mo-ching Hua Pa, in Hua Hsüeh Hsin Yin, IV, 14]

«Als ich im Herbst auf Urlaub war, kam ich in den Besitz von zwei Bogen Hsüan-Papier. Ich freute mich über ihre Länge, fand sie aber zu schmal. Ich malte darauf eine kleine Langrolle und erwählte eine leichte Art des Stiles von Huang Kung-wang und Wang Mêng mit einigen von mir hinzugefügten Gedanken ... Obwohl ich jetzt schon an die 73 Jahre zähle, so wird die Kraft meines Handgelenkes doch nur allmählich schwächer ... Ich male dieses Jahr so ungleichmäßig, mal viel, mal wenig. Es gab Zeiten, wo man nicht anders konnte; man taute mit einem Hauch den Frost auf, vergaß Hitze und Mahlzeiten! – Wenn ich jetzt anfangen will zu malen, fühle ich mich schwach. Manchmal beim schönsten, warmen Frühlingswetter am Fenster, wenn Papier und Tusche im besten Zustand vor mir liegen, schlafe ich davor ein. Ich weiß nicht, ob dies von Krankheit herrührt; oder sollte das das Alter sein? Aber in jüngeren Jahren war es auch manchmal schon so. – Vor einigen Tagen fühlte ich es viel weniger; kräftig wurde der Pinsel vom Handgelenk geführt, und vorübergehend vertiefte ich mich in Wang Mêng und malte jene kleine Langrolle. – Ch'in Tsu-yung macht dazu eine Randbemerkung, daß es ihm mit seinen 50 Jahren oft genau so gehe, es also nicht das Alter sein könne.» [Mo Ching Hua Pa, in Hua Hsüeh Hsin Yin IV, 15]

So hatten auch diese Gelehrten, wenn sie als Künstler tätig waren, auf die beglückende Zeit der Inspiration zu warten, um etwas schaffen zu können, was sie und andere befriedigte.

Wang Shih-min hatte es besonders schwer mit all seinen Kümmernissen des täglichen Lebens. Dennoch vermochte er sich darüber zu erheben:

«Wang Shih-min und Wang Chien haben wiederholt in demselben Amtsbezirk gearbeitet. Sie haben zusammen die Gesetze der Malerei erörtert und sie später studiert, indem sie sich berühmte Werke alter Meister zur Vorlage nahmen. Mit jedem Baum und jedem Stein folgten sie genau den Regeln und trugen so zur Ausrottung der irrigen Gewohnheiten der Allgemeinheit bei. Zu ihrer Zeit schon war ihr Ruhm groß; überall, wo man etwas auf gute Gemälde hielt, sprach man von den beiden Wang aus Lou-tung. Wang Shih-min aber war durch Geschäfte gebunden und gehindert; im Alter besonders häuften sich seine Kümmernisse, und außerdem hatte er noch große Sorgen mit der Verheiratung seiner Kinder. War er zum Malen aufgelegt, so mußte es sich auch noch treffen, daß er dazu Zeit hatte; er hatte nicht die Muße, sich von morgens bis abends damit zu befassen. Wang Chien hingegen hielt sich möglichst fern von allen lästigen und weltlichen Dingen und konnte so seine überschüssige Kraft auf seine umfassenden Untersuchungen konzentrieren und am hellen Fenster malen. Er kopierte fast alle Sung- und Yüan-Meister, und es gab nichts, worin er diesen nicht glich.» [Aufgezeichnet von Wang Chuan, dem drittältesten Sohn von Wang Shih-min, vgl. Hsü Chai Ming Hua Lu XIV, 11]

Neben dem Hinweis, daß das «Nachschaffen» und die «Variationen» auf den Bildern der Gebildeten Maler der letzten Jahrhunderte eine Parallele auf musikalischem Gebiet haben, muß noch gesagt werden, daß das Musizieren in gebildeten Kreisen im China der letzten Jahrhunderte gepflegt wurde wie im Altertum. So konzentrierte sich eine tiefempfundene Liebe für harmonische Zusammenhänge auch in den Bildern. Konfuzius selber hatte nicht nur die alten, ihm erreichbaren Lieder gesammelt und selber gern musiziert, sondern die konfuzianischen Riten vollzogen sich auch mit Musikbegleitung. Eine Aufschrift mag ein Beispiel dafür sein, wie das Rauschen der Bergflüsse dem Maler Wu Li das Musizieren ersetzte, weil ihm eben die großen Harmonien in der Natur und die in Kunstwerken wesensverwandt erschienen. Aus solcher weitblickenden Schau bewundert er auch im Wachsen der Sprossen die uns wahrnehmbare bewegende Kraft im Naturgeschehen als Zeugnis himmlischen Wirkens. Diese beglückende Bewunderung regt ihn zum Schaffen an:

«Ich denke noch daran, wie ich mit T'ien-ch'iu bei dem Lehrer Ch'ên Shan-min Zither spielen lernte; man denkt gar nicht, daß das schon über zwanzig Jahre her sein soll. Ich möchte ein Bild ‹In einem mit Kiefern bewachsenen Tal tönt die Zither› malen, um diesen Gedanken Ausdruck zu geben. – Es ist bedauerlich, daß man stets so wenig freie Zeit hat; heute, als ich von einem längeren Besuchsaufenthalt zurückkehrte und es sich nach einem langanhaltenden Regen aufgeklärt hatte, habe ich – ähnlich den Alten – folgendes Gedicht geschrieben: Mit dem Laut der Zither sollte man den abgerundeten Ton des Vogelrufes nachahmen. Zwanzig Jahre habe ich mich mit diesem Herrn bemüht! Heute lausche ich den Kiefern, Gießbächen und Wasserfällen. Wenn von den hohen Bergen das Wasser herunterfließt, braucht man nicht mehr die Saiten zu rühren. Am 20. Tage des 10. Monats des Jahres 1674. Yü-shan-tzǔ, Wu Li aus Yen-ling.

Su T'ung-p'o (1036–1101 n. Chr.) zitiert ein Gedicht von T'ao Yüan-ming (365–427 n. Chr.): ‹Ein von fern kommender Wind streicht über die bestellten Felder. Die guten Sprossen tragen neues Leben in sich.› Nur ein Gelehrter alten Stiles, der sich aufs Land zurückgezogen hat, kann dieses wunderbare Wort verstehen! – Ich wohnte in T'ao, als sie mit Pflügen und Ernten beschäftigt waren; Ende des Sommers war es etwas zu trocken, dann kam ein Regen. Nachdem es zu regnen aufgehört hatte, machte ich einen kleinen Spaziergang. Der frische Wind jagte über die an Schönheit wetteifernde Hirse hinweg; der Schmutz war hinweggewaschen und alles in neues Grün verwandelt. – So konnte ich die Worte T'ao Yüan-mings innerlich von Herzen mitfühlen! Den Worten des Gedichtes dieses hohen Beamten will sich dieses Bild nähern. Mo-ching-tao-jên.» [Wu Yüeh So Chien Shu Hua Lu VI, 25]

Wu Li, der als christlicher Priester tätig war, reiste 1681 mit dem Pater Couplet nach Macao. Dort lernte er europäi-

sche Sitten und europäische Bilder kennen. Aus seinen Aufzeichnungen sei hier nur Nachfolgendes zitiert:

«Wir erstreben mit unseren Bildern nicht ähnliche Formen
und einen Eindruck, als ob man in eine Höhle eindringe, jene
bemühen sich aber gerade um diese höhlenartige Wirkung.»
[Mo Ching Hua Pa, IV, 16, vgl. Tafel 5]

Wu Li, der nicht nur Christ wurde, sondern in seinen späteren Jahren sogar als Priester in der Provinz Kiangsu wirkte,
lehnte das Fremde nicht etwa voreingenommen ab, sondern
er ließ sich für seine Lebensgestaltung sehr wohl mit Neuem
beschenken. Aber im Fassen seiner Bilder hatte er etwas, das
ihm mehr war als das, was er an den europäischen Bildern als
andersartig wahrnahm; denn auch in seinen Spätwerken ist
nichts von europäischen Einflüssen zu bemerken. Er hatte die
Enge und Weite beide zur Hand – so wie es das Thema erfor-
derte. So machte er, wie auch andere große Meister, durch
seine Werke deutlich, wie es Augenblicke gibt, in denen das in
langen Jahren Gesammelte zu einer Expression drängt, die das
enthält, was dem betreffenden Künstler von der unendlichen
Vielfalt des Geschehens um ihn wirklich wurde. So schreibt er
auf ein Bild von Bergen und Wasser [Tafel 5], das an eine Komposition von Wang Wei [698–759 n. Chr.] erinnert:

«Schon im Altertum wurde in Gesprächen über Bilder gesagt: Nur hochstehende Menschen haben Richtformen für
Pinsel und Tusche. Erst wer erkannt hat, daß das Verwenden
von Pinsel und Tusche nicht zu den Dingen gehört, die sich in
genauer Ausführung erschöpfen, wer erkannt hat, daß man
dabei ohne zeitgebundenes Denken sein muß, wer erkannt
hat, daß man klar verstehen muß, was mit dem Reinwaschen
gemeint ist, das für unser Inneres wie ein Bad im Schnee ist,
erst der versteht den Pinsel zu führen in natürlichem Einklang
mit dem Himmel und Erde belebenden Odem! Wer wie der

Dunst und der Regen zusammengehört mit dem, das ihn umgibt, der wird, was er von den unzähligen Erscheinungen auszudrücken strebt, auch sinnvoll gestalten.»

In dieser Aufschrift bekennt Wu Li, daß für ihn das Zeit-
und Ortsgebundene nur zeitbedingten Wert habe, und in diesem Zusammenhang ist auch die Aufschrift von Interesse, die
der Kaiser Hui Tsung [1101–1125 n. Chr.] auf sein Vorbild
von Wang Wei [698–759 n. Chr.] geschrieben hat, das er mit
anderen ihm wichtigen Bildern zu seiner besseren Erinnerung
selber kopiert hat:

«Wang Wei malte nach der Richtform von Wu Tao-tzŭ
[um 700–760 n. Chr.]. Er übertraf ihn jedoch an persönlichem
Ausdruck und in der Art, wie er die Dinge darstellte. Um die
Formen der Berge und Täler zu entwerfen, sammelte er das
Einzelne und untersuchte es genau. So wie die Wolken sich
fliegend bewegen, so überschritten auch seine Absichten den
Staub des Alltäglichen, und daher entstand Göttliches aus seiner Pinselspitze. Diejenigen, die nur seine äußeren Formen
nachahmen, ermüden sich nur, so wie die, die Holz schnitzen
lernen. Wie viele von diesen möchten nicht auch ihre Hände
verbergen!» [Aufschrift nach einer Photographie des Pekinger
Palastmuseums.]

Bemerkenswert ist hier die Nichtachtung der Plastik, die so
groß war, daß in den späteren Jahrhunderten künstlerisch Begabte sich mehrheitlich dem Malen und der alten Musik zu-
wandten. Wer durch seine Bildung Anschluß zu Transzenden-
tem hatte, der malte oder musizierte. Das Gefühl für das Umfassen der Dinge, das für den Plastiker so wichtig ist, fand auf
den Landschaftsbildern im Formen der Steine und Bäume Ausdruck.

Anlaß zum Schaffen dieser Künstler war auch das Begegnen
zur rechten Zeit; aber nur der, der das auch jeden Tag wach

erlebt, was eine Begegnung ihm schenkt, macht durch seine
Aktivität das Geschenkte erst wirklich. Nicht nur im Denken
an sie, in dem Wahrmachen des Erkannten in sich bewahrt er
Beständiges der Begegnung: ob er einer längst verkündeten
Wahrheit durch sein Handeln Gestalt gibt, oder eine Begegnung mit Hochgesinnten ihn stärkt – ungeachtet der Entfernung durch Raum oder Zeit, immer liegt das letzte Vollenden bei ihm, dem schaffenden Künstler, wie auch jeder die
von ihm schon gefundene Wahrheit durch Unachtsamkeit für
sein Leben gegenstandslos machen kann.

So wurden die konfuzianisch gebildeten Künstler, die das
Beständige der jedem erschaubaren Berge und Flüsse wesens-
gleich in vielfacher Richtform neu faßten, zwar von einem
Vorbild gelenkt, aber jeder gab von dem Seinen dazu, sonst
wären die Bilder nicht voneinander zu unterscheiden. Es gilt
im Sinn zu behalten, was Tung Ch'i-ch'-ang sagte:

«Chü-jan [975 n. Chr.], Ni Tsan [1301–1374 n. Chr.] und
vielen anderen war Richtform ein und derselbe Tung Yüan
[10. Jahrhundert n. Chr.], aber ihre einzelnen Bilder gleichen
sich nicht untereinander.» [Tung Ch'i-ch'ang, Hua Ch'an
Shih Sui Pi II, 17]

Jedoch soll man sich durch das Wort «Stilstudien» nicht
verführen lassen, zu denken, es handle sich bei diesen Bildern
um «l'art pour l'art»-Werke; alle diese Bilder wurden von persönlichem Erleben getragen, wie es nachfolgende Aufschrift
besagt:

Wang Yüan-Ch'i [Tafel 6]:

«Nur eine Nacht Regen in diesem Gebirge, und Quellen spru-
deln zu Hunderten zwischen den Wipfeln der Bäume hervor. –
Im neunten Herbstmonat des Jahres 1706 malte ich dieses Bild
im Sinn des Gedichtes von Wang Wei, in der Pinselführung

des Mönches Chü-jan. Ein Odem muß durch alle Linien gehen, und ebenso gibt es ein deutliches Gefühl, das ihre Richtungsänderung beim Schrägen und Umgehenden bestimmt. Die Pinselstriche sind die Knochen, die Tuschschattierungen das Fleisch. Auch harte Linien dürfen ihre Weichheit nicht verlieren – so wie es denen geht, die sich vom Pinsel leiten lassen. Das Flächige beginnt mit zarten Tönen, nur langsam wird man kräftiger: man darf die Tusche nicht verwenden, so, wie sie von dem Pinsel tropft. Was jeder mit den altbekannten Regeln macht, das liegt in seinen Augen, seinem Urteil; es liegt darin, wieviel er schon mit seinen eignen Beinen gewandert ist, um Angenehmes, Bitteres selbst zu erkennen, um so mit seinem Atem sein Fähigsein erst Schritt für Schritt sich zu erüben. Vom Morgen bis zum Abend läßt absichtsvoll sich nichts erlangen.»

WANG YÜAN-CH'I: ÜBER DIE INTUITION

Wang Yüan-ch'i war sich über das Entstehen seiner Bilder und darüber, was sie ihm als Brücke zum Transzendenten bedeuteten, im klaren. Er hat seine Einsichten und Aufschriften in zusammengefaßten Äußerungen niedergelegt. Das Verhältnis des Sammelns von Impressionen, aus denen sich langsam eine den Künstler plötzlich überkommende Intuition bildet, die es in hellem Bewußtwerden auf das Papier zu bringen gilt, kannte er wie Tao Chi aus Erfahrung. Für beide Künstler war ein Landschaftsbild zugleich Sinnbild für das Wirken der kosmischen Kräfte. Tao Chi [1630–1707 n. Chr.] und Wang Yüan-ch'i [1642–1715 n. Chr.], beide Künstler bezeugten auch im Alltagsleben, daß sie in ihrem Urteilen nicht Vorurteilen anheimfielen: es gibt ein Bild in der Palastsammlung [Ku Kung Chou Kan, 9. Heft, Blatt 209], auf dem der aus politischen Gründen im Kloster zurückgezogen lebende Prinz der gestürzten Ming-Dynastie Tao Chi mit dem am Mandschu-Hof angestellten Wang Yüan-ch'i zusammen Bambus und Stein gemalt hat. Sie konnten sich so aufeinander abstimmen, weil sie über das Wesentliche der Lebens- und Kunstauffassung einer Meinung waren.

Es nützt dem Verständnis wenig, wenn man Tao Chi als «Individualisten» und Wang Yüan-ch'i als «Gelehrten Maler» klassifiziert. Beide lebten wachsam und beide hatten auf die Intuition ihrer Bilder zu warten!

Wang Yüan-ch'i:

«Das Wichtige beim Malen ist, daß man die Intuition hat, bevor man den Pinsel ansetzt, und wenn man den Pinsel in die Hand nimmt, muß man in Muße sich beschaulich auf sie abstimmen, alle alltäglichen Gefühle völlig ausrotten, schweigend in Gedanken dem weißen Papier gegenübersitzen und sich konzentrieren und beruhigen. Dann schätzt man die Höhe und Breite ab [und entscheidet], was noch innerhalb und was außerhalb der Rolle sein wird und wie die Grundzüge verlaufen sollen. Wenn man das endgültig entschieden hat, dann benetzt man die Pinselspitze mit Tusche und bestimmt eine lebendige Äußerung der Kraftsphären und teilt dabei den Raum ein und entscheidet über die Dichtheit und den Grad der Tuschschattierungen. Man muß wohl auch dabei einmal etwas umändern und Westliches und Östliches zueinander in Beziehung bringen; wenn aber das Wasser von selbst seinen Abfluß findet und sich natürlich sammelt, dann steht eine lebendige Beendigung außer Zweifel.

Die ‹Pulsadern› im Bild, wie sie sich öffnen und schließen, ansteigen und abfallen, sind noch nicht ausführlich behandelt worden, obwohl darüber in den alten Richtformen etwas enthalten ist. Wang Hui hat sie erklärt, und nachdem seine Schüler davon erfahren haben, hielten sie sich auch daran; doch sind nach meiner Meinung die beiden Kernzeichen ‹Organismus› und ‹Anordnung› noch nicht genügend durchdacht worden – jedenfalls ist an der Pinselführung seiner Schüler nichts von seinen Ausführungen zu merken. Die Pulsadern bedeuten für das Bild die belebende Kraftsphäre. Zu dem Kernzeichen ‹Organismus› gehören der verschiedene Neigungsgrad, das Undeutlichwerden und die Abbrüche, die Unterbrechungen und die Fortsetzungen, das Verschwinden und Wiederauftauchen [der Bergrücken], in denen die Quellen ihren Ursprung haben. Zu dem Kernzeichen ‹Anordnung› gehören ihre Zusammensetzung von oben nach unten, die Aufeinanderfolge der Haupt- und Nebengipfel, wie diese manchmal zusammengeschlossen und manchmal auseinandergezogen werden, wie sich um die dem Beschauer zugewandte Seite des Gipfels ein Weg windet, auch wie die Wolken oftmals verbinden und das Wasser wiederum scheidet: das ergibt sich alles aus ihrer Lage. Zur Anordnung gehört auch, daß Aufsteigen und Neigen von der Entfernung abhängig zu machen ist, daß Vorder- und Rückansicht deutlich geschieden werden, daß manchmal in der Höhe komponiert, manchmal auf weite Sicht hin gearbeitet wird oder einem seitlichen Neigen entsprochen werden muß und daß das Verhältnis von Gipfel, Mittelteil des Berges und Bergfuß äußerst genau gegeneinander abgewogen werden muß. Falls man wohl versteht, was die Pulsadern bedeuten, aber ihr Öffnen, ihr Schließen, ihr Aufstreben und ihr Sichneigen nicht klar unterscheidet, so wird man das Lebendige des Dargestellten erdrosseln, und es wird seine Ausdruckskraft verlieren. Wissen von dem Öffnen und Schließen, dem Aufsteigen und Sichneigen der Pulsadern und das Bild nicht darin zu verwurzeln, das wäre dasselbe: wie sich um das Kind kümmern und die Mutter vernachlässigen. Daher entsteht aus dem gewaltsamen Verdrehen der Pulsadern Fehlerhaftes ... Bewirkt man aber im Bild durch die

Pulsadern Schräges, Gerades, Vollständiges, Zerstückeltes, Abgeschnittenes und Verbundenes in solcher Lebendigkeit, daß die Bewegungen durch sie mit eingeschlossen werden, dann wird es ein ‹wirkliches› Bild sein. Und wenn man davon ausgehend es verständlich zu machen vermag, daß kleine Erd-schollen im Sichsammeln zu großen werden, hat man damit nicht erreicht, eine wundervolle Landschaft zu schaffen?»

«Beim Malen muß man die Äußerungen der lebendigen Kraftsphären und die Umrisse beobachten. Man sollte nicht hübsche Landschaften erstreben und auch nicht alte Vorlagen durchpausen. Wenn es einem zur Richtform geworden ist, Öff-nen und Schließen, Ansteigen und Abfallen der Pulsadern dar-zustellen, dann werden die Umrisse dazu passend lebendige Kraftäußerung zeigen.» [Yü Ch'uang Man Pi, in Hua Hsüeh Hsin Yin VII, 1 ff.]

VERSCHIEDENHEIT DES ICHBEZOGENEN
HORIZONTES

Wenn man vom Gipfel eines Berges auf eine Schonung blickt, die oft zuvor mit ihrem vielgestaltig dichten Grün, mit ihrem erdhaft würzigen Geruch, mit ihren kleinen Sonnenwiesen uns ganz gefangen hielt, erkennt man erst, wie schmal die Zone an sich war. Jedoch auf ihren ganz von dichtem Grün umfaßten Wiesen ruhend, fühlt man die Sonnenwärme durch und durch als ein Geschenk, das uns als eines der Geschöpfe, das auch die Erde fühlbar trägt, natürlich zukommt. Und wem auf einem Gipfel stehend durchschrittene Gebiete als Teile eines großen Ganzen mit ebensolcher Seinsgewalt wie jene Sonnenstrahlen erst einmal wirklich wurden, der ahnt, wie wir uns selber Grenzen setzen, je nach dem Raum, den wir erlebend zu dem unseren machen: der Horizont bleibt ichbe-zogen. Doch stimmen Menschen, die ihr Urteil üben, in der

Gewißheit überein: zu allem spricht zu allen Zeiten und in allen Ländern das Gewissen, es überprüft als Stimme «Besseren Wissens», was wir erkennen, was wir tun.

Wer nun bei seinen Wanderungen – wie im Erkennen – von dem Gewohnten alles bei sich trägt, was er nur irgend schleppen kann, der will im Vorwärtsstreben sein drückendes Gepäck nicht noch vermehren, er sieht auf seinem Wege ungern um sich: er greift daher Gegebenes nicht auf. Selbst wenn ein solcher auf dem Gipfel die Lasten niederlegt, so achtet er auch dort auf jene Dinge, die ihn zuvor doch schon beschwerten, er wagt es nicht, sich zu entfernen. Wer einen solchen Menschen mit seinen vielen Ballen sieht, glaubt doch, er sei geflohen vor dem Feinde – noch mit dem Letzten, was ihm blieb! Das schrittbewußte Gehen ist heute nicht mehr eines jeden Sache; jedoch auch während einer Fahrt und nach der Ankunft können selbst die, die heutzutage sich in Metallverpackung zu Lande, Wasser oder in der Luft bewegen, die gleiche Wahrheit ebenso erfahren: die Weite seines Lebensraumes erlebt ein jeder selbst, die Weite einer Gipfelsicht ist auch in Talschluchten oder in einer Großstadt zu bewahren, sie ist ganz unabhängig von dem sonst Erlebten.

Europäische Landschaften, chinesische Bilder von Bergen und Flüssen sind Darstellungen gleichartiger Dinge, auch die Anlagen, mit denen wir uns als Menschen zu ihnen in Beziehung setzen, sind dieselben wie bei den Chinesen, und dennoch spielen die Gewohnheiten jedes einzelnen Menschen eine große Rolle.

Wie mit allem, so können Künstler wie Beschauer mit dem Wahrgenommenen nur spielen – wie die Frauengestalt unter der Weide von Kao Ch'i-p'ei [1672–1734 n.Chr., Tafel 9], die vom Ufer aus mit den Mandarin-Enten tändelt, weil ihr gerade sonst nichts in den Sinn kommt. Sie hat auch ihre Freude an den buntgefiederten Enten, daher verweilt sie ein wenig, aber sie nimmt nichts von dieser Begegnung mit für ihr weiteres Leben.

Jeder steht gleichsam am Ufer, wenn er absichtlich Neues zu erkennen strebt – an dem Ufer des von ihm bisher erschlossenen Teils unseres Weltganzen. Das besondere Ding, das den Einzelnen anrührt, macht Anlagen in ihm für dieses erst wirksam, aber Vermögen und Ding können auch nebeneinander bestehen, ohne sich je zu berühren. Die zielgerichtete Absicht ist Teil der Erkenntnis und bestimmt die Art der Beziehung. Nicht immer läßt sich das andere drüben umschließen, leichter aber, wenn wir die Fächer und sonstigen Dinge, die wir schon halten, fortlegen – nur für eine Weile. Huang Shên [1687–1768 n. Chr., Tafel 10] schreibt auf sein Bild:

«Als alter Gärtner muß ich mich der blassen Farben schämen, doch wenn ich diese gelben Blumen sehe,
verspüre ich des Lebensabends Duft.»

Es ist eine besondere Beziehung, die der alte Gärtner zu den Chrysanthemen hat, die er liebt, weil er sie selber gepflegt hat. Alles um sich vergessend, sieht er beim Tragen nur diese Blüten, aber als Denker wird er sich auch an dem mit den Händen Umfaßten jener Fäden bewußt, die diesen zu lösenden Teil mit einem größeren Ganzen verbinden, und so gemahnt ihn der Herbstblumen Duft, an die Reize des Alters zu denken. Er ist fähig, auf Grund seiner konfuzianischen Bildung an dem einzelnen Ding die Bindung zu dem Ganzen zu spüren, aber er setzt nicht Bestimmtheit darüber, gebunden an Worte oder an selber Erdachtes – unabhängig von dem lebendig zu Erfassenden. Hierin liegt das Spezifische der konfuzianischen Denkerziehung.

Aus Ablehnung gegen das Setzen von zu starrer Bestimmtheit, wie sie eine stark aufwallende Gemütsbewegung auch

bringen kann, ist auch die Aufschrift auf dem Bild des zornig
blickenden Lohan zu verstehen [Tafel 11]:

«Dieser hier mit den trutzigen Brauen und dem so starren
Blick, der hat etwas, das ihm zu seinem Zorn verhilft. Möchte
man diesen Sohn Buddhas nicht fragen, wo entstand denn
dein Zorn?»

Um mehr von diesen chinesischen Bildern von Bergen und
Flüssen zu begreifen, um von dem, was sie ausdrücken, etwas
einzubeziehen in das eigene Leben, kommt es viel auf das Verständnis des Unterschiedes zutreffenden und unzutreffenden
Anhaltens an. Es ist schwer, die Gefühle anzuhalten, um bei
dem Urteilen das Rechte zu treffen, es ist schwer, im kunstvollen Handeln bei dem Naturgegebenen anzuhalten und die
Grenzen nicht dorthin zu verlegen, wo sie durch die innere
Gewißheit der Stimme des «Besseren Wissens» nicht mehr
bestätigt werden, wie es auch anderseits schwer ist, im Denken nicht bei den gewohnten Grenzen anzuhalten, wenn es
die Stunde gebietet, welche Trägheit im Wahrnehmen nicht
nur zu gehaltlosen Bildern führt, sondern den Grund legt zu
verhängnisvollem Vorurteilen. Ein jeder beginnt sein Leben
mit dem Sammeln von Bildern; denn das Geschehen um sich
erlebt jeder so. Vom Kinderbett aus wandern die Blicke von
Ding zu Ding, ohne zunächst nach besonderen Dingen zu
suchen und ohne Grenzen zu setzen, an denen die Achtsamkeit haltmacht. So sehend vergrößert jeder sein Weltbild;
abgrenzend durch Linien treffen wir nicht unbedingt Fugen
einer natürlich gegebenen Ordnung, sondern wir schneiden
Teile heraus, die wir willens sind, jetzt zu beachten. Grenz-
linien erst schaffen uns Ruhe, ob wir spielen, die Regeln ver-
kündend, ob wir forschen, Gegebenes schrittweise erkennend,
oder ob wir das Nichtgegebene ichbezogen uns oder anderen
vorkonstruieren. Immer genießen wir dabei die Ruhe, die die

gesetzten Linien uns gaben; aber: diese ichbezogenen Linien wurden künstlich gezogen, die Ruhe, die sie schaffen, formt nicht eine Urteilsbasis, von der wir vorurteilslos allem begegnen können. Es gilt hier dasselbe wie bei den in Worte gefaßten Wahrheiten unserer Lehrbücher: das Ganze der Wahrheit hat nur der, der sie selber in dem Besonderen mehrmals gefunden, der eben aus seinem Erleben bestimmt weiß, daß nur eine Summe von besonderen Teilen das Allgemeine am Leben erhält und beides getrennt voneinander nicht existiert. Der bloßen Kopie wie dem bloßen Wissen um die Bezeichnung fehlt der Zustrom eines lebendigen Atems.

Und so gesehen rechnen Tung Ch'i-ch'ang [1555–1633 n. Chr.] und seine Freunde diejenigen nicht mehr zu den Gebildeten, die selbst noch nicht oder selbst nicht mehr erkennen, wo sie mit ihren Linien allzu scharf begrenzen, wo Klares sich durch sie in Starres wandelt. Er sagt:

«Wer nicht den Himmel und die Erde als Lehrer sich erwählt und nicht die Wandlungen der Wolken selber wahrnimmt, wer nicht sein Formen nach dem Vorbild unterbricht, um in den Bergen selbst zu wandern, wer nicht, bevor er Bilder seiner Bäume faßt, sie oftmals ringsherum von allen Seiten her erschaute.» [Tung Ch'i-ch'ang, Hua Ch'an Shih Sui Pi II, a]

Wer in den Bergen wandernd nicht versteht, wie zielbedingt er Teile nur umgrenzt, die doch verbunden sind mit anderen und mit dem Ganzen: für solche fügt auf dem Papier selbst Stein und Baum sich nicht zusammen; wie lange er auch übt, was er da pinselt, atmet nicht.

Auch in China vereinfachen die verständigen Lehrer das Gesehene nicht, damit die Schüler mit diesen Linien sich fortan begnügen; es geschieht in der Absicht, ihnen beim Sehen und Wandern zu helfen, überhaupt Wesentliches leichter zu finden. Wer sich jedoch als Schüler schon gewöhnt, in dem

bedingt Gesetzten das einzig Mögliche zu sehen, zieht damit
selber seines Lebensraumes Grenzen: er lebt bedrückt in einer
dunklen Sicherheit.

Europäische Beziehung zu chinesischen Dingen begann mit
dem Kunstgewerbe, das in der Zeit der Begegnung gerade
das Überladene mit Äußerlichkeiten, das Erstarrte der Formen während der letzten Dynastie vorzüglich sichtbar machte. Für viele Menschen sind noch heute chinesische Dinge
gleichbedeutend mit zusätzlichem Tand! Diejenigen hingegen, die sich auch sonst eingehender zum Beispiel mit kunst-
gewerblichen Gegenständen befaßten, griffen – nachdem sie
einen Überblick über die Vielfalt der Dinge hatten – zu den
ausdrucksvollen Formen der früheren Dynastien, die, wie
zum Beispiel die Sakralbronzen der vorkonfuzianischen Zeit,
ein durchdachtes Weltbild enthüllen können. Das Verständnis der Bilder ist mit Schwierigkeiten verbunden: nicht nur
waren sie auch für Chinesen nicht allgemein sichtbar, sondern ihre Aufschriften enthalten in vielen Fällen Anspielungen
aus dem uns unbekannten Privatleben der Gebildeten, die
sich gegenseitig Bilder widmeten, wie man an einen Freund
schreibt. Wenn in dem Bildraum eines chinesischen Land-
schaftsbildes Aufschriften nicht übersetzt werden, so geht
oftmals das verloren, was auf ein weiteres hinweist. Man
versteht ohne sie nicht, was sie den Künstlern und ihren
Freunden bedeuteten: die Bilder sind erst mit ihren Aufschriften ein Ganzes.

Bei dem Abwägen einzelner Teile, wie zum Beispiel einiger
Gedichtzeilen, bezüglich ihrer Bedeutung im Hinblick auf das
Ganze geht es zu wie bei dem Überprüfen der Ichbezogenheit,
die der Ausbildung des Balancegefühls vergleichbar ist: wer
dieses bis zum höchsten Grade auf dem Seile ausgebildet hat,
dem fällt das Schlittschuhlaufen nicht mehr schwer, und auf
dem Rade fühlt er sich sofort zu Hause! Auch wer es nur auf

seinem Rade übt, hat sein Vermögen in ein Fähigsein gewandelt: er kann, auch wenn er dieses wollte, nicht mehr so furchtsam, ohne Sicherheit sich auf ihm fortbewegen.

In stetem Streben, die gegebenen Dinge zu umgreifen, um sie von allen Seiten zu erfassen, sieht, faßt und urteilt allmählich jeder immer plastischer. Aus Trägheit sind jedoch die Menschen allerorts dafür, wenn andere das Wahrnehmbare für sie glätten, um es dann schon geformt zu übernehmen: das Glatte, klar Begrenzte ordnet sich viel leichter ein. Aus diesem Grunde sind die Bilder von Ma Yüan [um 1101–1224 n. Chr.] und seiner Schule in weiten Kreisen sehr beliebt – im Osten wie im Westen. Ein Teil wird durch Umrisse klar, jedoch im Innern flach, schnell faßlich hingestellt. Ein Übriges kann sich ein jeder wohl ergänzen, er muß es aber nicht, weil auch in diesen Bildern das Wesentliche, das Beständige gerade formbestimmend wurden. Doch darum ist auch jeder leicht versucht, das ihm so Dargebotene nicht nur als Eindruck freudig aufzunehmen, sondern es auch für seinen Ausdruck unergänzt zu übernehmen: so aber läßt er schon den Übergang zu Angrenzendem vergessen; wer aber wüßte nicht um jenen Reiz, wenn große Denker, große Dichter die Leser und Beschauer zwingen, die vorgelegte Sache, die sie gerade nicht nach allen Seiten für diese abzuschließen trachten, noch weiter zu verfolgen?

DURCHBRECHEN UNBEWUSSTEN TRADITIONSGUTES

Berge und Ströme sind seit Jahrhunderten den menschlichen Augen als etwas sich stets gleich Bleibendes mit den wechselvollen Einflüssen der Atmosphäre gegeben, und dennoch ist die Wachheit der Begegnungszeit mit den Ausschnitten bei jedem verschieden, und ebenso ist es der Einfluß der je-

weiligen Seherziehung, aus welchen Gründen verschiedenartige Bilder des gleichen Gegenstandes entstehen. Die chinesische Unterrichtstradition ließ in späterer Zeit vorhandene
Stilproben verschiedener Meister nachahmen, und dabei eig-
neten sich begabte Schüler das an, was ihnen wesensverwandt
war. Jedoch wird bei den großen Künstlern manchmal plötzlich ein vor langer Zeit bewundertes Vorbild lebendig, wenn
es auch aus dem gewohnten Pinselrhythmus und Stil heraus-
fällt. Als Beispiel aus unserer Musikgeschichte könnte der Gesang der geharnischten Männer im 2.Akt der «Zauberflöte»
von Mozart genannt werden, der überhaupt in seiner Schulung
etwas ähnliches durchmacht wie die chinesischen Gebildeten
Maler der letzten Jahrhunderte. Einige bezeichnende Stellen
aus Roland Hammersteins Werk «Der Gesang der geharnischten Männer» seien hier zitiert:

«... ‹denn ich kann so ziemlich, wie sie wissen alle art und
styl von Compositions annehmen und nachahmen›. Diese
Worte des zweiundzwanzigjährigen Mozart leuchten tief in
den innersten Bezirk seiner Musikerpersönlichkeit.

Was in der Werde- und Reifezeit noch ‹annehmen und
nachahmen› war ... das wird bei dem späteren Mozart zu
einem freien souveränen Verfügen über die verschiedensten
Gattungen und Stilarten ... Es ist ein weiter Weg von der reinen Stilkopie zu derartiger Stilcharakteristik.

Mozarts Partitur dagegen placiert die verschiedenen Elemente genau und macht damit die Schichtung eines einheit-
lichen Ganzen sichtbar.

Zu den verschiedenen zeitgenössischen Stilarten tritt im
Finale des 2.Aktes im Gesang der geharnischten Männer die
Welt eines vergangenen Stiles. Eine Bachsche Choralbearbei-
tung auf der Opernbühne! Das ist ohne alles Vorbild, bisher
unerhört. Diese Szene ist wohl das großartigste Dokument
für Mozarts Begegnung mit der Geschichte. Die Kunst Bachs

ist durch eine Welt von der Mozarts getrennt ... Dennoch lebt, gleichsam unterirdisch, in der Erinnerung etwas von der alten Kunst fort ... solches Stilbewußtsein ist nicht auf die Mitte des 18. Jahrhunderts beschränkt: es ist ein Grundphänomen der neuzeitlichen Musikgeschichte seit etwa 1600.» Dieses Phänomen findet sich bei den chinesischen Gebildeten Malern seit dem 10. Jahrhundert.

GEFAHR DER OBERFLÄCHLICHKEIT

Das Wesen der Kiefer – gefaßt zum Beispiel von dem großen Ma Yüan um [1190–1224 n. Chr.] – ließ sich als Bild so wenig in den Augen löschen, wie eine von großen Denkern einmal ausgesprochene Wahrheit in den Köpfen der Leser sich auch nicht wieder ungültig machen läßt, wenn sie in wachem Zustand aufgenommen wurde. Selbst bei denen, die niemals Neues selber fanden, bleibt etwas von der gesagten Wahrheit hängen, so wie die, die Kieferbäume nicht in der Natur betrachten und niemals Bilder von berühmten Malern sahen, durch die Lehrbücher mit Holzschnitten auch etwas von dem Wesen der Kiefern und von den einzelnen Stilen erfassen. Mit diesen Lehrbüchern, welche die Masse vor Geschmacksverirrungen bewahrten, drohte den Malenden in China aber dieselbe Gefahr, die denen droht, die bei der Belehrung nur mit Begriffen unterrichtet werden [vgl. Archives of the Chinese Art Society of America, Bd. VI, 1952]. Die Masse der Literatur über chinesische Bildkunst begünstigte das Abrücken von den wirklichen Dingen und das Ersterben einer liebevollen Beziehung zu ihnen. Nachfolgende Sätze von Tung Ch'i-ch'ang [1555–1636 n. Chr.] zeigen, wie die Wirklichkeitsfernen auch in China sich mit einer sachkundig klingenden Terminologie begnügen, und wer fände nicht hierzu Parallelen in den Geisteswissenschaften bei uns? Er sagte:

«Schon in alten Texten heißt es: ‹jener hat Pinsel› und ‹jener hat Tusche›. Viele wissen jedoch gar nicht, was es heißen soll, denn wie sollte ohne Pinsel und Tusche einer auch nur das Geringste anderen zeigen! Wenn jemand nur die nötigen Umrisse gibt und das einzelne nicht durch seinen Pinsel Reiz hat, so sagt man, derjenige formte ‹ohne Pinsel›.

Wenn einer die einzelnen Teile erfüllt, aber Wichtiges und Unwichtiges, Vorder- und Rückenansicht, Helles und Dunkles nicht kenntlich macht, so sagt man, er formt ‹ohne Tusche›. Zustimmen kann ich nur, wenn in alten Texten gesagt wird: ‹ein jeder Stein hat drei Gesichter›, denn so gesagt, faßt dieser Satz zugleich, was ‹Pinsel› und ‹Tusche› bedeuten.» [Tung Ch'i-ch'ang, Hua Ch'an Shih Sui Pi II, 56]

Auch hier wieder ein Hinweis, daß man die Dinge – er spricht nur von einem Stein – von mehreren Seiten betrachten muß, um sich ein Bild von ihnen zu machen und ihre innere Wahrheit zu erkennen. Wer aber von einer Sache tief beeindruckt war, der bewahrt mit diesem Besonderen zugleich etwas von der Wahrheit des Allgemeinen.

VOM BETRACHTEN EINER KIEFER
ZU WELTALLGEDANKEN

Einem Künstler wie Chu Tê-jun [1294–1365 n. Chr.] war die Kiefer [Tafel 7] nicht stehendes Formbild, sondern durch ihre Formen erklärten sich ihm Formen im Weltall als Dichte und ihr Vergehen als sich lösende Spannung:

«Im Ungetrennten vor Urzeiten gab es rund und eckig nicht.
Formen traten nicht in Erscheinung,
bevor Himmel und Erde entstanden.
Nach dem Erstehen von Himmel und Erde waren Formen vorhanden,

und es läßt sich sagen: es gab sie als Zustand äußerster Dichte, als Zustand sich lösender Spannung.
Ach, was vermag man hierbei mit Richtschnüren zu messen?

Am 26. Tag des 9. Monats des Jahres 1349 von Kung-shan-jên, Chu Tê-jun gemalt.»

Hilfreich für das Verstehen ist, wenn Chu Hsi zu dem Ausspruch von Mêng Tzŭ: «Alle Dinge sind in uns vorbereitet. Die größte Freude ist: sich seiner Person zuzuwenden, um dort die Dinge wahrzumachen» [VII, A, 4] erklärend hinzufügt:

«Mit Dingen sind hier nicht die verfolgbaren gemeint, sondern die Ordnungen in uns, mit denen wir den Dingen entsprechen. Finden wir etwas, das wir nicht ganz gemacht haben, etwas, das wir nicht mit Wirklichkeit erfüllt haben, dann wird Scham sein in unserem Herzen, Scham, die nicht ruhen läßt. – Wie sollten wir so innere Freuden erleben? Wir schaffen aber selber diese großen Freuden, wenn wir uns zu uns selber wenden, um für uns die Dinge wahr zu machen; solange dieses Zuwenden noch nicht ein tatkräftiges Wahrmachen des Selbsterkannten ist, stehen sich unser Ding und das ihm entsprechende außer uns noch gegenüber: als Zweiheit bleiben sie auch weiterhin bestehen.» [XXIII, Mêng Tzŭ IV, Chin Hsin Shang 5 b–6 b]

Dieses Bewußtsein, die Einheit mit der Umgebung auf Bergeshöhen wie im eigenen Hause als Bestimmtheit im einzelnen erleben zu können, was der Maler und Priester Wu Li [1632–1718 n. Chr.] formulierte: «Wer wie der Dunst und Regen zusammengehört mit dem, das ihn umgibt, der wird, was er von den unzähligen Erscheinungen auszudrücken erstrebt, auch sinnvoll gestalten», das ist der Lohn der konfuzianischen Selbsterziehung, die den Einzelnen – eingedenk der Unübersehbarkeit des Himmels – frei auf der Erde gehen läßt, weil er seinen Halt in der ihm vernehmbaren Stimme des Gewissens, als Stimme des Himmels gefunden hat.

Wer sich erzogen hat, Menschen und Dinge als Teile eines größeren Ganzen zu verstehen, das in seinen Teilen überall und zu jeder Zeit wieder besondere Züge aufweist, dem fällt es nicht schwer, in schaffenden Künstlern das allgemeine Wirken einer schöpferischen Kraft zu erkennen, ungeachtet, ob sie in China oder in westlichen Ländern geboren wurden. Aber um chinesische Bilder als das Besondere zu verstehen, das sie denen waren, die sie schufen und dadurch auch etwas für sich aus ihnen entnehmen zu können, muß ihm das Unterschiedliche der Ausdrucksformen an den Mitteln klar werden, die sie ermöglichten: das Besondere der Erziehung wie das des Materials beeinflussen das Formen.

Um als Kunstwerk zu gelten, darf schon Geformtes nach unserer abendländischen Vorstellung nicht noch einmal in derselben Weise dargestellt werden, die Originalität ist stärker an das Thema in einer einmaligen Formung gebunden: Tischbeins Gemälde «Goethe in der Campagne» hängt in einer Kunstgalerie; wenn Tischbein nun die «Beweinung Christi» von Anton van Dyck formengleich gemalt hätte, so würden wir ein solches Bild herabsetzend nur als Kopie bezeichnen. Immer wieder findet man aber auf Bildern chinesischer Künstler die Aufschrift «nach dem und dem Bild». Sie schließen sich aus Zuneigung an vormals Geformtes an; sie erstreben nicht, absichtsvoll etwas Nichtdagewesenes zu formen.

PARADIESGEDANKEN UND ERLEBNISDICHTE

Alle Geschöpfe haben das Verlangen, als Erholung von dem Achten auf ihre bewegte Umwelt begrenzte Gebiete für sich zu haben: eine Schwalbe ihr Nest, ein Burgherr seine Burg. Übersehbar Gefügtes lieben die Menschen in allen Ländern als Bilder vom Paradies. Klar begrenzt erhebt sich die Insel der Seligen von Wang Yün [tätig um 1700 n. Chr., Nord-Schule, Tafel 12] aus den ziehenden Wolken. Ichbezogen abgeschnitten von der übrigen Welt besteht sie in farbiger Fülle als Traumbild. Aber ihre Bildform ist nicht etwa charakteristisch für das Denken seiner Zeit. Zur gleichen Zeit schreibt Fang Shih-shu [1692–1751, Tafel 13] auf sein Bild, das eine unermeßliche Weite einbezieht, in der er sich geborgen fühlt:

«Aufgehend löst die Sonne Starrheit der Nacht
und klarer Tau erschreckt das Gras im Hof.

Fern den Menschen werden Herbstgedanken länger,
unzureichend ist mein Wissen und mein Wille schwach.
Müßig öffne ich ein Buch: ‹Kultur von Bäumen›,
dann rufe ich den Alten dort am Fluß zu mir herauf.
Trunken werde ich mit ihm von altem Wein,
an frisch Gekochtem essen wir uns abends satt.
Wohl ist mir so. Zufrieden kann ich wieder lieben,
ich wage nicht der Erdenwelt ganz zu entsagen.
Gibt es in dieser Welt doch täglich wieder Frühling
und schön an allen Orten ist die Ebene des Stroms. –

Wie ist's nur möglich, daß man tags sich gehen läßt,
vertrödelt so man doch gleich Hunderte von Jahren!»

Zur selben Zeit schreibt Huang Ting [1650–1730 n. Chr., Tafel 14]:

«An einen Stein gelehnt kann ich mein zeitgebundenes Fühlen wohl vergessen
und an den ziehenden Wolken das Geschehen als natürliche
Wandlung verstehen»,

weil ihm die Wandlung im Geschehen des Alltag bewußtes Erlebnis ist. Ebenso läßt die konfuzianische Erziehung den Ge-

bildeten sich nicht völlig von äußeren Eindrücken nieder-
drücken.

Kao Chien [1634–1707 n. Chr., Tafel 15] schreibt:

> «Alles scheint trübe bei diesem Dunst:
> das Wasser, die Berge, die Bäume!
> Ich wohne hier in strohgedecktem Haus,
> in einem Wolkendorf Mi Feis.
> Die Freunde leben weit zerstreut
> und manche sind auch faul,
> so kommen sie jetzt selten:
> daher macht dieses schlechte Wetter nichts.
> Ich schließe einfach meine Türe.
>
> Im 8. Monat 1661 bei strömendem Regen.»

Eine ähnlich souveräne Haltung zeigt Shên Chou [1427 bis
1509 n. Chr., Tafeln 16–18], wenn er schreibt:

> «Vor meinen Augen wirbelt der Schnee, welch seltener
> Anblick in dieser Gegend!
> In weiße Jade wandelten in einer Nacht sich Berge
> wie auch Flüsse.
> Die weichen Hügel, die steinigen Hänge verschmelzen
> jetzt zu einer Kette,
> und jene kleine Planke dort – mit Angst von jedem
> sonst beschritten – scheint ihre Ufer sichtbar zu verbinden.
> Die kahlen Weiden an der Küste, sie wirken jetzt wie
> grau meliertes Haar,
> doch kann ein leichter Wirbelwind den Eindruck leicht
> zerblasen!
> Die roten, dicht gedrängten Tempel zerschneiden jenes
> Waldes Schatten,
> die Möve ist jedoch vom Fluß kaum noch zu scheiden.

Der Angler mit dem Binsenhut und gleichem Regenmantel, er
wählte selbst sein hartes Los;
wenn er sich aus dem steifen Bart das Eis entfernen will, so
brechen fast die dünnen Strähnen.
Der Fluß ist leer, das Land ist weit, er lebt getrennt
von andrer Menschen Spur:
nur diesen Angelstock, den hat er als Gefährten!
Die Zeit, in der wir leben, wer kann sie völlig je begreifen,
und wer will sagen, daß ich jenen Angler nur zur
Zerstreuung malte?
Das Bild beendet, lächle ich, wie meine Hand vor Kälte
zittert, jedoch
auf diesem Tisch erheben sich jetzt meine Berge, und meine
Ströme fließen meilenweit ins Land.»

Als konfuzianisch Gebildeter wird Shên Chou durch die eisige
Kälte der schneebedeckten Berge am Ufer des Flusses vor seinen
Augen, durch die Kälte der abwesenden Freunde um ihn nicht
zur Verzweiflung getrieben: er weiß nicht nur um das Jetzt.

Auch Wên Chêng-ming [1470–1559 n. Chr.] vergißt angesichts eines düsteren Waldes nicht die strahlende Frühlings-
sonne und selber behaglich wohnend nicht die auf Linderung
hoffenden Menschen. Er schreibt auf sein Bild [Tafel 19]:

«Wie ist es lautlos still in dieser Ebene, und so ist
es nach jedem Regen.
Im schrägen Sonnenlicht beschatten sich die Bäume
gegenseitig:
jedoch, es gibt noch Hoffnung auf eines Frühlings
reinen Glanz:
so wie der Ostwind auch in jedes Armen Hütte bläst.»

Aus demselben Gefühl des Verbundenseins mit allem, was ihn
umgibt, gestaltet Tao Chi [1630–1707 n. Chr., Tafel 20] eine
Gedichtzeile von Tu Fu [712–770 n. Chr.]:

«Bis in den Himmel reichen die Farben der Felsen,
die Wellen teilend, faßt man plötzlich die Wurzeln der Wolken.»

Vom Einzelnen ausgehend wird das Ganze erahnt. Diese Gewißheit beruhigt und führt zu harmonisch gefaßten Lebens-
bewegungen, ohne in allen Lebenslagen sichtbare, sichere
Grenzen überschaut zu haben. Nicht nur in diese Bilder fügen
sich menschliche Behausungen und die menschliche Gestalt
in der rechten Proportion ein, sondern die konfuzianische
Bildwelt verkörpert den Gedanken einer Einheit von Himmel, Erde, Mensch: San Ts'ai, der Ergebnis der Erziehung ist
und jeden Tag von neuem bewußt gelebt wird.

Es ist bemerkenswert, daß zur Klärung des Erkenntnis-
problems nicht nur auf das Erkennen von Gegenständen hingewiesen wird, sondern die Erkenntnis des eigenen Handelns
als Kontrolle für das Erkenntnisvermögen stets herangezogen
wird. Dieses Verfolgen der Erkenntnis als eines auf ein Ziel gerichteten Bewegungsablaufs, der im einzelnen erlebt wird [bei
dem die Erkenntnis nicht Ziel- und Ergebnispunkt ist, auf den
hin mit bewußt angewendeten Verfahren von einem Ausgangs-
punkt aus gezielt wird], bringt mit dem Erleben des Bewegungsablaufs auch die Unterscheidung von Nah- und Fern-
zielen mit sich.

Hierzu ist noch folgendes Gespräch von Wang Yang-ming
aufschlußreich:

«Der Meister ging in Nan-chên spazieren. Ein Freund fragte,
auf die Blumen und Bäume am Berge zeigend: Man sagt, auf
der Welt gibt es nichts, was wir nicht in unserem Herzen haben. Nimmt man aber nun zum Beispiel diese Blumen und
Bäume tief in den Bergen: sie erblühen von selbst, sie fallen
von selbst ab; was haben sie zu meinem Herzen für eine Beziehung? Der Meister sagte: Solange du diese Blume noch
nicht gesehen hast, ist sie und ist auch dein Herz, sind beide

im stillen Land des Todes. Sobald du kommst, um diese Blume zu sehen, dann wirst du zu dieser Zeit die Farbe dieser
Blume verstehen; dann weißt du auch, daß diese Blume nicht
außerhalb deines Herzens ist ... So ist das Auge kein Ganzes,
es wird erst dazu durch die Farben aller Dinge; so ist das Ohr
kein Ganzes, und es wird es erst durch die Töne aller Dinge,
die Nase keines und wird es erst durch den Geruch aller Dinge,
der Mund nicht und wird es erst durch den Geschmack aller
Dinge; und so ist auch das Herz kein Ganzes und wird erst
zu einem Ganzen, wenn sein Gefühl vom Sein oder Nichtsein
aller Dinge des Himmels und der Erde angerührt wurde.»
[Hsia 27]

Dieses natürliche Erkennen, das Sich-in-Liebe-Zuwenden,
wird einem Suchen nach Erkenntnis der Wahrheit auf dialek-
tischem Wege entgegengestellt; aber es wird eben nicht angenommen, daß die Erleuchtung den nach Erkenntnis Su-
chenden ohne jegliches Dazutun überkommt. So sagt Wang
Yang-ming:

«Um etwas zu wissen, gibt es nichts anderes als das übende
Erforschen ... Die natürliche Ordnung der Welt wird schließlich nicht von selbst sichtbar. Falls jemand die Hälfte eines
Weges gegangen ist, dann hat er einen Abschnitt desselben
begangen und kennt diesen einen Abschnitt. Bei Weggabe-
lungen wird es Zweifel geben, dann muß man fragen, und
nachdem man gefragt hat, wieder weitergehen, dann kommt
man schließlich dahin, wohin man wollte ... Die Leute von
heute sind nur besorgt, etwa nicht fähig zu sein, alles erschöpfend zu wissen, wollen aber nur in Muße darüber reden. Und
was soll das?» [Shang 31a–b]

Die konfuzianische Diskussion vermeidet alles, was als
Rede vielleicht wirkungsvoll ist, aber dem einzelnen im All-
tage beim Handeln nicht weiter hilft, sondern das Gesagte weist

auf Transzendentes hin. Aus derselben Denkerziehung heraus sind auch flott hingeworfene Bilder, die effektvoll wirken, nicht Ergebnis konfuzianischer Bildung. Dieser Unterschied wird vielleicht auch durch folgendes Gespräch deutlich:

«Ein Freund unseres Lehrers wies darauf hin, daß ein buddhistischer Lehrer zum Beispiel die Finger seiner Hand vorzeigte und fragte: Habt ihr sie alle gesehen? Die Menge antwortete: Ja, wir haben sie gesehen. Darauf steckte er sie wieder in seinen Ärmel und fragte: Könnt ihr sie jetzt noch sehen? Die Menge antwortete: Jetzt sind sie nicht mehr zu sehen. Darauf sagte dieser buddhistische Lehrer: So habt ihr eben noch nicht die Natur sehen gelernt. Die Bedeutung davon ist mir noch nicht klar.

Wang Yang-ming sagte darauf: Die Finger unserer Hand können sichtbar sein und können nicht sichtbar sein; ihr seht die Natur beständig nur in dem, was sich nachprüfen läßt. Des Menschen Herz ist etwas Göttliches und eilt heftig über das hinaus, was man sehen und hören kann. An dem, was nicht nachprüfbar ist, was nicht zu sehen, nicht zu hören ist, klärt es das Wirkliche, damit arbeitet es; denn das, was wir nicht sehen, was wir nicht hören, das ist der ursprüngliche Körper unseres ‹Besseren Wissens›. Da wo wir uns vorsichtig zurückhalten, wo wir uns fürchten, da liegt die Arbeit, zu unserem ‹Besseren Wissen› hinzukommen. – Wenn aber nun der Lernende beständig und immerwährend auf das sehen soll, was nicht zu sehen ist, auf das hören soll, was nicht zu hören ist, dann ist bei einer solchen Arbeit immer ein Stück Wirklichkeit ausgefallen.» [Hsia 50]

«Der Mensch muß sich am Gegenstand schleifen und läutern, dann wird seine Arbeit von Nutzen sein; falls er bloß die Meditationsruhe liebt, wird er bei der Begegnung mit dem Gegenstand noch verwirrter sein und so auf die Dauer kein Vorwärtskommen haben. Es ist auch ein Irrtum, zu glauben, von der Arbeit zur Meditationszeit habe sich etwas angesammelt. Es ist in Wirklichkeit so: man läßt sich nur zu einem Versinken los.» [Hsia 4]

LEBENSSCHWIERIGKEIT
ALS GERÄT DER ERKENNTNIS

Gerade in diesem Entscheid besteht eine einheitliche konfuzianische Auffassung: die Lebensschwierigkeit, der sich die Buddhisten während ihrer Übungen entziehen, ist für die Konfuzianer Gerät der Erkenntnis. Jeder Schritt hat ein Nahziel vor sich; an dieser Kette von Nahzielen, die sich mit jedem Schritt von Erstrebtem zu Erlangtem wandeln, erfolgt das Vordringen als Erleben von Bestimmtheit. Chu Hsi vertritt dieselbe Auffassung und sagt dazu in seinen pädagogischen Aufsätzen:

«Bei der Belehrung kann nur von der Achtung ausgegangen werden. Nur so wird man vielleicht etwas Bestimmtes in der Hand haben, von dem man ausgehen kann, das nicht nachgibt und nicht zu Fehlern führt.

Im wesentlichen kommt es nur darauf an, die Menschen zum Verstehen dieses Gefühls zu bringen; dann werden sie auf natürliche Weise etwas erlangen. Die Buddhisten und Taoisten wissen nichts davon, unmittelbar aus dem Herzen Leistungen zu erstreben; so empfinden sie nur die Schwierigkeiten und nicht die Freude.

Allerdings können auch sie Achtung bewahren, aber sie wissen nur von einem Oben und nichts von den Tiefen. Über das Bewahren der Achtung braucht man nicht viel zu reden, auch nicht über die wichtigsten täglichen Übungen; sondern man braucht zum Beispiel jemanden nur zu bitten, zur Übung seinem älteren Bruder mit Achtung zu begegnen. Falls er dies

mit allem Ernst tut und alle Zeit an dieser Achtung festhält –
wie könnte dann dieses Gefühl erlahmen? Wenn man das
Empfinden dafür hat und von heute ab auf diese Weise übt,
dann hat man etwas von der Tiefe. Entsprechend der jeweils
behandelten Angelegenheit ändert sich die Oberfläche, aber
immer ist es nur diese eine Achtung. Das Wissen, das nicht im
Handeln erlangt ist, ist wertlos. Sobald man das Gebiet aus
eigener Erfahrung erschlossen hat, wird es klarer sein und nichts
mehr von dem Geschmack früherer Tage haben. Es gibt nur
zweierlei: erkennen und handelnd ausführen. Wenn man behauptet, daß die durch Reden erlangte Ordnung zu Recht besteht und darauf verzichtet, ständig selbst zu üben, so wird
man nur schwer verstehen und nicht tief eindringen.» [II, Hsüeh
II, Ch'ih Ching 21]

Das konfuzianische Verhältnis zur Schwierigkeit bedarf dabei besonderer Erwähnung: durch das handelnde, nachahmende Üben sammelt sich ein Erfahrungsvorrat von Verstan-
denem unbewußt in der Tiefe an, als Vorahnung vollkommenen Verstehens. Ein Unterschied besteht in bezug auf das
Erlangen einer Fertigkeit zwischen den Vermögen des Herzens und denen der Hand nicht. Die buddhistischen Übungen
hingegen sind darauf ausgerichtet, durch Ablassen von Er-
fahrungsansammlung aller Gefühlsbewegung dieser Welt den
Anschluß an eine transzendente zu ermöglichen. Ein solches Fernstreben spannt einen Bogen über die Lebensschwierigkeit hinweg und tendiert auf ein bestimmtes, in diesem
Transzendenten gesetztes Ziel. Daher gibt es auch buddhistische Bilder mit Heiligen in genauer Rangstufe, während die
konfuzianische Erziehung den Menschen als Menschen inmitten
der Berge und Ströme auffaßt. Wer diese Erziehung zum wachen
Wahrnehmen und zum Überwachen der Gemütsbewegungen
achtsam genossen hat, den formt sie für das ganze Leben.

Wenn schon, wie Chu Hsi und Wang Yang-ming betonen, die Schwierigkeit als solche doch nicht dadurch behoben werden kann, daß man sich von ihr wegwendet, so wird vollends der Umschlag vom tiefsten Punkt zum Anwachsen des Könnens nicht als erfüllende Freude erlebt und Schwierigkeiten werden nur als Last empfunden. Allein in dieser inneren Freude, wie sie den Übenden überkommt, ruht und sammelt der konfuzianisch Übende neue Kraft: Aussicht auf Lohn oder Strafe bestimmt sein Handeln nicht.

Aus anerzogenem Proportionsgefühl ist es zu erklären, warum die Verkörperung des Göttlichen in der konfuzianischen Bildwelt nicht an die menschliche Gestalt gebunden wird, obwohl man versucht, das kosmische Geschehen an eigenem, menschlichem Erleben zu verstehen.

Wenn eingangs die konfuzianische Denkerziehung behandelt wurde, deren Erkenntnisquelle das Erleben ist, so wird mit dem Erleben der Wesenheiten von Berg und Wasser ein Bewußtsein des Ganzen geboren, und in diesem findet das tägliche menschliche Wirken auch seinen Platz. Dieses Bewußtsein der Proportion im täglichen Handeln ständig zu bewahren ist konfuzianische Religiosität; ebenso kann auch das Malen von Steinen und Bäumen, die in Harmonie mit dem Lebensodem des Ganzen sind, Ausdruck religiösen Erlebens sein.

Wie stark die konfuzianische Erziehung als etwas Grundlegendes wirkt, wurde schon bei dem Maler Wu Li [vgl. S. 233, 249] betont, der trotz seiner Berührung mit westlichen Bildern als christlicher Priester für seine Bildgestaltung das Formen von Bergen und Strömen beibehielt.

Dasselbe Festhalten an dem konfuzianischen Bildungsideal ist zu beobachten bei zwei berühmten chinesischen Malern: K'un Tsan, mit dem Beinamen Shih-ch'i [1612–1697 n. Chr.] und Tao Chi, mit dem Beinamen Shih-t'ao [1630–1707 n. Chr.].

Beide lebten in buddhistischen Klöstern, Shih-ch'i sogar als
Abt, und dennoch zeugen ihre Gedichte und Landschaftsbilder von konfuzianischer Selbsterziehung: von ihrem Streben,
von den wahrnehmbaren Nahzielen zu Fernerem fortzuschrei-
ten. Es folgen zunächst einige Gedichte von K'un Tsan, Shih-
ch'i, die dieser auf Landschaftsbilder als Aufschrift geschrieben
hat, und dann Aussprüche über das Wesen der Bildwelt der
Gebildeten von Tao Chi, Shih-t'ao.

GEDICHTE VON K'UN TSAN

[1612–1697 n. Chr.]

«Der Welt entsagend in ihr weilen – nein, ich kann es nicht.
Wie freudevoll: Berge in den Bergen malen!
Zu Fastenkost und Priesterrock bedarf es nicht des Geldes,
und nun vier Jahre schon bemalt mein Pinsel dies Papier.
Einzelne Striche lassen nichts erkennen;
mit tausend, ja Zehntausenden, da wird es so wie hier.
Und wo im Himmel, wo auf Erden, wo gibt es diese Landschaft?
In ihre Ordnung dring ich ein, in Frieden spielend.
Gehört zu werden, darnach strebt die Schöpfung nicht.
Wie blieb ihr Anblick aber Weisen stumpf!
Ich kenne nur das Fühlen dieser einen Zeit:
mich kümmert's nicht, wo dieses Blatt noch bleibt.
Vollendet war das Bild, zum Klettern ging ich aus,
und freudig hob sich, Berge schauend, meine Seele:
Bewegt sah ich die Wolken steigen aus der Schlucht,
und ohne Herzschlag hörte ich der fernen Berge Glocken.
Ein Windstoß hieß die Berge brüllen wie die Tiger:
Ich Mönch erschrak, ich machte einen Satz,
und unversehens stieß ich mit dem Fuß an einen scharfen Stein;
das Stolpern tat mir nichts, ich lachte nur!
Ich wanderte zurück, trat in der Zelle vor das Bild;

ein anderer, kann ich die Wandlung kaum in Worte fassen:
Ich brauche nicht mehr durch der Berge Tor zu schreiten;
ins Unsichtbare dringe ich mit tuschbenetzter Spitze ein.

Im 10. Monat des Jahres 1662 gemalt und beschriftet Shih-ch'i,
Ts'an-chê.»

«Zum Schöpfen klar, dehnt sich der tiefe See.
Vom Wasserfall stiebt ein Gewölk – Myriaden Perlen!
Fünf Flocken Schnee, die sich im Dufte meiner Tasse wiegen!
Die Föhren rauschen, und ein Lied gesellt sich ihrem Chor.
Grün spiegelt sich der helle Mond im Grün der Wellen,
grün des Gebirges Schatten und die kalte Quelle grün!
Wohin soll ich doch heute nur mit meinem Boote rudern?
Im grünen Dunst des klaren Wassers locken ungezählte Täler.

Von Shih-ch'i, Ts'an im Priestergewand geschrieben.»

«Im Dunst der Berge hält sich noch der Tag versteckt;
noch ruhen Wolken tief auf grünen Matten.
Die Wege winden sich, wie sich das Wasser schlängelt.
Auf halber Höhe wenden sich die Menschen um.
Schlingpflanzen pendeln von den alten Bäumen.
's ist hoher Herbst: die Regen werden seltner.
Die mit mir kamen, fragen nach der Furt zur Stadt
und überlassen ihre Sorgen einem guten Geist.
Ich hab es schwer, wie ich waldein die Stufen steige,
die Zweige brechend, die mir überall im Wege sind.
Das Herz, die Augen unterscheiden Nahes und Entferntes,
erwidern bald den Gruß der Föhren, bald der Gipfel.
Hinauf, hinunter führt die Zeit den Menschen,
dem nur die Höhen reines Glück erwachsen lassen.
In Wolken liegt mein schilfgedecktes Haus;
grün sind die Stufen, die zu seiner Höhe führen.

Im 9. Monat 1663 in der T'ien-kuan-shan-Klause. Shih-ch'i, Tsan-tao-chê.»

> «Die Dinge dieser Welt sind ungezählt
> und nicht mit Worten zu erschöpfen.
> Im Bild den Sinn des Ganzen zu gestalten,
> will ich den Bergen und den Bächen folgen.

In dieser Zeit saß ich im Wachtturm des Himmels, meiner Klause, und zeichnete Wolken und Schwaden in der Fülle ihrer Gestalten, Flüsse und Berge in ihren unerschöpflichen Formen. Shih-ch'i, Tsan-tao-chê.»

Nachschrift: «Die Menschen, geboren in diese Welt, sollten klar und fleißig sein, selbst ihr Selbst halten, sich nicht in Trägheit versinken lassen. Einen Faulpelz nennt man den Staatsbürger, der träge ist und keine Aufgabe zu erfüllen weiß. Wären die Mönche faul gewesen, wie hätten sie Buddha so ernst verehren, wie hätte der eine Priester dem anderen seine Schale weiterreichen können? In dieser ernsten Lebensauffassung sind sich die drei Lehren gleich.

In dieser Zeit weilte ich am Niu-shou. Morgens und abends las ich, und Weihrauch füllte den Raum. Hatte ich einmal freie Zeit, dann stieg ich in die Berge und suchte das erregend Schöne. Was ich dann fand an Gebirgen und Gewässern, das hielt ich in Bildern wie auch in Zeichen fest. So ließ ich die Zeit nicht müßig verstreichen.

Aus der Ruhe, sagt man, geht die Bewegung, aus der Bewegung das Werk hervor; und solches Wirken belehrt die Menschen, daß sie nicht beschämt dastehen angesichts des Himmels und der Erde. Denn ist uns der Sinn der Dinge verschlossen, fallen wir etwa, ohne zu wissen, daß wir fallen. Wo unterscheiden wir uns da noch von Gräsern und Bäumen?

Der Bruder Yeh-so, welcher das Land durchwanderte, besuchte mich und freute sich an der Kraft meiner Sprache; er

wies mich an, dies aufzuschreiben. Ich gab ihm gleich das
Bild auf seinen Heimweg mit.

T'ien-jang, Shih-ch'i, Ts'an-tao-jên, die Hände faltend.»

AUSSPRÜCHE ÜBER DAS WESEN
DER LANDSCHAFTSBILDER VON TAO CHI
[1630–1707 n.Chr.]

«Im fernsten Altertum gab es keine Richtformen, die Urein-
fachheit war noch nicht geschieden; aber sobald die Urein-
fachheit geschieden war, standen auch Richtformen (für das
Malen) fest.

Worin standen sie fest? In der Linie. Diese ist die Grundlage von allem und die Wurzel aller Erscheinungen: sie zeigt
sich im Göttlichen und liegt auch im Menschen verborgen.

Aber meine Zeitgenossen wissen nicht, daß die Linienrichtform von mir als etwas Gegebenes festgestellt wurde. Zu der
Linienrichtform kommt es so: aus dem Zustand, in dem es
noch keine Richtform gibt, entsteht eine Richtform, und weil
es nun diese erste Richtform gibt, können sich alle anderen
daran anreihen. Das Malen folgt dem eigenen Herzen. Wer
nicht tief einzudringen vermag in die natürliche Ordnung des
Ineinandergreifens der Besonderheiten bei Bergen, Flüssen,
Menschen und belebten Dingen, in die lebendige Wirklichkeit der Vögel, Vierfüßler, Gräser und Bäume, in das nach
Regeln Meßbare der Teiche, Aussichtsplattformen, Gebäude
und Terrassen, wer deren Haltung nicht bis in alle Einzelheiten erschöpfen kann, wird auch nie die Unermeßlichkeit der
Linien erfassen.

Wandern in die Weite, Ersteigen einer Höhe beginnt immer mit dem Nächstliegenden. So verhält es sich ganz genau
auch mit der Linie, die äußerste Weiten restlos einfängt, so daß

Myriaden von Pinselstrichen und Tonwerten sämtlich mit ihr ihren Anfang haben und mit ihr enden. Sie wartet ja nur darauf, daß der Mensch sie packt.

Wenn jemand imstande ist, mittels der Linie plastisch zu formen, aber seine Vorstellung nicht klärt und deshalb mit seiner Pinselführung nicht durchdringt, im Handgelenk nicht leer (für das Empfangen einer Beseelung) ist, dann gibt die Linie nicht etwas, was wirklich ist; und wenn sie das nicht tut, so kam das davon her, weil das Handgelenk eben keine Beseelung empfangen konnte.»

«Was an Altem vorhanden, ist Gerät für die Erkenntnis. Diejenigen, die es weiterentwickeln, haben dieses Gerät als solches erkannt und gehen nicht nur damit um.

Ich finde es bedauerlich, daß die Menschen so am Altertum kleben und es nicht weiterentwickeln; das kommt einfach daher, daß die Art und Weise ihres Erkennens sie einengt. Wird die Erkenntnis eingeengt durch Ähnelnwollen, so ist sie nicht umfassend. Daher entlehnt der Gebildete nur vom Alten, um Neues zu beginnen. Wenn es heißt: für den vollkommenen Menschen gibt es keine Richtform, so bedeutet das nicht, daß es für ihn überhaupt keine Richtform gäbe, sondern die Richtform, die bisher noch nicht als solche vorhanden war, ist seine höchste Richtform.

Allgemein weist jeder Vorgang, der nach Regeln verläuft, notwendig auch Abweichungen auf. Das, was eine Richtform hat, läßt sich auch weiterentwickeln. Sobald man sein Regelmäßiges kennt, lassen sich auch seine Abweichungen weiterentwickeln, sobald man die Richtform erkannt hat, wird man auch geschickt in ihrer Weiterentwicklung. Das Wesentliche und Reine der in Bergen und Strömen zur Form gewordenen Naturkraft, das Formen der vom Altertum bis zur Gegenwart geschaffenen Dinge, das Strömen des durch Yin und Yang geregelten Lebensodems, fließt, indem wir die Dinge dieser Welt hinschreiben, von uns geschaffen, aus uns.»

«Das Verhältnis von Empfangen und Erkennen ist so: Erst empfängt und dann erkennt man. Etwas erkennen und erst dadurch empfangen ist nicht das wahre Empfangen. Die erleuchteten Persönlichkeiten der alten und der neuen Zeit benutzten ihr Erkenntnisvermögen zur Entwicklung dessen, was sie empfangen hatten. Wenn dagegen einer im Zustand des Bewußtseins empfängt und dann entwickelt, was er erkannt hat, so ist das nur ein Können einer einzelnen Sache. Ein kleines Empfangen, ein kleines Erkennen!»

Konfuzius formulierte diesen Gedanken im Hinblick auf das Wesen des Edlen:

«Der Edle darf sich nicht mit kleinem Wissen abgeben, sonst kann er das Große nicht empfangen. Der Kleine Mann kann nicht das Große empfangen, aber er kann Kleinigkeiten wissen.» [Lun Yü xv, 34]

«Und ich, der ich die Bedeutung der Linie für die Malerei erkannt habe, kann das formgewordene Göttliche von Bergen und Strömen an ihr aufreihen. Dieses mein Ich war vor fünfzig Jahren noch nicht in den Bergen und Strömen geboren. Nicht, daß ich diese Berge und Ströme für etwas Wertloses gehalten hätte, aber ich ließ sie allein. – Nun lassen Berge und Ströme mich für sich sprechen. Sie wurden in mir geboren und mein Ich in den Bergen und Strömen. Ich spürte alle möglichen seltenen Gipfel auf und machte Skizzen. Berge und Ströme haben sich mit dem, was göttlich in mir ist, getroffen, und was von diesem Treffen blieb, entwickelte sich so, daß ich sie schließlich zu mir heimführte.»

«Mit Staub verkehrt der Mensch, der sich von den Dingen überdecken läßt; läßt er sich von den Dingen leiten, dann ermüdet sein Herz, und wird das Herz müde, dann wird sein

Malen ein Handwerk: er vernichtet sich selbst. Wen Staub auch beim Malen überdeckt, der ist gehemmt, ein beschränkter Erdenbürger. Er hat nur Schaden, keinen Nutzen, nichts, was sein Herz erfreut. Ich lasse den Dingen ihren Lauf, lasse Verstaubte mit Staub verkehren. Mein Herz ermüdet nichts, und ist mein Herz nicht müde, dann kann ich malen.

Die Fähigkeit des Malens haben auch andere Menschen – die eine Linie haben sie noch nicht. Wie unschätzbar ist beim Malen das Nachdenken! Der Gedanke an die eine Linie läßt das Herz aufblühen und froh werden. Die Linie dringt ein ins Feinste und Verborgenste, ins Unermeßliche.»

«Der Himmel kann dem Menschen wohl die Richtform geben, aber nicht die Anleitung, wie er damit arbeitet. Er kann dem Menschen die Linie geben, aber nicht das Wissen, wie er sie abwandelt. Wenn einer die Richtform aufgibt und sich nur seiner Arbeit rühmt oder sich von der Linie löst und sich nur ihr Abwandeln angelegen sein läßt, so ist der Himmel nicht mehr mit ihm. Obwohl es von einem solchen Menschen Geschriebenes und Gemaltes geben wird, wird es doch nicht überliefert werden.

Was der Himmel den Menschen gibt, richtet sich nach ihrem Fassungsvermögen: so gibt er dem, welcher das Große erkennen kann, das Große, und dem, welcher das Kleine erkennen kann, das Kleine. So wurzelt das Schreiben und das Malen der alten wie der neuen Zeit im Himmel, erhält aber seine Vervollkommnung durch den Menschen. Seit der Himmel sie so begabt hat, haben die Menschen – gleichviel, ob sie das Große oder das Kleine erkennen – alle die Richtform der Schriftkunst und Malerei in sich liegen; nur daß manche einseitiger, manche vielseitiger begabt sind.»

«Wer eine Aufgabe hat, muß zunächst diesen Aufgabenbereich in Besitz nehmen, dann erst kann er ihn mit seinem Pinsel entfalten. Wenn er ihn nicht ganz in Besitz nimmt, wird er eng und flach malen und sich somit doch nicht das zur Aufgabe machen, was sich aus seiner Aufgabe machen ließe.»

«Meine Aufgabe ist die Landschaft. Diese Aufgabe liegt nicht im Weiten, sondern es kann nur die Aufgabe sein, Ausschnitte zu machen; sie liegt nicht in der Vielfalt, sondern es kann nur die Aufgabe sein, den Gegenstand zu wandeln. Ohne Wandlung kann nicht die Vielheit, ohne Ausschnitte nicht die Weite Aufgabe werden.»

«Sehen wir unsere Aufgabe nicht im Berg um des Berges, nicht im Fluß um des Flusses, nicht in Pinsel und Tusche um ihrer selbst willen, nicht im nur Althergebrachten oder im nur Neuen, auch nicht in der baren Nachfolge eines noch so weisen Menschen: dann ist die Aufgabe unser Besitz.»

Aufschrift:

> «Der nirgends seinesgleichen hat,
> den Gipfel muß ich lieben
> mit seinen Stubben,
> diesen Resten roh gefällter Bäume.
> Zu Boden glitten dicht die Blüten,
> aber noch ist's Frühling;
> ich denke an das Los der Menschen,
> und mein Herz schrumpft ein.»

Aufschrift:

«Unser Weg zu malen ist ein durchdringendes, die Schalen des Erdhaften abstreifendes Sehen. Dann braucht man den Pinsel nur loszulassen, und er fegt über Tausende von Klippen, durch Tausende von Tälern. Was man mit entspanntem Auge sieht, ist hell wie das Gewölk, welches der Blitz durcheilt, und die Gesichte häufen sich.»

Aufschrift:

«Früher habe ich einmal die vier Wörter: ‹Ich gebrauche meine Richtform› gelesen und mich darüber gefreut; denn wenn die Maler unserer Zeit ausschließlich sich darin üben, das Leichentuch der alten Meister zu tragen, und zudem auch die Kritiker sagen: ‹Der Stil des Sowieso ähnelt der Richtform, der Stil des Sowieso ähnelt ihr nicht›, so ist das zum Ausspeien! Wenn also dieser Herr seiner eigenen Richtform zu folgen vermochte, überragt er damit nicht bereits die gewöhnlichen Maler? Aber heute bin ich umgefallen und habe erfaßt, daß dies doch auch wieder nicht so ist; denn unter dem unermeßlich weiten Himmelszelt gibt es nur eine Richtform. Wer diese erfaßt hat, für den wird, wo er auch gehen mag, alles zur Richtform. Warum da so unbedingt von Eigenem sprechen? Wenn das Gefühl erwächst, dann hebt uns die Kraft; und wenn sie hebt, entwickelt sie und schafft sie auch das Maß, den Weg der Äußerung. In Wirklichkeit ist es ja nur dieses eine Bewußtwerden; dann kann man unerschöpflich gestalten, und es wird auch nicht eine Regel dafür geben.

Als ich jetzt diese vierundzwanzig Blätter malte, suchte ich in keiner Weise mit den alten Meistern übereinzustimmen und habe mir auch nicht meine Richtform bestimmt. Es war in allem so: Das unbewußte Geistige in uns kam in Bewegung, es wurde geboren, gehoben von der Kraft und entwickelte sich auf dem Wege der Äußerung, um so Gestaltung und Regeln zu vollenden.»

[Zitiert aus: Victoria Contag, Zwei Meister chinesischer Landschaftsmalerei, Baden-Baden 1955, woselbst auch die Bilder dieser beiden Maler veröffentlicht sind, von denen hier nur die Aufschriften wiedergegeben sind.]

ANHANG

VERZEICHNIS DER CHINESISCHEN QUELLEN

Chinesische Ausgaben, auf die die Seitenzahlen im Text hinweisen:

Chu Hsi [1130–1200]: Yü Tsuan Chu Tzŭ Ch'üan Shu – Gesammelte Werke, herausgegeben von Kaiser K'ang-hsi, 1713.

Chung Yung: 28. Kapitel des Buches der Sitten. Chinesische Textausgabe und Übersetzung von S. Couvreur. 1899. S. 427 ff.

Fu Ssŭ-nien [1896–1951]: Hsing Ming Ku Hsün Pien Chêng, Untersuchungen über alte Lehren über die Naturanlagen und das Schicksal. Shanghai, Commercial Press, 1938.

Hsün Tzŭ [305–235 v. Chr.]: Hsün Tzŭ Chien Shih. Shanghai, Commercial Press, 1933.

Konfuzius [551–479 v. Chr.]: Lun Yü Yin Tê, Text und Index der Gespräche von Konfuzius, Peiping, Yen-ching Ta Hsüeh, 1940.

Mêng Tzŭ [372–289 v. Chr.]: Mêng Tzŭ Yin Tê, Text und Index der Werke von Mêng Tzŭ, Peiping, Yen-ching Ta Hsüeh, 1941.

Ta Hsüeh: 39. Kapitel des Buches der Sitten, chinesische Textausgabe und Übersetzung von S. Couvreur. 1899. S. 614 ff.

Wang Ch'ung [27–97 n. Chr.]: Lun Hêng, in Po Tzŭ Ch'üan Shu, Bd. 52–57.

Wang Yang-ming [1472–1528]: Wang Wên-ch'êng Kung Chüan Shu. – Gesammelte Werke, herausgegeben 1568. Hier zitiert Ch'uan Hsi Lu.

Yang Hsiung [53 v. Chr.–18 n. Chr.]: Fa Yen, in Po Tzŭ Ch'üan Shu, Bd. 11.

Chinesische kunsttheoretische Literatur:

Chang Kêng [1685–1760]: Kuo Chao Hua Chêng Hsü Lu.

Ch'in Tsu-yung [1825–1884]: T'ung Yin Lun Hua.

Ching Hao [um 950 n. Chr.]: Pi Fa Chi, in Wang Shih Shu Hua Lu, Bd. IV.

P'ang Lai-ch'ên (gab 1909 die Aufschriften der von ihm gesammelten Bilder heraus unter dem Titel): Hsü Chai Ming Hua Lu.

Pekinger Palastmuseum: Chou K'an (Zeitschrift für katalogisierte Gegenstände der Kaiserlichen Sammlung). Peking 1929 ff.

Kun Ts'an, Shih-ch'i [1612–1697]: Pao Yü Ko Shu Hua Lu, herausgegeben von Ch'ên Kuei-lin.

Su Shih, Tung-p'o [1036–1101]: Lun Hua, in P'ei Wên Chai Shu Hua P'u, Bd. V, 3.

Tao Chi, Shih-t'ao [1630–1707]: Hua Yü Lu, in Mei Shu Ts'ung Shu, Bd. 1.

Tsung Ping [um 375–443]: Hua Shan Shui Hsü, in P'ei Wên Chai Shu Hua P'u, Bd. XV, 1.

Tung Ch'i-ch'ang [1555–1636]: Hua Ch'an Shih Sui Pi. 1918.

Wang Pao-jên [Urenkel in der 7. Generation von Wang Shih-min, 1592–1680]: Fêng-ch'ang Kung Nien P'u, Annalistische Biographie über Wang Shih-min.

Wang Shih-min [1592–1680]: Hsi-Lu Hua Pa, Bildaufschriften.

Wang Shih-min [1592–1680]: Pieh Hsia Chai Shu Hua Lu, kalligraphische und Bildaufschriften.

Wang Shih-min [1592–1680]: Yên-k'o Hua Pa, Bildaufschriften.

Wang Wei [ca. 420–478]: Hsü Hua, in P'ei Wên Chai Shu Hua P'u, Bd. XV, 2.

Wang Yüan-ch'i [1642–1715]: Yü Ch'uang Man Pi, in Hua Hsüeh Hsin Yin, Bd. VII, 1.

Wu Li [1632–1718]: Mo Ching Hua Pa, Bildaufschriften, in Hua Hsüeh Hsin Yin, Bd. IV, 12.

Wu Li [1632–1718]: Wu Yüeh So Chien Shu Hua Lu, kalligraphische und Bildaufschriften, Bd. VI, 25.

Yün Shou-p'ing [1633–1690]: Ou Hsiang Kuan Hua Pa, Bildaufschriften in Hua Hsüeh Hsin Yin, Bd. V, 1.

SINOLOGISCHE LITERATUR
IN EUROPÄISCHEN SPRACHEN

J. P. Bruce, The Philosophy of Human Nature by Chu Hsi, London 1922.

– Chu Hsi and his Masters, London 1923.

Carsun Chang, The Development of Neo-Confucian Thought, London 1958.

James Cahill, Confucian Elements in the Theory of Painting, in: Confucian Persuasion, edited by Arthur J. Wright, published by Stanford University, Stanford 1960.

– Chinesische Malerei, Genf 1961.

V. Contag, Die sechs berühmten Maler der Ch'ing-Dynastie, Leipzig 1940.

– The unique characteristics of Chinese landscape pictures, in: Archives of the Chinese Art Society of America 1952.

– Zwei Meister chinesischer Landschaftsmalerei, Baden-Baden 1955.

S. Couvreur, Les quatre livres, Hokienfu 1895.

– Mémoires sur les bienséances et les cérémonies, Hokienfu 1899.

H. G. Creel, Confucius, New York 1949.

H. H. Dubs, Hsün Tzŭ, the Moulder of Ancient Confucianism, London 1927.

– The Works of Hsün Tzŭ, London 1928.

– Theism and Naturalism in Ancient Chinese philosophy, in: Philosophy East and West, Vol. IX, p. 170.

W. Eberhard, Chinas Geschichte, Bern 1948.

W. Eichhorn, W. Grube, T'ai Chi T'u, Asia Major 1932.

Yu-lan Fêng, A History of Chinese Philosophy, Peiping 1937, London 1953.

A. Forke, Lun Hêng, Philosophical Essays of Wang Ch'ung, Leipzig 1907.

– Geschichte der alten chinesischen Philosophie, Hamburg 1927.

– Geschichte der mittelalterlichen Philosophie, Hamburg 1934.

– Geschichte der neueren Philosophie, Hamburg 1938.

O. Franke, Studien zur Geschichte des konfuzianischen Dogmas, Hamburg 1920.

G. v. d. Gabelentz, T'ai Chi T'u, 1876.

H. A. Giles, A Chinese Biographical Dictionary, London 1898.

W. Grube, Geschichte der chinesischen Literatur, Leipzig 1909.

H. Hackmann, Chinesische Philosophie, München 1927.

F. G. Henke, The Philosophy of Wang Yang-ming, London 1916.

P. H. Hsü, Ethical Realism in Neo-Confucian Thought, Peking 1933.

Hu Shih, The Development of the Logical Method in Ancient China, London 1922.

S. C. Huang, Lu Hsiang-shan, New Haven, 1944.

J. Legge, The Chinese Classics, Oxford 1893.

J. Needham, Science and Civilisation in China, Vol. II, London 1956.

L. Sickman, A. Soper, The Art and Architecture of China, Baltimore 1956.

O. Sirén, The Chinese on the Art of Painting, Peiping 1926.

– Chinese Painting, London 1958.

W. Speiser, G. Debon, Chinesische Geisteswelt, Baden-Baden 1959.

V. v. Strauß, Schi King, das kanonische Liederbuch der Chinesen, Heidelberg 1880.

D. T. Suzuki, A Brief History of Early Chinese Philosophy, London 1914.

A. Waley, The Analects of Confucius, London 1945.

T. T. Wang, La philosophie morale de Wang Yang-ming, Paris 1936.

L. Wieger, Histoire des croyances religieuses et des opinions philosophiques en Chine depuis l'origine jusqu'à nos jours, Hokienfu 1917.

R. Wilhelm, K'ung futse, Gespräche, Jena 1921.

– Buch der Wandlungen, Jena 1923.

– K'ung Tse, Leben und Werk, Stuttgart 1925.

– Die chinesische Literatur, Wildpark Potsdam 1926.

– K'ungste und der Konfuzianismus, Leipzig 1928.

– Mong Dsi, Jena 1930.

– Buch der Sitte, Jena 1930.

– Kungfutse, Schulgespräche, Gia Yü, Köln-Düsseldorf 1961.

A. Wylie, Notes on Chinese Literature, Peking 1939.

E. V. Zenker, Geschichte der chinesischen Philosophie, Reichenberg 1926.

REGISTER

Die Transkription der chinesischen Zeichen wurde nach Wade vorgenommen. Für Nicht-Sinologen seien folgende Hinweise gegeben:
«ao» wie au – «ch» wie dsch – «ch'» vor i und ü wie tj, sonst wie tsch –
«hs» wie ch – «ih» wie unbetontes e – «sh» wie sch – ein Apostroph
hinter Konsonanten bedeutet Aspiration, zum Beispiel P'u wie in purzeln, Pu wie in Bube.

Ch'i, nördlicher Nachbarstaat von Lu, der Heimat des Konfuzius. 13.

Ch'i, aus Kung-shih, erwähnt von Hsün Tzŭ [ca. 305–235 v. Chr.]. 76.

Ch'i, Lebensodem. 199.

Ch'i-lin, Fabeltier. 188.

Ch'i-yün, Harmonie des Lebensodems. 199.

Chia Yü, Schulgespräche des Konfuzius. Übersetzt von R. Wilhelm, Diederichs 1962. 36–40.

Chieh Tzŭ Yüan, Senfkorngarten, Holzschnittwerk mit Malvorlagen und Erklärungen, herausgegeben von dem Maler Wang Kai, tätig um 1700 n. Chr., übersetzt von R. Petrucci, Paris 1918. 223.

Chih = ankommen. 166.

Ching, Fürst des Staates Ch'i zur Zeit des Konfuzius. 31.

Ching Hao, Maler [um 900–960 n. Chr.]. 199, 200, 205, 206.

Ch'in Tsu-yung, Dichter und Kunstsachverständiger [1825–1884]. 230.

Ch'ing-Zeit [1644–1911], auch Mandschu-Dynastie genannt. VII, XI, 219, 222.

Chou, Herrscher der Shang-Dynastie [1154–1123 v. Chr.]. 6.

Chou-Dynastie [1122–250 v. Chr.]. 40, 96, 188, 189.

Chou Tun-i [1017–1075] wurde in Lien-hsi in der Provinz Hunan geboren. Sein Vater war einige Zeit Magistrat von Kuei-ling in der Provinz Kuanghsi, so daß Chou Tun-i ohne Vater aufwuchs. Nach den erhaltenen biographischen Notizen war er ein Mann mit hohen Idealen und großer Entschlußfähigkeit. Auch als Beamter bewährte er sich und wurde 1036 in ein Amt in der Hauptstadt eingesetzt. Dann bekam er einen Posten als Registrator in Fên-ning, Provinz Kiangsi, wo er schnell berühmt wurde. Von dort wurde er in derselben Provinz nach Nan-an versetzt. Hier rettete er einem Angeklagten das Leben, weil er seinen Abschied einzureichen vorschlug, wenn der betreffende Fall nicht noch einmal überprüft würde. Seine nächste Anstellung war im Magistrat von Kuei-yang; von dort wurde er als Präfekt nach Nan-Ch'ang berufen. 1068 wurde er als Justizbeamter nach Kuang-tung berufen und erkrankte dort an einem Fieber, das seinen frühen Tod hervorrief. – Die vielartigen amtlichen Stellen, die Chou Tun-i bekleidet hat, wurden aufgeführt, um zu zeigen, daß er Gelegenheit hatte, seine Philosophie in der Praxis anzuwenden; dadurch wurde er auch hauptsächlich berühmt. Da er eine große Liebe zu Naturschönheiten hatte, verbrachte er seine letzten Jahre in den berühmten Lu-Bergen in der Nähe von Nan-k'ang, wo er am Fuße des Lotosberges wohnte. – Er erhielt den postumen Ehrennamen Yüan-kung. 1241 wurde ihm der Titel Graf von Ju-nan verliehen und seine Namenstafel wurde in den Konfuzius-Tempel aufgenommen. Sein Grab befindet sich in der Nähe von Kiu-kiang in einem Tal, auf dessen einer Seite sich die Lu-Berge erheben. X, 115, 116–122, 205, 226.

Chou Tzŭ → Chou Tun-i.

Chu Hsi [1130–1200]. Der Vater von Chu Hsi hieß Chu Sung Wei-chai. Er stammte aus einer angesehenen Gelehrtenfamilie und war Magistrat von Yu-ch'i. Chu Hsi wuchs in einer Atmosphäre auf, deren Probleme sein späteres Leben bestimmte. Schon als Kind zeigte er Interesse für Philosophie. Er erhielt den ersten Unterricht von seinem Vater, den er fragte, was denn hinter dem Himmel sei. Sein Vater starb im Jahre 1143. Dieser hatte aber kurz vor seinem Tode drei Lehrer für Chu Hsi bestellt: Hu Hsien aus Chieh-ch'i; Liu Chi-chung aus Pai-shui und Liu Yen-chung aus P'ing-shan. Chu Hsi heiratete später die Tochter seines Lehrers Liu Chi-chung. Er begann seine Studien mit den Gesprächen des Konfuzius und denen des Mêng Tzŭ. Er wurde aber von seinen Lehrern auch auf buddhistische und taoistische Lehren aufmerksam gemacht. In späteren Jahren wurde er durch die Schriften von Chou Tun-i [1017–1073], Chêng Hao [1032–1085] und Ch'êng I [1033–1107] stark beeinflußt. Mit achtzehn Jahren bestand er seine Doktorprüfung. In seinen Lebensansprüchen war er sehr bescheiden und paßte sich den gegebenen Umständen an. Auch in Astronomie, Geographie, Rechts- und Kriegswissenschaft hatte er ein großes Allgemeinwissen.

Chu Hsi hat das T'ai Chi T'u und das T'ung Shu von Chou Tun-i mit Kommentaren selbst herausgegeben und die Werke der beiden Brüder Ch'êng so durchdrungen, daß für diejenigen, für die nicht nur die historische Entwicklung, sondern in erster Linie der Gedankeninhalt von Interesse ist, es sich erübrigt, deren Werke zu lesen, da Chu Hsi das Wesentliche zitiert. Die gesammelten Werke der beiden Brüder sind unter dem Titel: Erh Ch'êng Wên Chi und Erh Ch'êng Ch'üan Chi herausgegeben worden. [Vgl. A. Forke, Geschichte der neueren Philosophie, S. 69–104, und I. P. Bruce, Chu Hsi and his masters.] Chu Hsi sagt über seine beiden Lehrer: «Ch'êng Is Aufsätze sind in klare Abschnitte unterteilt; Ch'êng Hao bevorzugt fortlaufende Unterredungen, was zuerst als etwas Unzusammenhängendes wirkt; wenn man sie aber sorgfältig studiert, entdeckt man einen durchlaufenden Zusammenhang.» [Ch'üan Shu XLV, Hsing Li IV, Ting Hsing 11 a.]

1152 wurde Chu Hsi als Magistratsassistent in T'ung-an, Provinz Fukien, angestellt; er reorganisierte das Schulwesen und begründete dort eine Bibliothek.

1154 kam er zum erstenmal mit dem zurückgezogen lebenden Gelehrten Li Yen-p'ing zusammen. 1158–1163 besuchte er ihn häufig. Li Yen-p'ing bewirkte eine Änderung seiner Anschauungen. Vor allem wendete sich Chu Hsi von dieser Zeit an von buddhistischen Lehren ab, und nach langem Studium der Klassiker kam er auch selber zu der Überzeugung, daß der buddhistische Weg nicht der rechte sei. Seit dieser Zeit verbreitete er seine Lehren mit großem Eifer. Es kamen sogar Schüler aus dem entfernten Ssü-ch'uan, und seine Schriften wurden auch in Japan anerkannt.

1163 machte er drei Eingaben gegen den Buddhismus und Taoismus, die am Hofe mißfielen, aber er wollte auch nicht Beamter werden und kehrte in seine Heimat zurück. 1163–1178 widmete er sich seinen literarischen Arbeiten und hatte Zusammenkünfte mit seinen Freunden. 1179–1183 war er Präfekt von Nan-k'ang, Provinz Kianghsi, welche Stelle er erst auf Drängen seiner Freunde angenommen hatte.

In der Nähe von Nan-k'ang restaurierte er eine ausgemauerte Höhle und richtete mit Genehmigung des Kaisers und mit Hilfe von Freunden dort eine Schule zum Studium der Klassiker ein. Sie wurde eine der berühmtesten Hochschulen des Reiches und später eine geheiligte Erinnerungsstätte für die Verehrer des Philosophen. Es wurde dort ein Tempel für Konfuzius und einer für Chu Hsi erbaut.

Wegen seiner guten Leistungen als provisorischer Verwalter der Tee- und Salzzölle in Chekiang erhielt er den Posten eines Präfekten von Shao-hsing, und 1189 wurde er in derselben Eigenschaft nach Chan-chou, Provinz Fukien, entsandt.

1194 dankte Kaiser Kuang-tsung ab und Ning-tsung bestieg den Thron. Chu Hsi wurde zum Lehrer des jugendlichen Kaisers ernannt. Zeitweilig wurden seine Lehren von Gegnern als Irrlehren proklamiert und er selbst 1197 entlassen. Chu Hsi floh aber nicht, sondern wartete ab, was geschehen würde, und so wurde er 1199 begnadigt und mit allen Ehren wieder eingesetzt. Er übernahm aber wegen seiner schwachen Gesundheit sein Amt nicht mehr und lehrte bis zu seinem Lebensende nur noch in einem engeren Kreis von Schülern.

Chu Hsis Schriften (nach Alfred Forke, Geschichte der neueren Philosophie, S. 169–170):

Shang-ts'ai yü-lu [1159], Sammlung von Gesprächen des Hsieh Shang-ts-ai. – Yen-p'ing Ta-wên [1163], Fragen und Antworten des Li Yên-p'ing. – Lun-yü Yao-i [1163], Die wichtigsten Lehren des Lun-yü. – Lun-yü Hsün-mêng K'ou-i [1163], Mündliche Lektionen aus dem

Hsün Tzŭ [ca. 305–235 v.Chr.]. Über Hsün Tzŭs Leben ist wenig bekannt. Sein ursprünglicher Name war Sun K'uang. Sein Familienname Sun wurde später umgeändert in Hsün, weil der persönliche Name des Kaisers Hsüan Ti [73–48 v.Chr.] Sun war und ihn daher niemand gebrauchen durfte. Manchmal wird er auch Hsün Ch'ing, der Minister Hsün genannt, weil er einmal einen hohen Posten inne hatte. Er war aus Chao gebürtig. Mit fünfzig Jahren kam er nach Ch'i und wurde sehr geehrt. Er erhielt dort den Rang eines Großbeamten, verließ Ch'i aber wieder wegen Verleumdungen.

Das Shih-chi berichtet, daß er 255 von seinem Gönner, dem Minister von Ch'u, zum Gouverneur von Lan-ling ernannt wurde. Als dieser 238 starb, verlor er seinen Posten, aber er blieb in Lan-ling. Nach langer Zeit gelang es ihm, die Anschuldigungen zu entkräften, und er wurde wieder in allen Ehren als Gouverneur in Lan-ling eingesetzt. Er war auch in Chao, aber er reiste nicht viel.

Hsün Tzŭ hatte berühmte Schüler, unter anderem Li Ssŭ, der Minister bei Shih-Huang Ti [247–207 v.Chr.] war. Auch der Philosoph Han Fei-tzŭ [gest. 233 v.Chr.] war sein Schüler, ebenso Fan Ch'in-po, der ein gründlicher Kenner des Buches der Lieder war und später eine Schule in Lu gründete. Hsün Tzŭ wurde in Lan-ling begraben. IX, X, XI, XIV, XVII, XVIII, XIX, XX, XXIII, XXIV, XXV, XXVIII, 55–82.

Hua Yü Lu, Aufzeichnungen aus Gesprächen über Malerei von Tao Chi, Shih-t'ao [1630–1707], übersetzt in: Victoria Contag, Zwei Meister chinesischer Landschaftsmalerei, Baden-Baden 1955. XXXI, 203, 216, 263–268.

Huang Hsiu-i, Schüler des Wang Yang-ming [1472–1528]. XXXI.

Huang I-fang, Schüler des Wang Yang-ming [1472–1528]. XXXI.

Huang Kung-wang, Maler [1269–1354]. 208, 219, 228, 229.

Huang Shên, Maler [1687–nach 1768]. 241.

Huang Ti, mythischer Kaiser [2697–2597 v.Chr.]. 187.

Huang Ting, Maler [1660–1730]. 251.

Hui Tsung, kunstliebender Kaiser [1101–1125], hat selbst gemalt. 234.

Hunan, Provinz in Mittelchina. XXVI.

Hung-lu-Tempel, Tempel zur Zeit des Wang Yang-ming [1472–1528]. 173.

Hupei, Provinz in Mittelchina. XXVI.

I, Rechttun, konfuzianischer Grundbegriff. XII.

Jên, liebevolle Beziehung zu dem anderen, konfuzianischer Grundbegriff. XII.

Jih Jih Hsin, tagtäglich von Neuem (daran denken, seinen Charakter zu verbessern), Wahlspruch des Kaisers T'ang [1766–1760 v.Chr.]. XXII.

fuzius in die Hauptstadt Lo-yang, Provinz Honan. Dort bot sich Gelegenheit, Chinas Geschichte und Altertümer zu studieren. Drei mächtige Familien im Staate Lu: Chih, Mêng und Shu machten dem Herzog von Lu solche Schwierigkeiten, daß er 517 nach Ch'i fliehen mußte. Konfuzius ging mit ihm und studierte die dortige Volksmusik. Mit dem Herzog Ching von Ch'i soll Konfuzius verschiedene Unterhaltungen über Regierungsfragen gehabt haben, aber der dortige Minister hielt die Vorschläge des Konfuzius für undurchführbar. So kehrte Konfuzius nach Lu zurück und studierte fünfzehn Jahre Geschichte, Oden, Musik und Riten.

Mit einundfünfzig Jahren wurde Konfuzius zum Magistrat von Chung-tu ernannt und dann später zum Justizminister. Aber da das Land durch seine Ratschläge sehr aufgeblüht sein soll, schickte einer Legende zufolge der Fürst des Nachbaarstaates Ch'i dem Herzog achtzig Sängerinnen und hundertzwanzig schöne Pferde zum Geschenk, um ihn von den Regierungsgeschäften abzulenken. Da er damit Erfolg hatte, soll Konfuzius, betrübt über das Verhalten seines Herrn, den Abschied genommen haben, und Konfuzius wurde auch nicht wieder zurückgerufen, wie er im stillen gehofft hatte. Daraufhin reiste er dreizehn Jahre mit einigen Schülern in verschiedenen Staaten umher.

Da Konfuzius auf seinen Reisen ohne Erfolg die Regierungsweise der einzelnen Herrscher zu ändern versucht hatte, soll er – nachdem er 484 durch die Vermittlung seines Schülers Jan Yu eingeladen und nach Lu zurückgekehrt war – dort die klassischen Schriften herausgegeben haben, auf denen die spätere Tradition seiner Schule über zwei Jahrtausende fußte. Es war das Buch der Urkunden: Shu Ching, das Buch der Lieder: Shih Ching, das Buch der Sitten: Li Chi, das Buch der Musik: Yüeh Ching, das Buch der Wandlungen: I Ching und die Frühlings- und Herbst-Annalen: Ch'un Ch'iu. Dieses letzte Werk, das einzige, das wahrscheinlich von ihm selbst stammte, enthielt seine Ansichten über Ethik dadurch, daß er in der Wahl der Bezeichnungen zuweilen von den Originalquellen abwich und historische Persönlichkeiten nach ihrem Verhalten so einstufte, wie er es für richtig befand. (Vgl. O. Franke, Studien zur Geschichte des konfuzianischen Dogmas, Hamburg 1920.) 479 fühlte er seinen Tod herannahen und starb nach acht Tagen. Herzog Ai ließ einen Tempel errichten und befahl, daß ihm viermal im Jahr geopfert würde. Dort wurden seine Bücher, seine Laute, sein Wagen und sein Zeremonienhut aufbewahrt.

Konfuzius soll im ganzen ungefähr dreitausend Schüler gehabt haben. Diese Zahl erscheint nicht zu groß, wenn man seine lange Lehr-

Ssŭ-ma Ch'ien dagegen berichtet, daß Mêng Tzŭ bei Schülern von Tzŭ Ssŭ gelernt hat. Beides läßt sich historisch nicht belegen. Auch hat er selber nie über seine Lehrer gesprochen.

Mêng Tzŭ verbrachte einen großen Teil seines Lebens an fremden Fürstenhöfen. 332–323 war er Berater des Königs von Ch'i. Er verließ Ch'i, da seine Ermahnungen nicht genügend Beachtung fanden. 319–318 war er in der Hauptstadt Ta-liang, heute K'ai-fêng Fu, Berater bei dem König Hui von Liang. Er verließ diesen Staat, als dessen Sohn an die Regierung kam und ihn nicht achtete. Er ging zurück nach Ch'i bis 311 und erhielt einen ehrenvollen Posten, hatte aber Schwierigkeiten mit den Hofbeamten. Da in dieser Zeit seine Mutter starb, ging er 308 wieder nach Lu und zog sich ins Privatleben zurück.

Seit dem 12. Jahrhundert gilt Mêng Tzŭ den Konfuzianern als der zweite Heilige nach Konfuzius. Seine Schriften wurden von dieser Zeit an auch als Grundlage bei den Staatsexamen verwendet. VI, VII, IX, X, XIV, XVII, XVIII, XIX, XX, XXIII, XXV, XXVIII, 4, 41–55, 101, 109, 114, 126, 127, 128, 129, 134, 152, 156, 167, 175, 201, 249.

Mi Yu-jên [1086–1165] führte die Tradition seines Vaters Mi Fei fort, in Wolken verhüllte Berge zu malen. So schuf er Bilder, die das täglich Wahrnehmbare nicht zeigten. 215.

Ming-Dynastie [1368–1644]. VII.

Mo-ching-tao-jên → Wu Li.

Mo Ti oder *Mê Ti* [5.–4. Jh. v. Chr.], Philosoph, der die allgemeine Liebe gelehrt hat. 33, 34, 164.

Mozart, Wolfgang Amadeus, Komponist [1756–1791]. 246, 247.

Nan-ch'ên, Provinz Fukien. 254.

Neokonfuzianer, Neokonfuzianismus: Konfuzianische Philosophen, die auch über Metaphysisches sprachen. Shao Yung [1011–1077], Shao po-wên [1057–1137], Chou Tun-i [1017–1073], Ch'ang Tsai [1020–1077], Ch'êng Hao [1032–1085], Ch'êng I [1033–1107]. VII, 211.

Ni Tsan, Maler [1301–1374]. 235.

Niu-shou, Berg in der Nähe von Nanking. 262.

« *Nord*»- und « *Süd*»schule, dieser Terminus wurde von Tung Ch'i-ch'ang [1555–1636] zuerst gebraucht und bezieht sich auf einen Stilunterschied und nicht auf die Herkunft der Maler. (Bildbeispiele siehe: Victoria Contag, Zwei Meister chinesischer Landschaftsmalerei, Baden-Baden 1955.) 224.

Ou-yang Hsiu [1007–1072], konfuzianischer Gelehrter und Dichter. 6.

Pên Hsing, die ursprünglichen Anlagen. 113.

Yang-ming beschäftigte sich eingehend mit taoistischen und buddhistischen Gedankengängen, fand aber keine Befriedigung in diesen Lehren, obwohl er sogar den buddhistischen Pilgerort Chin-hua-shan besucht hatte, um dort zu studieren. – Mit einundzwanzig Jahren bestand er das Chü-jên-Examen und schrieb an seiner Doktorarbeit. Diese und ein Versuch im nächsten Jahr wurde aber nicht anerkannt. 1497 ging er nach Peking und studierte Kriegswesen. 1499 bestand Wang Yang-ming die Doktorprüfung als Zweitbester und wurde 1501 zum Provinzialrichter ernannt. In dieser Zeit beschäftigte er sich wieder mit taoistischen Lehren, aber er beendete diese Studien, um seinen Vater zu pflegen. Von da an wandte er sich ganz den konfuzianischen Lehren zu. 1506 wurde er von dem allmächtigen Eunuchen Liu Chin nach Lung-ch'ang, Provinz Kueichou, verbannt. 1509 erhielt er aber einen Ruf an die Schule von Kuei-yang, Hauptstadt von Kueichou. Er wurde im nächsten Jahr in Peking begnadigt und 1513 zum Präsidenten des Zeremonienamtes ernannt. 1516 wurde er Militärgouverneur von Kianghsi, 1522 auf Grund seiner militärischen Erfolge Kriegsminister und erhielt den Grafentitel. Alle seine Nachkommen wurden zu Freiherren ernannt. Die Zahl seiner Schüler wurde immer größer, obwohl ein Zensor seine Lehren als falsch anklagte. Der bedeutendste seiner Schüler war Hsü Ai, mit dem er über zehn Jahre zusammen war. 1527 wurde er Generalgouverneur von fünf Provinzen: Kuangtung, Kuanghsi, Kianghsi, Hunan und Hupei. 1528 starb Wang Yang-ming auf der Rückreise in die Heimat nach schwerer Krankheit und wurde unweit von Hang-chou, Provinz Chehkiang, begraben. Am Hofe herrschte geteilte Meinung über ihn; dadurch erhielt er nicht sofort die üblichen postumen Ehren. Erst 1567 ernannte Kaiser Kung-ch'ing ihn zum Marquis. 1584 wurde er in den Konfuzius-Tempel aufgenommen. X, XIV, XVII, XXII, XXIII, XXIV, XXV, XXVI, XXVIII, 87, 93, 151–177, 180, 201, 226, 254, 255, 256, 259.

Wang Yüan-ch'i [1642–1715] war der Enkel von Wang Shih-min. Er war nicht nur einer der größten Maler seiner Zeit, sondern dadurch, daß er in dem gepflegten Milieu seines Großvaters aufwuchs, erwarb er sich eine so große Kennerschaft der Literatur über Malerei, daß er von dem Kaiser K'anghsi zum obersten Leiter der kaiserlichen Kalligraphie- und Gemäldesammlung berufen wurde. 227, 235, 236–239.

Wang Yün [um 1700 n. Chr.], Maler des akademischen Stiles der «Nord»-schule. 251.

Wei, Lehnsstaat, in dem sich Konfuzius häufig aufhielt. 14, 31.

Wên, König [1231–1135 v. Chr.]. 3, 6.

INALTSVERZEICHNIS

Erster Teil

KONFUZIANISCHE BILDUNG

Zweiter Teil

KONFUZIANISCHE BILDWELT

Anhang